学龄前儿童
教育游戏设计策略研究

周曦 著

Research on the Design Strategy of
Preschool Educational Game

中国出版集团 东方出版中心

图书在版编目（CIP）数据

学龄前儿童教育游戏设计策略研究 / 周曦著. 一上海：东方出版中心，2023.3
ISBN 978－7－5473－2174－4

Ⅰ.①学… Ⅱ.①周… Ⅲ.①游戏课－教学研究－学前教育 Ⅳ.①G613.7

中国国家版本馆 CIP 数据核字（2023）第 051217 号

学龄前儿童教育游戏设计策略研究

著　　者　周　曦
责任编辑　黄升任　钱吉苓
封面设计　钟　颖

出版发行　东方出版中心有限公司
地　　址　上海市仙霞路 345 号
邮政编码　200336
电　　话　021－62417400
印 刷 者　上海盛通时代印刷有限公司

开　　本　710mm×1000mm　1/16
印　　张　19.5
字　　数　278 千字
版　　次　2023 年 3 月第 1 版
印　　次　2023 年 3 月第 1 次印刷
定　　价　78.00 元

摘　要

　　3—6岁学龄前儿童是需要被呵护的生命主体,儿童在游戏中与外界、与他人、与自我互动,从而产生认知、内化知识、形成身份认同。媒介融合时代,儿童的游戏场域也发生了变化,18个月的儿童就能自发地与电子屏幕进行交互。数字媒介终端系统被归结成儿童生活的微系统之一,被纳入了生态系统理论模型。同时,新生代父母对"互联网＋育儿"的需求愈发强烈。但是,目前缺少符合儿童认知特点、凸显教育性、兼具审美性和易用性的儿童教育游戏精品。本研究依据认知发展理论,从角色游戏的教育功能出发,以"角色交互"为切入点,探索在数字时代如何为学龄前儿童创造教育游戏精品,为儿童建构积极身份,促进儿童健康成长。

　　本研究遵循"实然""应然""可然"的逻辑,正文分成了三个部分,共五个章节。第一部分通过定性和定量相结合的方法,调研当下学龄前儿童教育游戏的使用现状,剖析现阶段学龄前儿童教育游戏设计中存在的问题。第二部分承上启下,回应现状分析中的问题,也是策略研究理论基础。第三部分聚焦于设计策略的探索、建构与验证。具体章节分布如下:

　　第一部分为第一章,现状审视。研究者采用调研问卷法、自然观察法、深度访谈法和作品分析法进行研究。调研了全国范围内16个省级行政区的917户学龄前儿童家庭使用教育游戏的动机与意愿,观察了学龄前儿童自发游戏的心理机制,访谈了儿童成长的重要他人。结果显示,学龄前儿童家庭对教育游戏热衷度高,寓教于乐是首要使用动机,儿童在自发的游戏中追求沉浸感,通过模仿和扮演进行认知,建构身份。而目前的教育游戏存在着玩法交互替代角色交互、角色功能不显著和审美浅表化的问题。

　　第二部分为第二章,理论探析。分析了游戏角色交互对学龄前儿童身份的影响机理。通过对学龄前儿童、游戏、角色三者间关系的缕析,指出角色游戏是学龄前儿童游戏的高峰,儿童在自发游戏中通过角色交互将外界信息转化为内在认知,有助于儿童智能和人格发展。角色不只是儿童的审美对象,还是儿童通过"角色期待—角色体验—角色认同—角色内化"的交互轨迹,实现从"第一自我"到"镜像自我",再到"化身自我",最终接近"理想自我"的重要媒介。基于此,建立了人机交互场域中的角色交互坐标系,进一步指出,教育游戏设计应聚焦教育性,为儿童建构积极身份。

第三部分包括第三章、第四章和第五章。其中,第三章从空间维度出发,搭建了角色交互的设计框架,剖析了角色与儿童、界面、知识的关系,定义了"儿童中心""一致性""边界隐匿""层创共生"的设计原则。第四章从时间维度出发,将角色交互和游戏的渐进机制融合,探索了教育游戏中角色交互的实现路径,构建了基于角色交互的学龄前儿童教育游戏设计模型。第五章研发了角色交互策略的验证方案:一方面,通过教育游戏《二十四节气》的创作实践与观察实验;另一方面,基于对65款教育游戏的分析,选出3组6款典型案例进行对比实验,以及为期8周的跟踪实验,验证了理论框架与设计方案。通过进一步反思,概括出学龄前儿童教育游戏的价值内核和创作启示。

研究结果表明,教育游戏中角色交互实现情况,将直接影响儿童对教育游戏的接受程度。当教育游戏中缺乏角色交互时,儿童会感到晦涩、乏味,从而放弃游戏、中断学习。相反,如具备良好的角色交互体验,儿童会更加主动地在游戏中学习、反复体验。本研究提出的游戏角色交互实现策略,能够有效地为儿童建构最近发展区,同时营造游戏性体验。

研究的创新点:第一,相对于学术界已存在学习映射至游戏元素的设计思路,本研究以角色交互作为教育游戏设计的切入点,形成了教育与游戏、真实世界与虚拟世界双向互通的视角。第二,研究中将数字化思维与传统儿童游戏的自发机制相融合。力求深探教育游戏中儿童、角色、界面与知识等元素的内在关联,并探讨如何在数字游戏世界中建构易于"我我互动""人我互动""物我互动"的综合知识场。第三,研究中运用理论和实践相结合的方式,推导设计框架模型和实效性验证方案。

本研究的价值:一、以教育游戏为例,探讨融媒体时代儿童教育问题,儿童成长关乎民族未来,具有社会意义;二、以学龄前儿童为例,思考人机交互时代人类理想自我的建构问题,具有思辨意义;三、分析了角色与其他游戏元素的关系,以及角色交互设计的脉络结构,形成完整的方案。研究成果为学龄前儿童教育游戏设计研究提供了新的思路,也有助于行业健康发展,具有一定的理论和实践意义。

关键词:学龄前儿童;教育游戏;游戏角色;角色交互;设计策略

ABSTRACT

3 - 6 years old is an important stage of life. Children produce cognition, knowledge and role identity in their interaction with the outside world. In the digital age, children's play areas are also changing. The children as young as 18 months old being able to interact with electronic screens. The digital media terminal system is one of the Micro-systems in children's life, and it is included in the model of Ecological Systems Theory. At the same time, the new generation of parents strongly prefer to "Internet + parenting". However, the current problem lacks of outstanding educational games, which are in line with children's cognitive characteristics. This study will start with "role interaction", to explore how to create high-quality educational game for preschool children.

The paper follows the logic of What, Why and How, it is divided into three parts and five chapters. The first part gives the presentation of current situation. The second part is the theoretical basis of strategy research. The third part focuses on the exploration, construction and verification of design strategy. The details are as follows:

The first part is present situation survey, the researcher combines of qualitative with quantitative methods. The purpose of this study is to investigate intention to use, the importance of game characters, and to observe the psychological mechanism of children's internalization of game characters. The problems of industrial development are pointed out through the analysis of the works.

The second part is the Chapter 2. The chapter traces back to the source from the theory level, analyze the relationship between the preschool children, the game characters, it is concluded that characters are the important aesthetic object for children and the important intermediary for the generation of new identity in the virtual world. It is clear that educational games disseminate knowledge for children and construct positive identity for children.

The third part includes Chapter 3, Chapter 4 and Chapter 5. The third chapter illustrates the game design framework based on role interaction for preschool children, summarizes the relevant design principles. The fourth chapter integrates the promotion mechanism of role interaction and game, explores the implementation path of role interaction, and refines the design model of preschool children's educational game based on role interaction. In Chapter 5, the verification scheme of role interaction strategy is developed, the educational game *24 Solar term* according to existing models and principle is designed. Then, the design framework is validated through the comparison experiment of other 3 groups and 6 typical cases, and the 8 - week follow-up experiment. At last the researcher summed up the core design philosophy.

The results show that the realization of role interaction in educational games will directly affect the players' acceptance of educational games. When the lack of role interaction in educational games, players will feel obscure, boring, so give up the game, interrupt learning. Otherwise, players will be more active in the game to learn, repeated experience. The strategy of role interaction in the game proposed in this paper can effectively construct the recent development area for children players and create the game experience.

The innovation of this research lies in: Firstly, taking role interaction as the starting point, this paper discusses the design concept of preschool children's educational games, and combines traditional children's games with digital thinking. Secondly, the research integrates digital thinking with the spontaneous mechanism of traditional children's play. This study tries to explore the internal relationship between players and characters, interface and knowledge in educational games, and to explore how to construct an interactive knowledge field in digital educational games. Thirdly, the design framework model and the scheme of effectiveness verification are deduced by the way of combining theory with practice. The value of this study is as follows: first, taking educational games as an example, it discusses the issue of children's education in the age of media integration. Children's growth is also related to the future of the nation, which has social significance. Second, taking preschool children as an example, it is meaningful to think about the construction of human ideal self in the era of human-computer interaction. Third, this research dialectically analyzes the relationship between characters and other game elements, and the context structure of role interaction design to form a complete scheme. The results provide a new idea for educational game design research, but also contribute to the healthy development of the industry. In a word, it has certain theoretical and practical significance.

Key Words: preschool children; educational games; game characters; role interaction; design strategy

目　录

绪

论

绪　论

第一节　研究缘起

一、现状:"数字原住民"的游戏空间转移

从呱呱坠地到耄耋之年,人类对游戏有着天生的喜好,而游戏的历史远长于人类的文明史。每个民族都有自己的游戏,游戏以一种特殊的方式传承着民族文化。游戏对 3—6 岁学龄前儿童来说更是意义重大,游戏不仅是他们的娱乐活动,也是他们的认知途径。幼儿教育之父福禄贝尔认为,游戏中儿童教育能够自然地发生。现代教育学创始人、著名教育家杜威系统地提出了关于幼儿游戏的教育理念,并于 1916 年将"游戏"写入了《民主主义与教育》[1]。不同于以往的"知识中心论",杜威提倡的是为儿童建构有价值的游戏,为其创造"做中学"的机会。教育家皮亚杰、维果斯基、陈鹤琴等也从个人发展和社会化认知的角度提倡儿童游戏。弗洛伊德认为,人格是在生命最初阶段形成的,游戏能宣泄情绪、陶冶情操。总之,儿童不仅在游戏中学习,同时将周围成人环境中学习到的东西移植到游戏中进行内化,形成人格和身份。

随着科学技术发展,媒介形态发生了改变,作为"数字原住民"(Digital Natives),儿童的活动场域也发生了变化。[2] 根据布朗芬布伦纳的生态系统理论,儿童所处的社会环境的关系影响其发展,这些关系包括儿童进行的所有活动和互动。数字媒介终端系统也被归结成儿童微系统的一部分,被纳入该理

①　约翰·杜威. 民主主义与教育[M]. 王承绪译. 北京:人民教育出版社,1990:207—219.
②　Marc Prensky,胡智标,王凯. 数字土著　数字移民[J]. 远程教育杂志,2009,17(2):48—50.

论模型中。[①] 18 个月的儿童就可以自发地与电子屏幕进行交互,将近 80% 的学龄前儿童每天接触电子产品 0—1.5 小时。[②] 虚拟世界已经成为当下"数字原住民"儿童的重要活动地域。

3—6 岁儿童是需要呵护的生命主体,在日常生活中儿童通过与人的互动、与环境的互动获得认知,在虚拟世界里儿童通过与文化符号的交互达成新的认知图式。同时,数字产品的声光电属性对儿童形成了独特的吸引力,生活中甚至出现了幼儿沉溺于手机的现象。另一方面,90 后青年成为新一代父母,他们对儿童教养问题缺乏经验,却也提倡科学育儿,依赖网络查询育儿信息,对"互联网+育儿""互联网+早教"的需求愈发强烈。统计数据显示,2020 年我国未成年网民规模为 1.83 亿,未成年人互联网普及率达到 94.9%。2021 年,我国互联网的普及率达到了 70%,在线教育用户规模达 3.25 亿[③],学龄前教育类软件受欢迎程度位居教育类软件第三。另外,家长育儿知识中 77% 来源于微信公众号;32.3% 的家庭除手机和平板电脑之外,还拥有智能机器人、智能手表等独立上网的设备;人工智能的应用范围已经覆盖了幼儿园阶段的课程教育。[④]

近年来,儿童教育问题备受国家重视,科学教育、儿童友好城市建设[⑤]被写入国家"十四五"发展规划。教育部遵照习近平总书记对数字中国建设的重要指示批示精神,以"应用为王、服务至上、简洁高效、安全运行"为总要求,坚定推进国家教育数字化战略行动。[⑥] 从国家政策来看,《中国儿童发展纲要(2021—2030年)》[⑦]《教育信息化 2.0 行动计划》[⑧]《儿童个人信息网络保护规定》[⑨]等提出了

---

① 尹国强. 儿童数字化阅读研究[D]. 西南大学,2017:113.

② 潘美蓉,张劲松. 学龄前儿童电子产品的使用[J]. 教育生物学杂志,2014,2(4):248—253.

③ 潘树琼.《中国互联网发展报告 2021》和《世界互联网发展报告 2021》发布蓝皮书聚焦最新成果和创新做法[J]. 网络传播,2021(10):14—17.

④ 季为民,沈杰,杨斌艳等. 中国未成年人互联网运用报告[M]. 社会科学文献出版社,2010:277—282.

⑤ 中华人民共和国国民经济和社会发展第十四个五年规划和 2035 年远景目标纲要[N]. 人民日报,2021-03-13(1).

⑥ 筑牢教育强国建设之基[N]. 人民日报,2022-06-09(9).

⑦ 中华人民共和国国务院. 国务院关于印发中国妇女发展纲要和中国儿童发展纲要的通知[EB/OL]. (2021-09-08)[2021-11-12]. http://www.gov.cn/zhengce/content/2021-09/27/content_5639412.htm.

⑧ 中华人民共和国教育部. 教育部关于印发《教育信息化 2.0 行动计划》的通知[EB/OL]. (2018-04-18)[2022-01-02]. http://www.moe.gov.cn/srcsite/A16/s3342/201804/t20180425_334188.html.

⑨ 中华人民共和国国家互联网信息办公室. 儿童个人信息网络保护规定[EB/OL]. (2019-08-22)[2022-01-02]. http://www.cac.gov.cn/2019-08/23/c_1124913903.htm.

很多利用网络做好儿童教育的意见和建议。其中主要包括三个层面：一是主张制作和传播体现社会主义核心价值观的儿童游戏、广播电视节目、动画片等精神文化产品，不断提升儿童学习动机；二是规范行业发展，减少过度网络营销等有损儿童身心的不良行为；三是弥合数字鸿沟，通过网络教育，减少城乡之间的发展不平衡，为乡村振兴赋能。总之，儿童是民族的未来。赓续网络强国重任，对未成年人加强数字关怀是从业者和研究者的义不容辞的责任。

二、问题：学龄前儿童教育游戏精品缺乏

为了让儿童在虚拟世界中获得更好的游戏体验、得到更好的教育，以"教育游戏"为代表的游戏化的数字教育应用软件被广泛接受。2022 年 3 月 28 日，国家智慧教育公共服务平台正式上线启动。[①] 美国调研机构 Metaari 在《2020—2025 年全球游戏化学习市场研究报告》中指出，中国的教育游戏消费市场规模仅次于美国位于全球第二。近年来，中国市场上涌现出《宝宝巴士》《洪恩识字》《火花思维》《喜马拉雅儿童》《咔哒故事》《伴鱼绘本》《小熊美术》《音乐壳》等大量儿童应用软件。

事实上，中国虽是全球最为活跃的移动端应用市场，但其中 70％的产品用户量仅千人。[②] 目前市面上的很多儿童软件存在技术缺陷，诸如操作不便、卡顿闪退、功能错误等。另外，成长在不同环境下的两代人有着知识的断点（Discontinuity），所以"数字移民"（Digital Immigrants）为"数字原住民"创作数字游戏也是一件有难度的事情。目前，缺乏兼顾教育性和审美性的教育游戏，较多的教育游戏存在着挪移成人游戏、照搬线下教育、难以发挥数字媒体特性和优势、盲从西方体系等问题，也未能真正发挥"互联网＋育儿""互联网＋早教"的功能。现存的文献中多为宏观的对教育游戏的推演综述，对其使用场景、动机和效果的研究，缺乏对聚焦于某一年龄段的教育游戏的系统研究。关于教育游戏也是众说纷纭，甚至产生了一些疑问：教育游戏到底是儿童的"成长养分""电子保姆"还是"卧室大象"？ 教育游戏是娱乐工具还是教育

---

① 中华人民共和国教育部政府. 以教育数字化战略引领未来——教育部举行国家智慧教育平台启动仪式［EB/OL］.（2022 - 3 - 28）［2022 - 4 - 23］. http://www.moe.gov.cn/jyb_zzjg/huodong/202203/t20220328_611461.html.
② 王建磊、孙宜君. 融媒背景下传统媒体 App 的价值转移研究［J］. 现代传播（中国传媒大学学报），2016,38(11)：117—120.

手段？这些问题都值得深思。

综上，探索在网络空间开展儿童教育的新途径、新方法，增强知识性、趣味性和时代性，构建良好数字内容迫在眉睫。

三、方向：以"角色交互"切入，创造精品教育游戏

为进一步加强数字时代儿童的教育，为"数字原住民"提供优质的教育资源，优化教育游戏设计，本研究选取"角色交互"为切入点，将其作为儿童教育、传统游戏和数字媒体世界的交汇点，进行策略研究。

认知发展理论认为，学龄前儿童处于前运算阶段，传统的角色扮演游戏是学龄前儿童游戏的高峰。学龄前儿童的中枢神经和大脑结构正在高速发育，角色游戏体现了儿童符号的双向表征功能的产生，是从感知运动阶段到抽象思维阶段的重要过渡。角色游戏中不仅有模仿和表演、输入和输出，还有从掌握知识、应用知识到改造知识的过程。儿童在模仿成人、模仿别人的过程中开始自我认知和对社会认知。在这个过程中，儿童不断增强人际交往能力和情绪宣泄能力，产生对社会生活的概括能力和创造力。[①] 另外，在日常生活中儿童对卡通虚拟角色非常痴迷。虚拟角色通过夸张的表演，从儿童的视网膜走向内心。儿童将角色作为媒介在游戏中与自我互动、与外界互动、与他人互动，其间儿童将所扮演的角色内化，不断建构自我身份，找寻自己在社会生活中的定位，逐渐从自我中心阶段向他律道德阶段过渡。

在虚拟世界里，角色设计处于数字游戏设计中的重要地位，是连接游戏核心机制和游戏叙事的重要中介。分析儿童的角色体验，很可能成为虚拟世界中知识传播的突破口，有助于设计师明确设计目标，合理传递思想价值观点。随着科学技术的发展，"交互"成为艺术表达的重要手段和创作方式，触屏技术简化了儿童的操作，动画制作技术美化了虚拟角色的形象，人工智能技术丰富了虚拟角色的内涵，混合现实技术拓宽了虚拟角色的舞台。"交互"用在教育领域更有种教学相长的意味，更强调过程属性、事物与行动的共存。本研究以"角色交互"为切入点，整合儿童在虚拟世界中"人我互动""我我互动""物我互动"的模式，从而促进儿童形成认知、涵养人格。

---

① 黄贵. 陈鹤琴的幼儿游戏观[J]. 体育学刊,2008(1)：85—87.

综上,以游戏中的"角色交互"切入进行研究富有启示性,有助于把握学龄前儿童生命状态,有助于健全学龄前儿童人格发展,推进儿童教育。

第二节 概 念 界 定

基于研究的需要,对学龄前儿童、教育游戏、游戏角色和角色交互等概念进行界定。

一、学龄前儿童

本研究中的学龄前儿童是指 3—6 岁的儿童。根据陈帼眉等学者对儿童各阶段的划分方式,学龄前儿童有广义和狭义之分①,见图 1。广义的学龄前儿童是指 0—6 岁,所有入学前的儿童;狭义的是指 3—6 岁儿童。本研究综合考量儿童成长发展的规律和使用电子产品的实际情况,采用狭义上的定义,将学龄前儿童定义为 3—6 岁儿童。

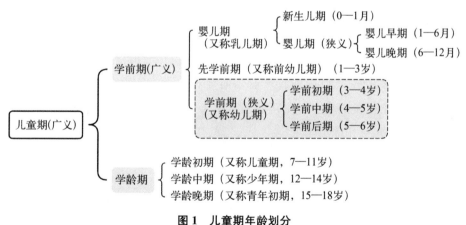

图 1 儿童期年龄划分

二、教育游戏

本研究中教育游戏指的是电子教育游戏。学术界对教育游戏的定义尚未

---

① 陈帼眉,冯晓霞,庞丽娟. 学前儿童发展心理学[M]. 北京:北京师范大学出版社,2001:6.

达成一致。在国外研究中，与教育游戏相对应的表述有 Serious Game、Edutainment、Educational Games、Game Based Learning 等。Serious Game 被称为严肃游戏，不仅包括教育领域的功能游戏，还包括医学、军事领域的训练游戏等；Edutainment 由教育（Education）和娱乐（Entertainment）合并而来，强调了教育中的娱乐化手段；Educational Games 指有教育意义的游戏。在国内学者的讨论中，教育游戏被定义为带有一定的教育目的，运用游戏化手段能够模拟真实场景，激发学习者内部动机，在比较快乐的体验中获得学习效果的计算机系统软件[①]；或者具有教育意义的游戏类软件[②]。

本研究采用曾嘉灵、尚俊杰等学者观点，教育游戏是带有一定的教育目的、让学习者在比较快乐的体验中获得学习效果的软件系统。教育游戏的定义不仅包括狭义的教育游戏，也包括游戏化的教育产品。

三、游戏角色

游戏角色（Game Character）是虚拟世界中存在的实体，马克·沃尔夫认为电子游戏中角色分为两大类：一是在游戏中显示了玩家存在的角色（Character）；二是在游戏中显示了电脑存在的虚拟角色，非玩家控制角色（None Player Character，简称 NPC）。[③] 欧内斯特·亚当斯等将角色分为玩家角色和非玩家控制角色，"化身"（Avatar）表示玩家在虚拟世界的存在。[④] 本研究采用马克·沃尔夫、欧内斯特·亚当斯等对游戏角色的定义。这个定义清楚地区分了角色在游戏中与在其他艺术品类中的区别，游戏角色有双重性的身份，即玩家化身和虚拟角色。

四、角色交互

角色交互（Role Interaction），又称角色互动，原指现实世界中人与自我、与他人的角色互动。Interaction 可译成"互动"或"交互"，而交互更常被用来

① 曾嘉灵，尚俊杰. 2013 年至 2017 年国际教育游戏实证研究综述：基于 WOS 数据库文献[J]. 中国远程教育，2019(5)：1—10.
② 张玲慧，李怀龙. 国内外教育游戏研究热点比较可视化分析——以 2004—2019 年 CNKI 和 WOS 数据为例[J]. 中国教育信息化，2020(8)：14—21.
③ Mark. J. P Wolf. Abstraction in the Video Game[A]. Video game Theory Reader[C]. 2003：50.
④ 欧内斯特·亚当斯. 游戏设计基础[M]. 江涛译. 北京：机械工业出版社，2017：76.

描述人与计算机、现实世界和虚拟世界的存在关系,即"人机交互"。虚拟世界的角色交互形式有:(1) 人我互动,即玩家与虚拟角色(NPC)的交互;(2) 我我互动,即玩家与虚拟化身(Avatar)的交互;(3) 物我互动,即玩家与内容、游戏机制的互动。除此之外,"交互"在教育领域更有种教学相长的意味。20 世纪 70 年代,瑞典学者巴斯最先关注到了远程教育中的交互现象。① 之后,瑞典学者霍姆伯格认为通信机制通过实现了师生交互,提供了更好服务。②《教育大辞典》中关于 Interaction 的解释,强调了其中的交互作用③。再根据陈丽教授的定义,交互更强调过程属性、事物与行动的共存④,个体学习者由原来的"学生"变为"主动探索者"。故角色交互不仅包含了有形的玩家与角色的交互、教师与学生的交互,还应包含信息交互、身份交互、"我与你"心灵交互等。

第三节 文 献 综 述

一、教育游戏研究

教育游戏是利用游戏的再创造特性,以教育为目的,游戏为载体,实现知识传授和文化传播的媒介。教育游戏以明确的目标、自我选择、即时反馈、增加技能等游戏化元素来激发学习热情,满足学习者的好奇心,培养学习兴趣。⑤现在所说的教育游戏起源于 20 世纪 80 年代鲍曼教授在教学设计中使用电视游戏的尝试。⑥ 随着数字技术的发展,以及交互技术的转型与更迭,对教育游戏的研究越发升温。中国期刊库的统计显示,2007 年后学术界对教育游戏的研究开始进入高速增长期,其中教育理论与管理、初等教育、计算机软件和应用领域中的研究文献量最多,见图 2。

---

① 刘韬. 数字交互体验新论——以智慧学习元认知体验的交互边界研究为例[D]. 北京:中国传媒大学,2019:38.
② 徐瑾. 现代远程教学交互的调查研究[D]. 陕西:西北师范大学,2007:13.
③ 顾明远等. 教育学大词典[M]. 上海:上海教育出版社,1998:692.
④ 陈丽. 术语"教学交互"的本质及其相关概念的辨析[J]. 中国远程教育,2004(2):12—16.
⑤ Admiraal W, Huizenga J, Akkerman S, et al. The concept of flow in collaborative game-based learning[J]. Computers in Human Behavior, 2011, 27(3):1185-1194.
⑥ Bowman R F. A "Pac-Man" theory of motivation: Tactical implications for classroom instruction [J]. Educational technology, 1982, 22(9):14-16.

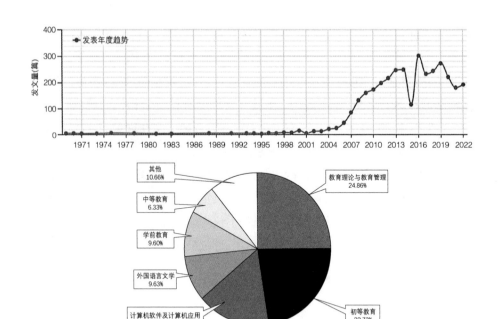

图 2　教育游戏文献发文量及相关研究领域

注：图片源于 2023 年 3 月中国知网数据。

（一）教育游戏的研究基础

教育游戏是游戏和教育融合的产物。目前教育游戏的研究起点有两种：一种是从游戏理论出发进行研究，另一种是倾向于在教育理论中寻求教育游戏的理论基础。

第一种是从游戏理论出发进行研究。此类研究往往从梳理游戏的历史和经典游戏理论开始，再研究游戏的核心元素，之后将要传播的内容要点和游戏的核心元素做嫁接，形成创新方案。其中常被提及的经典游戏理论有：古希腊哲学家柏拉图的"模拟功能说"、德国心理学家卡尔·格罗斯(Karl Croos)的"生活预备说"和美国心理学斯坦利·霍尔(Stanley Hall)的"复演说"。[①] 亚里士多德等认为游戏是无目的性的"消遣说"，类似还有德国心理学家拉扎鲁斯(Lazarus)的"松弛说"等。康德、席勒等更加看中游戏的艺术意义，康德将自由的艺术比作能产生快感的游戏，席勒认为艺术起源于游戏[②]。游戏学家约

---

①　邱学青. 学前儿童游戏[M]. 南京：江苏教育出版社，2008(12)：60—67.

②　彭吉象. 艺术学概论[M]. 北京：北京大学出版社，2006：23.

翰·胡伊青加(Johan Huizinga)从文化视野的角度指出游戏和宗教一样需要遐想,文化也是以游戏的方式生产出来的。游戏数量的多少,标志着文化繁荣的程度等。同时,他总结出游戏的本质特点有自愿性、消遣性、规则性、情感丰富以及不同于平常生活的特点。① 儒家"游于艺"、道家"逍遥游"、墨家"非乐观"体现出中国游戏的德育思想②③,中国游戏精神是自由、快乐、幻想和严肃④。随着1999年"游戏学"(Ludo logy)一词被贡萨洛·弗拉斯卡(Gonzalo Frasca)使用⑤,学者对游戏的研究更加细致。贾斯帕·朱尔(Jesper Juul)、罗杰·凯洛依斯(Roger Castillos)、伯纳德·舒茨(Bernard Suits)等对游戏本体也有细致的讨论,尽管观点不一,但是对游戏内在规则、情感体验等是学者对游戏的共识。这些游戏特征也成为后辈学者的研究起点与重点,见表1。

表 1　学者对游戏特征的研究观点

学 者	学 者 观 点				
胡伊青加⑥	自愿的	消遣性	规则性	情感丰富	不同于平常生活
凯洛依斯⑦	自愿参与	非功效性	虚幻性	不确定性	
舒茨⑧	目标	方法	规则	游戏态度	
贾斯帕·朱尔⑨	固定规则	多样结果			
邱学青⑩	自发选择	快乐认知	内在规则	愉悦体验	探索在先,游戏在后
蔡丰明⑪	文化性	娱乐性	规则性		

① 胡伊青加. 人:游戏者:对文化中游戏因素的研究[M]. 成穷译. 贵阳:贵州人民出版社,1998:192—193.
② 陈汉才. 中国古代幼儿教育史[M]. 广州:广东高等教育出版社,1996:2,96.
③ 李屏. 教育视野中的传统游戏研究[D]. 华东师范大学,2005:38—63.
④ 吴航. 游戏与教育——兼论教育的游戏性[D]. 华中师范大学,2001:22—35.
⑤ Frasca G. Ludology Meets Narratology:Similitude and differences between (video) games and Narrative. 1999.
⑥ 胡伊青加. 人:游戏者:对文化中游戏因素的研究[M]. 成穷译. 贵阳:贵州人民出版社,1998:192—193.
⑦ Salen K, Zimmerman E. Rules of play:Game Design Fundamental [M]. Cambridge, Massachusetts:The MIT Press,2003:86 - 134.
⑧ Suits B, Hurka T. The Grasshopper:Games, Life and Utopia[J]. University of Toronto Press,1978:8 - 9.
⑨ Jesper Juul. Half-real:Video Games between Real Rules and Fictional Worlds [M]. Cambridge, Mass:MIT Press,2005:202.
⑩ 邱学青. 学前儿童游戏[M]. 南京:江苏教育出版社,2008:79.
⑪ 蔡丰明. 游戏史[M]. 上海:上海文艺出版社,2007:186—188.

第二种是在教育理论中追溯，寻找教育游戏的理论支撑，使得研究更加有科学性和实用性。其中，认知学习理论常被使用。认知学习理论认为儿童游戏不仅有娱乐功能，还有教育功能。众学者对儿童游戏的研究集中于游戏的教育功能。前有鼻祖福禄贝尔开其先河，后有杜威、蒙台梭利、皮亚杰、维果斯基、陈鹤琴继承其志。他们认为游戏是幼儿内在精神活动的展现[1]，游戏和工作并非对立，都是为了有效实现目的，对材料和过程进行了选择和相应的设计，[2]游戏活动能让教育自然地发生，游戏活动是与外界最好的交互形式，通过反复活动将经验内化[3]。其中最有代表性的有皮亚杰和维果斯基的建构主义学习理论，他们认为游戏是认知水平的体现，儿童需要被提供丰富的素材进行自我建构[4]，同时，教育者要为儿童创设最近发展区、为成长提供"脚手架"[5]。陈鹤琴提出游戏对儿童个性发展、创新精神、实践能力等作用功不可没，教育者要积极为儿童创造出可以自发探索的游戏。[6]

此外，在教育游戏的研究中社会学习理论、情境认知理论、具身认知理论、分布认知理论和自我决策理论等经常被提及。左志宏指出儿童通过大众媒介学习，实质是班杜拉社会学习理论的体现。[7] 米勒等认为教育游戏设计要依据社会学习理论，促进学习者解决问题、情感表达和提升运动技能，从而获得与现实世界相关的学习机会。[8] 教育游戏相对于课堂学习，属于泛在时空中迭代认知的社会化学习与训练。[9] 姚梅林强调了依据情境认知理论，学习者需要被提供可探索的物理或模拟环境。[10] 张立新等认为通过分布认知发展理论可以为网络学习建立保障机制。[11] 陈锦昌等结合认知分布理论，提出教育游戏设计分为背景层、直观层和飞跃层，即根据学习者以往经验的总和（背景层）指导教

---

[1] 李季湄. 幼儿教育学基础[M]. 北京：北京师范大学出版社,1999：25.

[2] 约翰·杜威. 民主主义与教育[M]. 王承绪译. 北京：人民教育出版社,1990：215—216.

[3] 玛利亚·蒙台梭利. 童年的秘密[M]. 单中惠译. 北京：中国长安出版社,2010：239.

[4] Bacigalupa C. The Use of Video Games by Kindergartners in a Family Child Care Setting[J]. Early Childhood Education Journal, 2005, 33(1)：25 - 30.

[5] 邱学青. 学前儿童游戏[M]. 南京：江苏教育出版社. 2008：60—67.

[6] 黄贵. 陈鹤琴的幼儿游戏观[J]. 体育学刊,2008(1)：85—87.

[7] 左志宏. 大众传媒与幼儿认知发展[M]. 北京：北京师范大学出版社,2012：126—133.

[8] Miller J L, Kocurek C A. Principles for educational game development for young children[J]. Journal of Children and Media, 2017, 11(3)：1 - 16.

[9] 魏小东,张凯. 第二语言教育游戏设计策略研究[J]. 电化教育研究,2022,43(5)：70—75,108.

[10] 姚梅林. 从认知到情境：学习范式的变革[J]. 教育研究,2003,24(2)：5.

[11] 张立新,秦丹. 分布式认知视角下个人网络学习空间中有效学习的保障路径研究[J]. 电化教育研究,2018,39(1)：6.

育游戏的符号表达(直观层),最后促成学习者认知的升华(飞跃层)。① 胡艺龄、李海峰等学者将具身认知理论作为混合现实环境下进行教育应用的理论依据,他们认为在游戏世界中的强化身体体验,对提升学习效果非常重要。②③ 马梅等也认为游戏中具身化的设计,给玩家带来更加生动的游戏体验。④ 刘燕根据维果茨基的最近发展区理论指出角色的语言水平要略高于儿童,由此促进儿童从原有水平发展到新的成长阶段。⑤ 简·麦戈尼格尔将游戏设计与自我决策理论紧密联系,将游戏化的设计推广到其他领域。⑥

(二) 教育游戏的研究重点

教育游戏被定义为具有教育目的,运用游戏化的手段,在比较快乐的体验中获得学习效果的计算机系统⑦,所以教育游戏的研究重点在于学习动机的激发和教育效果的达成。例如,尚俊杰等认为教育游戏研究和设计的重点应聚焦在强化学习者的使用动机⑧⑨,使教育具有游戏化属性,符合儿童"爱玩"的天性⑩,回归教育的本质⑪。设计者的初衷并不只是娱乐,而是有明确的教育目的的,这种游戏能够融合到基础教育中,成为有效的教育资源。⑫ 理查德·E.迈耶教育游戏创造了帮助参与者学习策略性知识的途径,参与者能以角色扮演的方式去体验那些充满挑战的场景。⑬ 李磊等认为儿童教育游戏的难度

① 陈锦昌,刘菲,陈亮,等. 基于分布式认知理论的移动学习游戏设计原则研究[J]. 电化教育研究,2016,37(11):7.
② 胡艺龄,聂静,张天琦,等. 具身认知视域下VR技术赋能实验教学的效果探究[J]. 现代远程教育研究,2021,33(5):94—102.
③ 李海峰,王炜. 基于具身认知理论的教育游戏设计研究——从EGEC框架构建到"环卫斗士"游戏的开发与应用[J]. 中国电化教育,2015(5):50—57.
④ 马梅,丁纪. 作为文化传播和消费的剧本杀游戏:基于玩家的考察[J]. 现代出版,2022(2):89—98.
⑤ 刘燕. 基于儿童心理学的动画角色设计研究[D]. 东南大学,2017:45.
⑥ 简·麦戈尼格尔. 游戏改变世界:游戏化如何让现实变得更美好[M]. 闾佳译. 杭州:浙江人民出版社,2012:236.
⑦ 曾嘉灵,尚俊杰. 2013年至2017年国际教育游戏实证研究综述:基于WOS数据库文献[J]. 中国远程教育,2019(5):1—10.
⑧ 尚俊杰,李芳乐,李浩文. "轻游戏":教育游戏的希望和未来[J]. 电化教育研究,2005(1):24—26.
⑨ 尚俊杰,庄绍勇,李芳乐,李浩文. 教育游戏的动机、成效及若干问题之探讨[J]. 电化教育研究,2008(6):64—68,75.
⑩ 于颖,陈文文,于兴华. STEM游戏化学习活动设计框架[J]. 开放教育研究,2021,27(1):12.
⑪ 尚俊杰,庄绍勇,陈高伟. 学习科学:推动教育的深层变革[J]. 中国电化教育,2015(1):6—13.
⑫ Roungas B. A Model-Driven Framework for Educational Game Design[C]// Revised Selected Papers of the International Conference on Games & Learning Alliance. Springer-Verlag New York, Inc. 2016(3):3.
⑬ 理查德·E.迈耶. 走出教育游戏的迷思[M]. 裴蕾丝译. 北京:教育科学出版社,2019:62.

要符合 N+1 的状态，才能有效调动动机。[1] 克雷申齐-兰纳指出，设计教育游戏要让儿童可以快速地理解游戏的目标，用图标和符号元素创造一个替代的目标，从而达到教育效果。[2] 韦艳丽等基于八角行为分析（Octalysis）模型和学习的前、中、后三个阶段的分析，将教育游戏的设计分化成了目标动机、行为动力、信息传导、感情交集、选择交互形式、产生行为反馈六个环节。[3] 樊朴指出给儿童创造积极的情绪体验无形中增强了儿童的使用黏性。[4] 陈月华等指出游戏设计在青少年道德教育领域同样可以起到积极效果。[5] 尤佳认为设计中应以"爱"和"善"为锚点，达成教育目的，避免年轻父母育儿焦虑。[6] 张玲慧等通过综述，指出教育游戏的效果多呈现在使用者的技能提升、智力发展和价值观树立上。[7]

(三) 教育游戏的研究方法

学术界对教育游戏的研究主要呈现出以下三种方法：

一是通过量化实证研究，了解教育游戏的接受程度、使用场景、教学效果、使用偏好等。赵永乐等通过大样本的实证研究得出，教育游戏在国内仍未完全普及，现代家长对教育游戏中积极因素（如开发智力）的向往，并不能抵消他们对消极因素（如损坏视力）的担忧。[8] 赵永乐等进一步指出，教师对教育游戏的接受，同样需要技术准备和观念认同。[9] 学者马尔蒂-帕雷尼奥等认为，老师和家长对教育游戏越了解，对其评价越积极。[10] 迪娜等人通过眼球追踪技术记

---

① 李磊，王璇. 儿童语言教育游戏中的心流体验设计原则研究[J]. 装饰，2017(2)：82—84.

② Crescenzi-Lanna L. Emotions, private speech, involvement and other aspects of young children's interactions with educational apps[J]. Computers in Human Behavior, 2020(111)：106430.

③ 韦艳丽，周璇，刘煜炜. 基于八角行为分析法的学习类 App 游戏化驱动设计研究[J]. 包装工程，2021，42(8)：148—155.

④ 樊朴. 从实践角度谈儿童绘本中的游戏设计[J]. 装饰，2018(1)：134—135.

⑤ 陈月华，刘懿莹. 严肃游戏为载体的社会主义核心价值观传播路径探析[J]. 现代传播（中国传媒大学学报），2019，41(4)：96—100.

⑥ 尤佳. 新媒体视域下中国当代育儿焦虑研究[D]. 河北大学，2019：152—153.

⑦ 张玲慧，李怀龙. 国内外教育游戏研究热点比较可视化分析——以 2004—2019 年 CNKI 和 WOS 数据为例[J]. 中国教育信息化，2020(8)：14—21.

⑧ 赵永乐，何莹，蒋宇，等. 家长对教育电子游戏的接受倾向和使用偏好[J]. 开放教育研究，2019，25(3)：72—80.

⑨ 赵永乐，蒋宇，何莹. 我国教师对教育游戏的接受与使用状况调查[J]. 开放教育研究，2022，28(1)：51—61.

⑩ Sánchez-Mena, Martí-Parreñ; José, et al. Teachers' intention to use educational video games: The moderating role of gender and age [J]. Innovations in Education & Teaching International, 2019, Vol. 56(3)：318–329.

录和计算得出,教育游戏对学习效果的影响不存在性别差异。[1] 马颖峰等通过问卷研究了不同类型电子游戏的互动模式与用户体验,他们认为扮演游戏最能给用户带来沉浸感,教育游戏可以从传统游戏中沿袭多线索的模式、模拟真实世界的方式和角色扮演的元素,从而提升用户的学习兴趣[2]。柯艺等以儿童AR 绘本为例,通过感知使用模型分析得出,设计中要注重内容的互动性与趣味性,并且增加对儿童的奖励以满足成长心理。[3]

二是通过创作实践进行研究。学者通过创作与实验来研究教育游戏的适用领域、交互策略等。杨媛媛等将游戏看作传播知识的媒介,以教育游戏《逻辑花瑶》的创作过程为例,阐明了教育游戏的设计要从顶层设计入手,追求文化、教育和游戏的深度融合。[4] 学者蒋希娜等根据游戏设计的核心圈模型进行创作,归纳了儿童绘画游戏的创作方法。[5] 希塔・德赛等认为具身化的设计能调动儿童抓取、操纵物体时肌肉和关节内部反馈的动能,从而促进认知。[6] 事实上,教育游戏已经被证明可以在儿童的认知发展、阅读识字[7]、学习地理[8]、科技工程[9]、粗大运动能力[10]、文化认同[11]等领域起到作用。教育游戏中视频、

---

① Mohd Nizam Dinna Nina, Law Effie Lai-Chong. Derivation of young children's interaction strategies with digital educational games from gaze sequences analysis[J]. International Journal of Human - Computer Studies, 2021:146.

② 马颖峰,胡若楠. 不同类型电子游戏沉浸体验研究及对教育游戏设计的启示[J]. 电化教育研究,2016,37(3):86—92,114.

③ 柯艺,徐媛.5G 时代 AR 童书的出版路径与策略——基于技术接受模型的研究[J]. 编辑学刊,2021(2):53—58.

④ 杨媛媛,季铁,张朵朵. 传统文化在儿童教育游戏中的设计与应用——以《逻辑花瑶》设计实践为例[J]. 装饰,2018(12):78—81.

⑤ 蒋希娜,黄心渊,蒋莹莹. 指向图形表征能力培养的儿童绘画游戏设计研究[J]. 电化教育研究,2017,38(8):83—88.

⑥ Desai S, Bladder A, Popovic V. Children's embodied intuitive interaction - Design aspects of embodiment[J]. International Journal of Child - Computer Interaction, 2019, 21(9):89 - 103.

⑦ Neumann M M. Using tablets and apps to enhance emergent literacy skills in young children[J]. Early Childhood Research Quarterly, 2018(42):239 - 246.

⑧ Walczak S, Taylor N G. Geography learning in primary school: Comparing face-to-face versus tablet-based instruction methods[J]. Computers & education, 2018, 117(2):188 - 198.

⑨ Alade F, Lauricella A R, Beaudoin-Ryan L, et al. Measuring with Murray: Touchscreen technology and preschoolers' STEM learning[J]. Computers in Human Behavior, 2016, 62(9):433 - 441.

⑩ Cornejo R, F Martínez, Lvarez V C, et al. Serious games for basic learning mechanisms: reinforcing Mexican children's gross motor skills and attention[J]. Personal and Ubiquitous Computing, 2021, 25(2):375 - 390.

⑪ Chen H P, Lien C J, Annetta L, et al. The Influence of an Educational Computer Game on Children's Cultural Identities[J]. Educational Technology & Society, 2010(13):94 - 105.

图片、童谣、故事和活动相互融合的方式,受到儿童欢迎。[1] 李杰荣等认为在学习过程中学习动机、感知材料、巩固知识、运用知识和检查的过程尤为重要,依次对应着教育游戏设计中挑战性和竞争性的平衡、学习目标与内容的准确性、有趣情境设计、激励性的反馈机制。[2]

三是推演综述性研究。此类研究多为分析教育游戏的推进历程、发展方向和研究热点等。研究常涉及游戏目标动机、游戏难度和设计方法等方面。陈京炜分析了为儿童设计游戏的原则:第一必须符合逻辑而且有意义;第二要有有效的反馈机制;第三要加入类似盲盒的意外之物,创造新奇感,避免游戏中大量重复而造成的疲劳。未来游戏必将有更成熟的技术,强化亲子游戏、同伴游戏、沉浸游戏;重视数据提供即时性、情境化的反馈;鼓励探索和激发好奇心。[3] 詹妮弗等构建了面向5岁以下儿童的教育游戏的设计原则:第一,设计要考虑到儿童的技能和能力,拥有适合其发展的内容;第二,应该整合多种学科领域的理论框架;第三,要注重亲子互动;第四,内容应该针对不同文化、种族、国家等稍有变化;第五,应在游戏和学习机会之间取得平衡。[4] 黄瑞认为光靠模仿借鉴优秀的产品会造成视觉疲劳,需要在界面设置中践行简化。[5] 王璇认为儿童教育游戏界面设计要准确传达情绪,满足情感社交需求。[6] 罗凡冰等提出儿童教育游戏设计中要注重隐私保护等问题。[7]

二、游戏角色研究

(一)角色概念溯源

"角色"本意是指演员按照剧本所规定的内容扮演的人物。[8] 正如亚里士多德认为,情感陶冶与释放是戏剧的最终目的,摹仿需要借助人物的动作来表

① Michelle M. Neumann, David L. Neumann. The Use of Touch-Screen Tablets at Home and Pre-School to Foster Emergent Literacy[J]. Journal of Early Childhood Literacy, 2017, Vol. 17(2): 203-220.
② 李杰荣,岳盼盼. 内隐学习理论对教育游戏的启示[J]. 中国教育技术装备,2009(4):8—9.
③ 陈京炜. 游戏心理学[M]. 北京:中国传媒大学出版社,2015:178—181.
④ Jennifer L. Miller, Carly A. Kocurek. Principles for educational game development for young children[J]. Journal of Children and Media, 2017, 11(3):314-329.
⑤ 黄瑞. 基于沉浸理论的儿童教育类App交互设计[J]. 包装工程,2018,39(10):177—181.
⑥ 王璇. 移动端儿童严肃游戏界面设计研究[J]. 装饰,2014(2):110—111.
⑦ 罗凡冰,徐丽芳. Animal Jam Classic:儿童严肃游戏的典范[J]. 出版参考,2021(6):18—21.
⑧ 漆涛. 学生角色研究[D]. 华东师范大学,2017:21.

达。① 戏剧理论家斯坦尼拉夫斯基系统地研究了角色,他认为演员需要依据剧本内容和社会行为规范加以阐释角色。即使演员不存在了,角色还将永存。② 中国的戏剧表演不光注重"摹仿""再现""程式化训练",更讲究展现"心象""神韵",营造"意境""情趣"。③

在戏剧角色研究中,除了从表演艺术的角度进行论证,演员与角色的关系也是重要的研究视角。该类研究中系统地回答了演员应该如何理解角色,通过什么途径准备角色,又需要哪些手段排练角色与演出角色等问题。由于戏剧与生活的相关性,"角色"的概念被引入了生活领域用来解释生活中的现象。1934 年,乔治·赫伯特·米德率先将"角色"引入符号互动的范畴,主张角色是处于一定地位、按其规范行事的一类人。④ 两年后,"社会角色"被美国学者林顿沿用,他认为只有当"角色地位""角色关系""角色权利""角色责任"等共同存在时,才能构成"角色扮演"。⑤ 戈夫曼在《日常生活中的自我呈现》中从生活中不易察觉的细节入手,根据符号互动原理和大量的实证研究,阐明了他的"拟剧理论",指出了生活是大舞台,日常就是一场表演秀,在交往过程中同伴有可能来自有共同目的的一个剧班或者多个剧班,人们在社会互动中是如何展现自己和进行印象管理,从而最终达成目的服务的。⑥ 另外,林顿、帕森斯、格勒泰、默顿等理论家都从角色的社会结构入手,对角色的内容、功能、形成机制等进行深入研究,并提出了不同的角色实现模型⑦,见图 3。

其中象征社会身份的"角色地位",象征着人际互动的"角色关系",象征着目标与要求的"角色期待",象征思维方式和行动准则的"角色行为",象征着义务的"角色功能"常被人们提起。个体从出生就开始与他人、环境进行互动,也为角色模型的过程性构建提供了依据,总之,角色生成的体系是一种动态平衡的系统。

---

① 亚里士多德. 诗学[M]. 陈中梅. 北京:商务印书馆. 1999:38—42.
② 斯坦尼斯拉夫斯基. 斯坦拉夫斯基全集第二卷 演员的自我修养[M]. 林陵,史敏徒译. 北京:中国电影出版社,1985:28—29.
③ 叶朗. 中国美学史大纲[M]. 上海:上海人民出版社,1985:267,271,630.
④ 乔治·赫伯特·米德. 心灵、自我与社会[M]. 赵月瑟译. 上海:上海译文出版社,1992:160.
⑤ 漆涛. 学生角色研究[D]. 华东师范大学,2017:23.
⑥ 欧文·戈夫曼. 日常生活中的自我呈现[M]. 冯钢译. 北京:北京大学出版社:2016:5—16.
⑦ 漆涛. 学生角色研究[D]. 华东师范大学,2017:29.

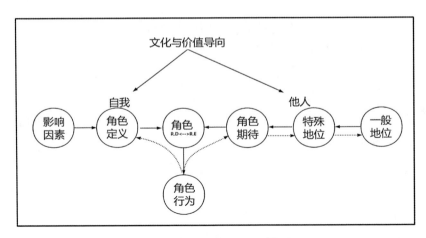

图 3　格勒泰的角色实现模型

人格特质理论的创始人奥尔波特也提出了自己的角色实现模型①,见图4。他认为角色实现是从"期待"到"构想"再到"接受",最后达成"扮演"的过程,自我对角色的构想必将受到外界规范和个体的人格特征影响。总之,特定角色的生成是内外因综合作用的复合过程。

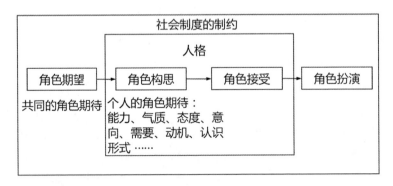

图 4　奥尔波特的角色实现模型

(二) 游戏角色内涵

随着技术的发展,对角色研究已经跨界进入了虚拟世界领域。游戏作为第九艺术,游戏中角色的概念相比其他艺术形式中角色的概念有沿袭和超越的部分。马克·沃尔夫认为电子游戏中出现的元素可以分为四大类:一是在游戏中显示玩家存在的角色,玩家角色(Character);二是在游戏中显示电脑存

---

① 麻彦坤. 奥尔波特人格理论述评[J]. 心理学探新,1989(3):23—27.

在的角色,非玩家控制角色(NPC);三是可以被游戏角色操纵和使用的对象;四是不被游戏角色改变的背景环境。① 杰西卡·阿尔德莱德认为非玩家角色根据内置的游戏脚本行动;玩家角色是游戏世界的虚拟实体,通过扮演、发展升级来创造剧情,完成任务。② 为区分虚拟角色和玩家代入角色,波尔斯托夫、欧内斯特·亚当斯等借用了印度教俗语"化身"(Avatar)一词,该词有降临的意思。游戏中"化身"的说法起源于 1985 年卢卡斯影视游戏公司的角色扮演网游《栖息地》(Habitat),每个玩家都拥有自己的"化身",和化身的原始意义一样,完成了现实世界到虚拟世界的跨界。③④

克拉拉·费尔南德斯·瓦拉认为角色是行动的代理,与游戏规则加强关联。⑤ 黄心渊教授等认为虚拟角色要与人类行动具有一致性,创设沉浸感。⑥ 郑则凌指出游戏中的角色体验感来源于情感世界。⑦ 关萍萍结合对格雷马斯方阵的分析,提出游戏场域中更能发现自我的主体意识。⑧ 孙静认为角色不仅是连接游戏设计者与玩家的虚构实体,还是代表游戏知识产权的重要意象,是情感化设计的重要表征。⑨ 易欢欢等认为在将来的元宇宙情境下将会有更多的虚拟化身、虚拟角色(NPC)和人工智能(AI)助理。⑩

(三) 游戏角色设计

通过在 CNKI 中文数据库进行的关键词搜索,对于游戏角色的研究涉及计算机软件应用、美术、体育、心理学和学前教育学等领域,见图 5。

对于游戏角色的设计研究集中在技术建模、形象设计、人格塑造与身份建构等层面。

① Mark. J. P Wolf. Abstraction in the Video Game[A]. Video game Theory Reader[C]. 2003:50.
② Aldered, J. "Characters". In Wolf, M. J. , Perron, W. Routledge Companion to Video Games. [M]. New York and London:Routledge, 2014:355.
③ Boellstorff, T. Coming of Age In Second Life:An Anthropologist Explores The Virtually Human. [M]. Princeton, NJ and Oxford:Princeton University Press. 2008:128.
④ 欧内斯特·亚当斯. 游戏设计基础[M]. 江涛译. 北京:机械工业出版社,2017:76.
⑤ Clara Fernandez Vara. The Tribulation of Adventure Games[D]. Georgia Institute of Technology. 2009:198-282.
⑥ 黄心渊,陈柏君. 基于沉浸式传播的虚拟现实艺术设计策略[J]. 现代传播(中国传媒大学学报), 2017,39(1):85—89.
⑦ 郑则凌. 我国网络角色扮演类游戏的现状及发展研究[J]. 美术教育研究,2012(9):62—63.
⑧ 关萍萍. 试论网络游戏玩家的"游戏内传播":格雷马斯方阵视角下的游戏价值论[J]. 湖南大众传媒职业技术学院学报,2009,9(2):58—62.
⑨ 孙静. 走向"胜利"的途中[D]. 南开大学,2016:44.
⑩ 易欢欢,黄心渊. 虚拟与现实之间——对话元宇宙[J]. 当代电影,2021(12):4—12.

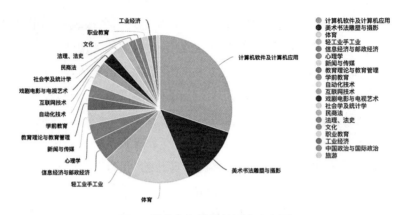

图 5 游戏角色设计的研究方向图

注：图片源于中国知网关键词生成截图。

1. 游戏角色设计的技术层面

刘箴教授等认为，在教育游戏中虚拟角色应该参考人类"感知—决策—行动"的行为模式。用人工智能助力虚拟角色情感计算、通过增设戏剧的场景，提高虚拟角色与观众的互动程度，并提倡多通道的交互，实现虚拟人的视听觉和感触觉。[①] 他还指出要将智能虚拟主体划分为五个层次：认知层、行为层、物理层、运动层和集合层。[②] 学者叶绿在学位论文中提出，对于模拟人类行为的虚拟角色，应当具备最基本的模块分别是感知模块、反应器模块、身体模块、思维模块和情绪模块。[③] 陈恣强调在虚拟角色交互要进行刺激性模块、支援性模块的设计，以生动且有深度的方式传播知识。[④]

2. 游戏角色的形象设计层面

欧内斯特·亚当斯认为游戏角色的设计应该从成熟的动画片中汲取营养，儿童游戏应该沿用美国《芝麻街》的创作理念。[⑤] 戴维斯等发现，有故事性的角色表演最为吸引眼球，并推荐从业者给角色增加游戏化动作设计。[⑥] 斯齐奥等发现，以动画为代表的数字媒介可以在 3—8 岁儿童的语言发展方面起到

---

① 刘箴. 虚拟人的行为规划模型研究[J]. 系统仿真学报，2004(10)：2149—2152.

② 刘箴，潘志庚. 虚拟人情绪行为动画模型[J]. 中国图象图形学报，2003(7)：99—104.

③ 叶绿. 虚拟教育环境中虚拟人(角色)技术的研究与应用[D]. 浙江大学，2005：32.

④ 陈恣. 具身认知视角下 A-STEM 学习空间设计[J]. 全球教育展望，2020，49(4)：12.

⑤ 欧内斯特·亚当斯. 游戏设计基础[M]. 江涛译. 北京：机械工业出版社，2017：76.

⑥ Davies V F, Mafra R, Beltran A, et al. Children's Cognitive and Affective Responses About a Narrative Versus a Non-Narrative Cartoon Designed for an Active Videogame[J]. Games Health J, 2016, 5(2)：114 - 119.

促进作用,如果父母参与到游戏中,则更能促进儿童主动学习。[①]"万物有灵"是儿童的世界观,角色创作中要根据心理认知和发展的特点,减少认知负荷。[②]学龄前儿童角色设定应体现生活之美。[③]

3. 游戏角色的内涵设定层面

罗杰斯认为角色与镜头、控制并称为游戏设计的三大重要元素,角色设计需要让符号简单化,圆形剪影适合表现善良的人物,可通过夸大嘴巴和眼睛等局部特征实现戏剧化效果。[④]大卫·弗里曼认为艺术设计中每个角色都要遵循自己的角色弧(Character Arc),即故事中的角色不自觉的经历成长路径。[⑤]非玩家控制角色至少要生成一个菱形角色,它要有至少四个特质放在菱形的四个角上,如果有五个或者更多的特质就会产生混乱。[⑥]罗杰斯认为故事带来了让玩家关心的角色,带来了一个体验他人经历的机会,角色给予玩家在真实世界中渴望获得的特质:强壮、富有、机智、魔力等。[⑦]尼古拉耶夫·玛丽亚用米奇、朵拉、精灵宝可梦等为例,提出儿童喜欢的游戏角色多来自喜欢的动画故事的改编。[⑧]李寻等用实验法证明了合适的动画角色可以对玩家的学习效果产生正向影响。[⑨]同时,儿童人格的形成与卡通角色关系较大,但是儿童更愿意模仿一些有争议的角色。[⑩]

4. 游戏角色的身份建构层面

学者郭春宁指出角色交互的目的是达到忘我境界。[⑪]徐莺云指出角色作为审美体验依托的主要移情媒介,让玩家通过角色介入游戏故事,感受到游戏主线的发展,更好地融入虚拟空间,体验到时间概念、空间转换,建构自己的身份。[⑫]

① Schiau S, Plitea I, Gusita A, et al. How Do Cartoons Teach Children? A Comparative Analysis on Preschoolers and Schoolchildren[J]. Journal of Media Research, 2013, 6(3): 13.
② 宋岩峰. 基于儿童心理特征的动画创作[J]. 装饰, 2017(3): 78—79.
③ 赵春. 中英学龄前儿童动画比较研究[J]. 当代电影, 2019(12): 161—163.
④ 罗杰斯. 通关! 游戏设计之道[M]. 高济润, 孙懿译. 北京: 人民邮电出版社, 2013: 67.
⑤ 弗里曼. 游戏情感设计[M]. 邱仲潘译. 北京: 北京希望电子出版社, 2005: 18.
⑥ 弗里曼. 游戏情感设计[M]. 邱仲潘译. 北京: 北京希望电子出版社, 2005: 34.
⑦ ScottRogers. 触摸屏游戏设计[M]. 颜彦, 黄静译. 北京: 人民邮电出版社, 2014: 80.
⑧ Nikolayev M, Reich S M, Muskat T, et al. Review of feedback in edutainment games for preschoolers in the USA[J]. Journal of Children and Media, 2020(2): 1 - 18.
⑨ 李寻, 张丙辰, 杨俞玲, 等. 基于熵权法的学龄前儿童教育 App 角色绘图方式评价研究[J/OL]. 包装工程: 2021: 1—13.
⑩ 何建平, 王雪. 同伴地位对儿童卡通角色认同的影响研究[J]. 当代电影, 2016(8): 88—94.
⑪ 郭春宁. 景观的双重建构: 电影与游戏的批判与合作[J]. 当代电影, 2020(10): 9.
⑫ 徐莺云. 电子游戏审美表现对玩家体验的影响——以互动偏向与角色扮演为例[J]. 东南传播, 2020(8): 4.

学者汪博指出角色体验的过程是动态的：游戏前玩家通过角色形象和身份介绍自发地产生期待；游戏中感受角色的特质，形成化身认同；游戏后角色抽离，信息被内化。① 马颖峰等学者对教育游戏中角色身份的思考是具有启发性的，见表2。

表 2　教育游戏中的身份思考

学　者	观　点
布兰达·劳雷尔②	设计师是"第一作者"，交互者是以体验者身份进入的"第二作者"，两者共同完成创作。角色的实时表演引发他者注意、共鸣、移情。好的角色是能实现功能的、行动和特征符合现实逻辑而且前后一致的。
詹姆斯·保罗·吉③	游戏中涉及三种身份，其中包括虚拟身份、真实身份和投射身份。其中，玩家从中超越自我和虚拟角色的缺陷的空间。
皮齐亚克④	儿童严肃游戏要有识别度高、非威胁性的角色，让儿童沉浸在故事，产生依恋。
马颖峰等⑤	教育游戏中的角色需要具有显著性特征，具体分为学习者角色、指导者角色、帮助者角色，三者共同共建学习进程，构建活动图谱。
喻国明等⑥	启动玩家的成就、探索、社交、统治、沉浸等动机的关键是角色体验的过程。
周文娟等⑦	不断优化虚拟角色与玩家角色的合理化交互行为模式，能促进玩家体验的真实感。
徐茵等⑧	儿童拥有通过角色进行认知的心理，利用空间资源创造沉浸的体验舞台，创设故事情境，可以拓展儿童的认知。

① 汪博. 电子游戏中玩家的角色体验研究[J]. 装饰，2017(8)：3.
② 布兰达·劳雷尔. 人机交互与戏剧表演[M]. 赵利通译. 北京：机械工业出版社，2014：14.
③ 詹姆斯·保罗·吉. 游戏改变学习：游戏素养、批判性思维与未来教育[M]. 孙静译. 上海：华东师范大学出版社，2019：104.
④ Piziak V. Developing Educational Games for Preschool Children to Improve Dietary Choices and Exercise Capacity[J]. Sustainability，2021(13)：3340.
⑤ 马颖峰，孙彦青，马霞歌. 探究式教育游戏角色设计的机制研究[J]. 现代教育技术，2009，19(1)：51—54.
⑥ 喻国明，耿晓梦. 从游戏玩家的类型研究到未来线上用户的特质模型——兼论游戏范式对于未来传播研究的价值[J]. 当代传播，2019(3)：26—30,55.
⑦ 周文娟，张胜男，崔小洛. 教育游戏中智能角色的模型设计[J]. 中国教育技术装备，2014(18)：88—89.
⑧ 徐茵，宋小波. "角色认知"交互体验在儿童主题乐园视觉形象设计中的应用[J]. 装饰，2021(7)：124—125.

三、设计理念研究

本研究最后的落脚点是从设计的视角解决融媒体时代儿童教育问题,故需要了解经典的设计理念。20世纪70年代以来,以人为本的设计理念就常被提及,如果说艺术是重在对观点的表达,那么设计就是重在解决实际问题。李世国等指出,交互设计是用户使用数字符号建构计算机世界中的物体,并且从计算机系统中得到反馈。交互系统(Interactive Systems)由人(People)、行为(Activity)、使用场景(Context)和技术(Technology)组成。[①] 阿兰·库伯阐释了交互设计的原理和精髓,他认为交互设计不仅要定义产品,更要定义行为。[②] 辛向阳教授提出了以"服务"为导向的交互设计理念。[③] 内森·希召夫提出交互设计和信息设计要相互交融、建立一种统合场(A Unified Field)。[④] 王佳在此基础上结合生态系统理论,详细划分了用户定位、确定场的范围、设计场的层级等步骤。[⑤]

学术界对交互设计的美学理念提出了不同的思想。布兰达·劳雷尔在《人机交互与舞台表演》中将界面类比舞台,也是现实世界和计算机世界的中介,将界面设计的内涵进一步拓宽,突出表演、模式、语言、思想、角色、情节的重要性,强调人机交互设计是创建一个虚拟世界。交互设计如同戏剧创作一样,要向交互者传递的是情感、理念和思想。[⑥]

唐纳德·诺曼的情感化设计理论中指出,设计的好坏不只是在于满足人类本能需求(本能层),如界面或者外形的设计;也不只是在于满足行为需求(行为层),如对乐趣的需求;还在于满足人类反思需求(反思层),如激发用户通过回忆、移情、共情,产生同理心等。[⑦] 总之,随着技术的发展,交互的含义越来越广,并不是传统意义上人与界面的交互,还包括精神上的交互、情感和认知的共鸣。此外,交互设计领域中"人格化"设计越来越被重视,人格化设计来

---

① 李世国,华梅立,贾锐. 产品设计的新模式——交互设计[J]. 包装工程,2007(4):90—92,95.

② 艾伦·库伯,罗伯特·莱曼,戴维·克罗宁等. 交互设计精髓:纪念版[M]. 倪卫国,刘松涛,杭敏,薛菲译. 北京:电子工业出版社,2020:134—137.

③ 辛向阳,曹建中. 定位服务设计[J]. 包装工程,2018,39(18):43—49.

④ Shedroff, N. , Information Interaction Design:A Unified Field Theory of Design, in Information Design, R. Jacobsen, ed. , 1999, Massachusetts:The MIT Press, pp. 267 - 292.

⑤ 王佳. 信息场的开拓[M]. 北京:清华大学出版社,2011:116.

⑥ 布兰达·劳雷尔. 人机交互与戏剧表演[M]. 赵利通译. 北京:机械工业出版社,2014:10.

⑦ 唐纳德·诺曼. 情感化设计[M]. 付秋芳,程进三译. 北京:电子工业出版社,2006:104—107.

自拟人化设计的概念。人格化设计的理论依据是心理学界对用户行为背后的心理调查。人格化设计就是根据情境、主题、功能，使用观察、分析等手段，在作品中加入特质、性格等。出发点在于认为万物都具有生命力，力求形成一条从形象到印象、从感觉到感情的链条，让人格的塑造贯穿于从认识到了解，从接受到移情，从信赖到共鸣的全过程[①]；在情感化设计的基础上将人格因素具象化，赋予万物生命，赋予使用者新的自我形象[②]。

著名游戏设计师卡斯·阿尔弗林克认为，随着人的理念变迁和技术的发展，"交互设计"和"游戏设计"原本只是有交集的两个领域，现在正趋向融合，"游戏设计"只是特殊的"交互设计"。[③] 游戏中的交互需要给玩家创作出可沉浸感、愉悦感、重复可玩性等。欧内斯特·亚当斯强调了游戏设计中协调与沉浸的美学目标，需要"互动"来完成。[④] 不仅包括认知互动（智力上和情感上的）与功能互动（鼠标和键盘），还包括系统外的互动（与社会文化的交流）。[⑤] 学者关萍萍指出，交互设计要特别重视参与者、计算机、信息传递的内容，三者的互动共同构建成为游戏的交互系统，设计的过程不仅要凸显主体的交互性，还有外层编码、中心编码，并且可以构建新型的人机交互的渠道。[⑥]

米哈里·契克森米哈赖的心流理论（Flow）经常被用于游戏设计与评价中，其中囊括了三类因素和九个特征。其一是条件因素：游戏中有明确的目标、有即时的反馈、技能和挑战匹配。其二是体验因素：玩家的行为和意识融为一体，全神贯注地进行游戏，玩家对游戏角色等进行潜在控制。其三是结果因素：玩家感受不到时间的变化，有目的性地体验，失去自我意识。[⑦] 思想家马丁·布伯用"我与你"来表现和世界的关系，在人机交互的领域，人们更向往

---

① 刘宇. 浅议艺术设计中的人格化设计[J]. 艺术教育，2011(5)：2.
② 姚浩然. 人格化家具形态设计研究[D]. 南京林业大学，2012.
③ Kars Alfrink. Game Design Is Just Specialised Interaction Design. [EB/OL]. [2020‐09‐18]. https：//leapfrog. nl/blog/archives/2008/01/04/.
④ 欧内斯特·亚当斯. 游戏设计基础[M]. 江涛译. 北京：机械工业出版社，2017：76.
⑤ Salen K，Zimmerman E. Rules of Play：Game Design Fundamental[M]. Cambridge，Massachusetts：The MIT Press，2003：299.
⑥ 关萍萍. 互动媒介论——电子游戏多重互动与叙事模式[D]. 浙江大学，2010：245.
⑦ Csikszentmihalyi M. Beyond Boredom and Anxiety[M]. San Francisco，CA：Jossey-Bass Publishers，2000：218‐220.

的是能智能对话的计算机。[①] 界面设计沉浸感常被提及。例如,学者张梦雨等认为,交互是新的传播方式,前提是让用户相信自己是故事必不可少的部分。[②] 另外,界面是提交交互的手段,交互不仅是为了传达信息还需要传达美感。赵洪波认为人的心理深层结构就是一种审美的结构。设计的时候注意审美不仅需要外在的美感,更需要心灵的升华。[③] 凯文·韦巴赫和丹·亨特将虚拟世界的理念推广到各个领域中,他们建构了游戏化设计的 DMC 模型,论述通过动力(Dynamics)、机制(Mechanics)和组件(Components)的融合,可以赋予任务游戏化的思维方式,让用户在愉快的情绪体验中完成任务。[④] 后辈学者徐文瀚等也基于此理论进行各种网络交互产品的研发。[⑤] 综上所述,游戏设计就是建构一个令人沉浸的虚拟世界,以玩家为中心,满足本能、行为情感与反思的需求,并根据情境、主题和功能,赋予虚拟世界的角色特质、性格和生命力。

四、文献总结与反思

对现有的文献进行综述之后可知,对于学龄前儿童来说,游戏远不只是娱乐,而是具有教育功能的交互活动,"做中学"的观念贯穿于福禄贝尔、杜威、皮亚杰、维果斯基、陈鹤琴等古今中外的教育家的理论中。教育家们以儿童的身心发展为核心,提出创设好的游戏内容,促进儿童的认知。对于学龄前儿童来说,角色扮演游戏是儿童游戏中的高峰体验。儿童在模仿和表演之间实现了自我认知和认识世界。基于此,本研究将提取"角色交互"的概念,以此作为立论点、切入点、发力点,探究游戏角色交互对学龄前儿童身份的影响,基于角色交互建构教育游戏设计的理论框架。

随着时代的发展,数字媒体技术拓宽了儿童游戏的场域,教育游戏应运而生,旨在为给儿童提供好的学习素材,在虚拟世界中应延续"做中学"这一理念。现有的国内外教育游戏研究的重点在于将传统教育学理论、游戏理论进行数字化迁移,对教育游戏的适用学科探索、搭建学习情境、探寻如何激发学

① 张增田,靳玉乐. 马丁·布伯的对话哲学及其对现代教育的启示[J]. 高等教育研究,2004,25(2):5.
② 张梦雨,黄心渊. 用户视角下的交互电影创作研究[J]. 北京电影学院学报,2019(11):35—40.
③ 赵江洪. 设计心理学[M]. 北京:北京理工大学出版社,2004:54—55.
④ 凯文·韦巴赫,丹·亨特. 游戏化思维[M]. 周逵,王晓丹译. 杭州:浙江人民出版社,2014:87—92.
⑤ 徐文瀚. DMC 模型视角下网络公益游戏的游戏化元素探究——以《灯山行动》为例[J]. 新媒体研究,2022,8(9):106—110.

习者动机、进行学习效果分析等,但是较少有研究提取教育游戏的组成元素,进行聚焦研究。教育游戏中的角色研究也只是限于其绘图方式、外在形象等方面,而较少深入研究游戏角色对儿童身份的影响。同时,缺乏从儿童认知特点出发,将儿童作为虚拟世界中的角色进行探究。目前市场上的教育游戏产品也存在角色功能与儿童认知发展不同步、不协调等问题。对角色的研究多呈现在社会学、教育学、艺术戏剧、动画创作、游戏角色设计等领域。随着技术的不断发展,角色的外延不断拓宽。在融媒体时代、人机交互领域中,作为虚拟实体的角色也可以具有人格、具有社会功能,也应该像奥尔波特、格勒豪等研究社会角色的实现模型一样,深入研究虚拟世界的"角色实现模型"。特别需要指出的是,随着技术的发展,线上教育和游戏平台不断地完善,更应注意游戏角色的教育功能探讨,玩家与角色的交互不仅是形式的交互,也是的身份的交互、理念的交互。尤其对通过模仿来学习的学龄前儿童来说,好的游戏角色对人格塑造意义重大。

从设计的理念探析中可知,游戏设计是创造一个易于和玩家互动的虚拟世界。对于学龄前儿童来说,教育游戏创造的是一个富有知识的虚拟世界。角色与界面上其他元素都如同在舞台上的表演,拟人化、具象化的角色是学龄前儿童的重要审美意象和兴趣中心,所以在人机交互时代,设计能与儿童自然交互的角色尤为重要。现有的研究不乏强调角色的重要性,但是研究视角中相对缺乏将虚拟角色作为"虚拟世界的实体"进行探索,缺乏细致分析玩家、化身、非玩家控制角色、界面其他元素与教育场景的协同关系和设计要点。随着技术的发展,元宇宙时代的到来,越来越多的场合将由虚拟角色、虚拟生命体、玩家化身等加入[1],也将不只是信息的传播,更是情感的传播,也将带来人类对身份的思考。

第四节　研究价值与意义

本研究拟以角色交互为切入点,进行跨学科的统合视角综合考量。以发

---

[1] 刘革平,高楠,胡翰林,等. 教育元宇宙:特征、机理及应用场景[J]. 开放教育研究,2022,28(1):24—33.

现并解决学龄前儿童教育游戏设计中存在的问题,建构有助于儿童成长的教育游戏设计框架为研究目标,将议题放在儿童成长与数字媒体世界互动过程中的多个维度下进行观照。力求通过近距离观察学龄前儿童,深度访谈家长、教育工作者、媒介从业者,发放问卷等实地调查研究,审视现实中学龄前儿童教育游戏存在的问题及根源。拟通过分析学龄前儿童的发展特征,找到虚拟世界和现实世界的交汇点、游戏和教育的交汇点,从而寻求改进和优化学龄前儿童教育游戏设计的路径与策略,促使学龄前儿童更好地利用教育游戏来寻求意义学习,建构积极的自我身份。基于此,本研究有如下研究意义和价值。

第一,研究数字媒体时代儿童的教育问题具有社会意义。

童年是生命的开端,是人生的起步。本研究以学龄前儿童作为研究对象,既有"人之初"阶段是教育有利时机的考虑,更有学龄前阶段是儿童人格形成关键期的关注。以数字化为主要特征的现代社会的高速发展,不仅大大提升了儿童心理成长的速度与质量,也对人类生存提出了新的挑战。儿童在模仿、同化和顺应中建立自己的认知图式。在融媒体时代背景下,人工智能教育几乎已经覆盖了从幼儿到成人的各个阶段,数字化已经对教育的各个方面产生了深远影响,甚至有可能变为未来主要的教育模式。在数字环境中,儿童与虚拟数字符号直接交互,进行认知。百年之计,教育为本;百年之计,莫如树人。如何打破学科之间的壁垒,多角度地思索儿童教育问题,通过数字媒体、教育游戏为儿童创造好的数字化资源,不仅关系到儿童的人格形成,还关系到民族的未来。

本研究的主旨是从教育游戏设计的视角,为融媒体时代的学龄前儿童教育问题建言献策。这样的研究视角不仅体现了研究者赓续网络强国重任、加强对未成年人数字化关怀的积极态度,还体现了研究者探索在网络空间开展儿童教育的新途径和新方法的立场,也为探索符合社会主义核心价值观、建构兼顾教育性与趣味性的学龄前儿童教育游戏创作策略贡献出一分力量。

第二,以学龄前儿童为例,思考人机交互时代人类身份建构,具有思辨意义。

本研究不仅关注宏观的儿童教育问题,还同样关注人机交互时代儿童人格和身份的建构问题。以角色交互为着眼点,其实是考虑在虚拟世界里人类生存最本质的"自我认知"问题。儿童是人类中最特殊的群体,在儿童的身上聚集着人类精神的本原,本研究将"人之初"阶段的儿童作为研究对象,有助于探讨人类认知图式建构、自我发展方向的本质。人类进化的成果就是儿童发展的潜力,从传统游戏出发,论述角色交互的符号表征、虚拟强化等教育功能,并进行类比推演,使儿童在"我我互动""人我互动""物我互动"中建构自己的身份,涵养人格。

伴随人工智能、数字孪生、5G 技术的发展,在人机交互的时代,虚拟角色将被运用于更多的场景中,甚至可能在不久的未来,通过数据学习的虚拟角色会具有自己原生的性格特征、行为方式和思维能力。在现实和虚拟时空交互的世界中有着更丰富的交互形式,玩家与角色的"人我互动"、与化身的"我我互动"、与内容的"物我互动",同样建构着玩家的身份,涵养着玩家的人格。在未来元宇宙的视野中,真实生命与数字生命之间的交互将成为日常生活的重要部分。以角色交互为切入点,分析玩家的角色体验,很可能成为理解游戏体验、深度学习乃至儿童人格塑造的突破口。所以,以学龄前儿童为例,思考人机交互时代人类身份建构是一个思辨的过程。

第三,为学龄前儿童教育游戏设计研究提供了新的思路,具有理论意义。

3—6 岁学龄前儿童使用教育游戏作为一种新的社会现象,越来越受到人们关注,但社会大众尤其是家长和一线教师对此颇为困惑:数字游戏究竟是促进儿童成长,还是会影响儿童的视力和身心?本研究试图从多学科统合视角对教育游戏优化策略进行全方位的厘清。学龄前儿童教育游戏不是机械挪移线下课程,也不是机械复制成人游戏,而是根据儿童的认知特点,将角色交互作为传统教育与数字教育的链接点。

现存的学术研究多为对教育游戏的宏观探索,如适用学科、搭建情境、学习者动机和效果分析,研究视角多为学习策略与游戏元素相互映射的思路,但是较少提取教育游戏某一元素进行聚焦且系统的研究,缺乏细化用户年龄段的研究,缺乏辩证考量数字游戏与传统游戏特征的研究。相比之下,本研究以角色交互作为教育游戏设计的切入点,形成了教育与游戏、真实世界与虚拟世界双向互通的视角。另外,学术界研究多将教育游戏中角色作为一个"固定值",即形象固定、身份固定、功能固定等。本研究将角色与游戏机制、教育进程相关联,根据为儿童建构最近发展区原则,分析了角色设计的脉络结构,并以此为起点建立设计模型,关联了角色设计、游戏设计和教育内容设计的横纵联系。此成果能够对学术界已有的研究进行补充。

第四,有助于行业健康发展,具有一定的实践意义。

本研究秉承"从实践中来,到实践中去"的原则。首先,通过调研、观察、访谈等手段审视现状、分析问题。然后,辩证考量现实世界与虚拟世界、传统游戏与数字游戏、玩家与角色、儿童认知与人格发展等。其次,搭建角色交互的设计框架、定义该框架的设计原则、推导教育游戏设计模型以及指明角色交互和教育游戏系统融合的路径。最后,开发适用于角色交互策略的编码与验证方案,通过创作实践、对比实验和跟踪实验完成对策略的验证。当今的数字媒体从业人员大多是新进入者,挑大梁的以年轻人居多,对于游戏创作、游戏产业布局、学龄前儿童游戏的认识还处于一种直观的、感性的、经验认识的阶段,尚未进行深入思考,社会责任意识还有待增强,游戏从业者尤其需要从儿童教育的视角来认识儿童教育游戏的设计生产。本研究在系统地探查产业现状的基础上,深入挖掘基于角色交互的学龄前儿童教育游戏创作策略。其中包括细化角色交互实现路径,建构儿童教育游戏设计模型,指出创作原则,开发角色交互验证方案。这将弥补现有研究中对学龄前儿童在虚拟世界中角色交互研究的关注不足,为儿童教育游戏交互设计提供新的思路,对现有研究有所补充,有利于游戏产业的发展。

第五节 研究内容与框架

儿童的发展并非"单一因素决定论",任何单一因素都不能决定人的教育和发展,本研究试图从数字设计的角度来思考儿童教育问题,提出设计策略,以期为儿童提供优质数字教育资源。本研究将遵循"实然""应然""可然"的逻辑,以人文为体、媒介技术为用、审美艺术为法的统合视角,通过调研审视当前学龄前儿童教育游戏使用情况,剖析存在的问题,经由理论论证,提出以"角色交互"为切入点,优化儿童教育游戏设计的策略,通过实验法验证策略,并归纳儿童教育游戏设计的核心价值诉求。

基于此,本研究的正文部分主要分为三个部分、五个章节:

第一部分为第一章,基于调研的现状审视。审视了当下学龄前儿童教育游戏使用情况、对虚拟角色喜欢的程度和内化机制,剖析当下教育游戏的问题。

　　第二部分为第二章,策略研究的理论基础。通过理论溯源,回应现状审视中的问题,缕析儿童、游戏和角色三者关系,阐述角色对学龄前儿童身份的影响机理。同时,建构基于角色交互的学龄前儿童教育游戏设计的基本思路。

　　第三部分为策略研究,聚焦于设计策略的探索、建构与验证。其中,第四章是策略初探,提出了学龄前儿童教育游戏中角色交互的框架,基于角色交互的设计原则与要点。第五章是策略再探,从时间维度论述了角色交互设计的脉络结构和阶段性要点。第六章是策略验证,在实践中验证了设计策略的可操作性、游戏性和教育性,归纳了实践感悟和创作启示。

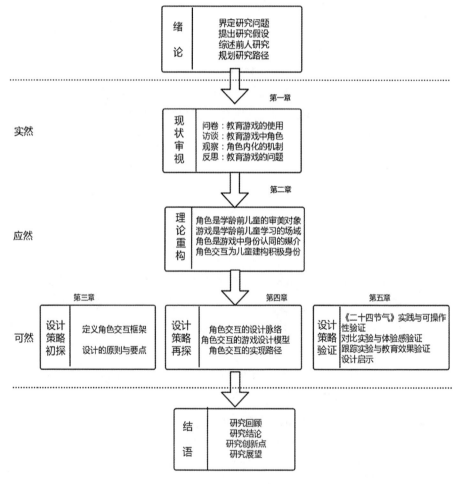

图 6　论文框架与写作脉络路径

第六节　研究思路与方法

本研究根据发现问题、分析问题、解决问题的整体思路,将"角色交互"传统游戏和数字媒体世界自然的融合作为交汇点,通过理论与实践相结合、量化和质化研究相结合的方式进行研究。

第一,文献分析法。研究者通过对选题所涉及的儿童教育学、儿童心理学、艺术学、设计学等的相关文献进行广泛阅读和理解,对儿童认知发展理论、游戏化设计理论重点梳理,旨在厘清儿童、教育游戏、角色之间的关系,了解角色对儿童的影响机理,为策略研究奠定坚实的理论与文献基础。

第二,内容分析法。研究者对国内外近年来成功的学龄前儿童数字游戏、儿童文学、儿童绘本和儿童动画案例进行多角度、全方位的分析探讨。通过确立研究目标、设计研究路径、选择对比等方法,对市场上表现较为成功的作品的精神内核、角色设定、内容共性等作出详细解读,分析内外成因,搭建内容分析的体系。

第三,观察引谈法。研究者基于对学龄前儿童观察,了解儿童游戏的方式和儿童角色内化的机制,研究中使用了观察引谈法来为整体的研究提供更加直观而又具体的研究素材与依据。具体来说,一是观察儿童自发游戏(Free Play)的情况,了解儿童的游戏机制、扮演规则、持续时间等;重点对65名儿童进行引导访谈,了解学龄前儿童对虚拟角色的热衷度,见表3。二是在教育游戏的创作实践与实验验证阶段,重点对儿童在使用教育游戏过程中的关注力、情绪状态等进行观察,并将观察引谈中获得的质性材料进行提炼、编码和归纳,运用到教育游戏角色交互的框架推导和分析之中。

表3　重点引谈的儿童基本信息频率分析表(n=65)

类　别	内　容	频　率	百分比
性别	男	34	52.31
	女	31	47.69

续　表

类　别	内　容	频　率	百分比
年龄	3—4 岁	14	21.54
	4—5 岁	20	30.77
	5—6 岁	22	33.85
	6—7 岁	9	13.85

第四,问卷调查法。问卷调研法可以弥补研究者在观察引谈中抽样有限的弊端,通过收集大量数据进行分析可以更好地形成观点、验证结论。因为儿童教育游戏的应用是针对儿童和家长双用户的,而家长有能力进行信息反馈,所以本研究针对学龄前儿童家长进行问卷调查。共收回 917 份有效问卷,了解学龄前儿童家庭参加教育游戏的行为习惯、使用动机、使用意愿以及儿童对虚拟角色的偏好,调研样本结果符合我国人口学分布情况,见表 4。

表 4　问卷调查有效样本分布特征(学龄前儿童家长填写 $n=917$)

类　别	项　目	频　率	百分比
家长性别	男	257	28.0
	女	660	72.0
家长年龄	20—30 岁	165	18.0
	31—35 岁	432	47.1
	36—40 岁	235	25.6
	41—50 岁	59	6.4
	50 岁以上	26	2.8
家庭结构	独生子女家庭	466	50.8
	非独生子女家庭	451	49.2
家庭所在地	一线城市	191	20.8
	新一线城市	376	41.0
	除以上之外其他城市	74	8.1
	县城	276	30.1

类　别	项　目	频　率	百分比
家长学历	中学及以下	221	24.1
	大学	523	57.0
	硕士及以上	173	18.9
家长月收入	3 000 元以下	119	13.0
	3 001—5 000 元	198	21.6
	5 001—8 000 元	189	20.6
	8 000—15 000 元	277	30.2
	15 000 元以上	134	14.6

第五,深度访谈法。为了更好贴近研究对象,本研究中除了对儿童群体进行引谈,还针对儿童成长中的重要他人进行访谈,见表5—表7。一方面,对学龄前儿童家长、教师、媒介从业者进行深度访谈,了解儿童与家长的游戏观、参与游戏的行为方式,特别是注重了解教师在教育教学中关于游戏化手段的运用。另一方面,对媒体生产一线的行业精英、相关协会的负责人、学术专家进行深度访谈,深入了解我国儿童教育游戏发展的现状、当下的困境及未来的机遇与挑战,从不同视角获得儿童教育游戏发展的策略的启示。

表 5　被访家长情况(家长职业、儿童信息按访谈日期计算)

编号	地　区	学历	职　业	儿　童　信　息
P1	北京	专科	无业	大女儿 69 个月,小女儿 8 个月
P2	北京	硕士	教师	大女儿 55 个月,小女儿 19 个月
P3	北京	硕士	自由职业	大女儿 55 个月,小女儿 12 个月
P4	安徽阜阳	本科	教师	儿子 50 个月
P5	北京	硕士	记者	女儿 60 个月
P6	江苏南京	本科	事业单位	大儿子 108 个月,小儿子 71 个月
P7	江苏南京	专科	行政工作	儿子 58 个月
P8	北京	本科	微商	女儿 55 个月
P9	海口	专科	全职妈妈	儿子 55 个月

续 表

编号	地 区	学历	职 业	儿 童 信 息
P10	浙江杭州	硕士	广告经理	大儿子 66 个月，小女儿 31 个月
P11	江苏南京	本科	保险经理	女儿 61 个月

表 6　教育工作者情况（教龄按采访日期计算）

序号	教 龄	地 区	学历	工作单位及岗位类型
T1	6 年半	安徽合肥	本科	大专学校幼教专业教师
T2	11 年	江苏南京	本科	南京市 21 世纪花园幼儿园园长
T3	14 年	江苏南京	本科	南京市金小丫幼儿园园长
T4	15 年	江苏南京	硕士	南外方山幼儿园园长
T5	8 年	安徽阜阳	本科	中专学校幼教专业教师
T6	7 年	安徽阜阳	本科	安徽阜阳私立幼儿园园长
T7	3 年	北京	博士	北京师范大学科研人员
T8	3 年	江苏南京	本科	南外方山小学部英语老师
T9	18 年	江苏南京	本科	南外方山校长、小学部语文老师
T10	15 年	江苏南京	本科	南京芯未来早教机构创始人
T11	20 年	北京	本科	北京市小学数学教育带头人
T12	3 年	北京	本科	北京福禄贝贝一线教师
T13	40 年	江苏南京	硕士	江苏南京数学特级教师（已退休）
T14	15 年	江苏男姐	本科	南京江宁区兴宁幼儿园园长
T15	38 年	江苏南京	硕士	教授级教师、专家

表 7　媒介从业者信息（职务、工龄按采访日期计算）

编号	工 龄	工作地点	学 历	职 务
M1	11 年	北京	硕士	腾讯视频部门高管
M2	9 年	浙江杭州	硕士	年糕妈妈广告部执行总监
M3	11 年	北京	硕士	作业帮执行总裁助理、新媒体负责人
M4	3 年	广东深圳	硕士	中幼国际教育科技公司总裁助理

编号	工　龄	工作地点	学　历	职　务
M5	1 年	北京	硕士	完美洪恩分镜师（负责原画）
M6	1 年	北京	硕士	高途集团毛豆国学启蒙创始人
M7	半年	北京	本科	腾讯学龄前产品游戏化团队策划
M8	1 年	北京	硕士	凯叔讲故事文学编剧
M9	2 年	北京	硕士	斑马英语在线服务人员
M10	3 年	北京	硕士	猿编程在线教育开发人员
M11	1 年	北京	硕士	小猴启蒙实习编导
M12	20 年	北京	硕士	独立制作人、迪士尼电视监制及顾问
M13	28 年	英国	硕士	英国魔光制片公司联合创始人及监制

　　第六，实验法。本研究采用实验法对推导出的设计理论框架和相关策略进行研究。一是基于理论框架与创作策略进行了教育游戏《二十四节气》的创作实践，并且招募了 96 名参与者进行测评实验，通过观察引谈、调研问卷等方式，记录他们反馈的信息，验证设计框架。二是进一步细化了基于角色交互框架的游戏设计模型的评价维度，对市场上 65 款高下载量的教育游戏进行编码，同时筛选出同一类别、质量相当、契合和不契合研究者设计框架的样本。三是选择了 3 组、6 款教育游戏进行对比实验，以及为期 8 周的跟踪调研，从而验证了基于角色交互策略的教育游戏设计策略的实效性和可推广性。

第一章 ————

现状审视

第一章
现状审视

　　关注学龄前儿童的数字化生活,研究学龄前儿童教育游戏,必须把实践考察作为研究前提。为获得相对全面的研究资料,找准当下教育游戏产品中存在的问题,审视教育数字产业现状。笔者通过以下途径进行研究:第一,问卷调查。通过问卷调查法,抽样调查了全国范围内16个省级行政区中的917个学龄前儿童家庭的教育游戏使用现状。调查维度包括:使用数字产品的时间、场合和类型,内容偏好,使用动机,使用意愿,对游戏角色的喜爱程度等,问卷设计与数据分析见附录1。第二,深度访谈。通过对39名学龄前儿童生活中的"重要他人"进行深度访谈,其中包括学龄前儿童家长、教育工作者和相关的媒介从业者,访谈的维度包括成人对学龄前儿童使用数字媒介的看法、经典虚拟角色案例分享、期待的角色功能等,访谈提纲见附录2。第三,观察引谈。进入幼儿园,对3—6岁学龄前儿童使用教育游戏的过程、在幼儿园游戏等活动的情况进行观察,并重点对其中65名儿童进行引导访谈。观察学龄前儿童在日常生活中如何通过虚拟角色、角色扮演建立个体身份;了解他们对虚拟角色的喜欢程度,喜欢的虚拟角色的画风、性格特点等,观察引谈提纲见附录3。第四,依据考察调研结果,有针对性地进行教育游戏内容分析,反思其中隐藏的问题。

　　如上所述,本章将结合整体情况的量化分析和个性解释的质化分析,力求较为全面地揭示儿童在数字媒体环境中的游戏实景和儿童对角色的内化机制,以期为下文的研究提供实践依据。

第一节　问卷：学龄前儿童家庭教育游戏使用情况

角色存在于社会的各个方面，可以是动画片中的人物，或是城市吉祥物，抑或是儿童脑海中的朋友。从本文立论的角度，对角色的考察不能脱离数字游戏的语境。这一部分，笔者将通过建构模型对现代学龄前儿童家庭开展调研，以使用结果为研究的导向，从使用教育游戏的动机出发，推导出学龄前儿童家庭对教育游戏的使用意愿和价值诉求。

学龄前数字化教育产品具有特殊性，其用户是学龄前儿童，但实际的付费者是家长，家长和儿童的共同选择将决定产品的最终使用情况，而由于学龄前儿童的判断能力较弱，很多情况下是家长作出实质的选择。另外，任何一次完整的传播活动都少不了传播者、受众、传播媒介、信息和反馈之间的相互作用。家长在儿童使用教育产品的过程中可以敏锐地捕捉到儿童的感受，又可以将使用感受通过媒介这种反馈给传播者。故问卷调研对象为学龄前儿童家长。

一、调研实施过程的概述

（一）理论基础与研究模型

1. 刺激—机体—反应理论框架（S-O-R）

S-O-R 理论框架源自心理学，是环境心理学家提出的研究外部刺激因素对个体的心理认知和行为影响的理论，其中包括三个要素：刺激（Stimulus）、机体（Organism）和反应（Response）。融媒体时代，个体面临的媒介环境发生改变，很多学者用 S-O-R 理论框架探讨媒介用户行为意向。例如，短视频中广告干扰（刺激）与不持续使用意愿（反应）的关系[1]、社交泛化与朋友圈中潜水行为的关系[2]、网络直播对购买行为的影响等[3]。基于此理论在新媒体环境中被

① 张大伟，王梓. 用户生成内容的"阴暗面"：短视频平台用户消极使用行为意向研究[J]. 现代传播（中国传媒大学学报），2021,43(8)：137—144.
② 朱建珍. SOR 理论视角下用户社交媒体倦怠成因及消极使用行为研究[D]. 深圳大学，2019：10.
③ 黄仕靖，许缦. 基于 SOR 理论的移动电商网络直播对用户在线购买意愿的影响机制研究[J]. 统计与管理，2021,36(7)：122—128.

证实可行,故本研究用 S-O-R 框架作为框架支撑。

2. 技术接受模型(Technology Acceptance Model,TAM)

TAM 模型最早由戴维斯(Davis)提出的,模型中展现了用户接受计算机的决定因素,即感知有用性和感知易用性。[①] 因其有较好的稳定性常被其他学者沿用。之后戴维斯等在原有变量基础上,不断对模型进行扩充整合,去掉了使用态度,加入个体差异、系统特征等元素。国内外学者也常用 TAM 模型来分析教育新媒体的使用情况。例如,学术虚拟社区分享情况[②]、信息化教学行为[③④]、在线作业的意愿[⑤]、儿童教育游戏的行为意向[⑥]。因为前人在实践中验证了这个模型的可行性,本文基于 TAM 模型直接提出假设:

假设 1(H1)感知易用性影响感知有用性;

假设 2(H2)感知有用性影响行为意愿;

假设 3(H3)感知易用性影响行为意愿。

在不同的研究领域,研究者往往会引入新的变量对 TAM 进行补充以提高准确性。主观规范是指一个人在决定是否采取某种行动时面临的社会压力,最早被菲什拜因和阿耶兹等提出来分析人的行为意图。惠勒和乔丹也在 1929 年提出过个人意见趋向于团体意见变化的观点。对于新生的事物,人们的接受程度会受到社会思潮、教育政策和同伴的影响[⑦];家长、朋友和明星的使用行为也会影响到用户对教育游戏的使用选择[⑧]。同理,对于家长来说,相较于通讯、社交软件等,儿童教育游戏属于新生事物,其使用行为同样受主观规范的影响。基于此,本文提出如下假设:

---

① Davis F D. Perceived usefulness, perceived ease of use, and user acceptance of information technology [J]. MIS Quarterly, 1989, 13(3): 319 - 339.

② 张红兵,张乐. 学术虚拟社区知识贡献意愿影响因素的实证研究——KCM 和 TAM 视角[J]. 软科学,2017,31(8):19—24.

③ 刘喆. 基于 TPB 和 TAM 模型的教师信息化教学行为[J]. 现代教育技术,2017,27(3):78—84.

④ Sánchez-Mena, Antonio, Martí-Parreo, José, Aldás-Manzano, Joaquín. Teachers' intention to use educational video games: The moderating role of gender and age[J]. Innovations in Education and Teaching International, 2018: 1 - 12.

⑤ 曹梅,宋昀桦. 在线作业的用户体验及其影响因素研究——兼论对在线作业推广应用的反思[J]. 现代教育技术,2020,30(2):79—84.

⑥ 魏婷,李艺. 教育游戏参与者行为意向影响因素的实证研究[J]. 电化教育研究,2011(4):81—87.

⑦ 梁士金. 社交媒体视角的用户持续碎片化阅读意愿:基于 ECM-ISC 和主观规范的实证[J]. 图书馆学研究,2020(9):80—88.

⑧ 薛云建,董雨,浦徐进. 知识付费 App 用户持续使用意愿的模型构建及实证研究[J]. 经济与管理,2021,35(4):17—23.

假设 4(H4)主观规范正向影响着家长对儿童教育游戏的使用行为。

感知风险的概念也常用于分析用户决策行为。希特金和巴勃罗认为,感知风险来源于缺乏知识和结果的不可控性;坎宁安提出,感知风险来源于结果的不确定性和负面效应。[①] 此外,过度电子化将影响儿童的生长发育[②],数字教育游戏的缺点是不可忽略[③]。儿童教育游戏是融媒体时代的新兴产物,导致家长缺少对产品和服务的充分认知,一方面,需要其教育资源;另一方面,仍然担心过度电子化对儿童造成的影响。家长对儿童教育的感知风险,要比传统教育来得高。因此,本研究将感知风险作为使用行为的影响项,并提出:

假设 5(H5)感知风险负向影响着家长对儿童教育游戏的使用行为。

3. 使用与满足理论(the Uses and Gratifications)

使用与满足理论在媒介研究中常被提及。因为经济和计算条件的限制,用户(受众)曾经不能选择自己的媒体内容。而在此理论中,用户的主动性被强调,他们被看作"有需求"的人,使用媒体具有一定的目的性。媒介使用行为也被看作需求得到"满足"的过程,其中快乐、社会和学习等需求常被提及。[④] 媒介融合和发展带来了更多交互性体验,用户的需求也更加多样化。[⑤] 受众在使用新媒介的过程中,个人的动机需求是否能被满足,影响着他的使用行为,故本研究将学龄前儿童家庭的使用动机作为研究的起点,探索动机与感知有用性、使用行为意愿的关联。之前的学者提出儿童媒介使用的动机有学习、审美、放松、社交、习惯、消遣等。[⑥] 基于此本文提出如下假设:

假设 6(H6)教育成长动机影响感知有用性;

假设 7(H7)社交情感动机影响感知有用性;

假设 8(H8)娱乐消遣动机影响感知有用性;

假设 9(H9)审美体验动机影响感知有用性。

---

① Cox D. F. Risk taking and information handling in consumer behavior[J]. Journal of Marketing Research, 1969, 6(1): 110.

② 潘美蓉,张劲松. 学龄前儿童电子产品的使用[J]. 教育生物学杂志,2014,2(4): 248—253.

③ 赵永乐,何莹,蒋宇,等. 家长对教育电子游戏的接受倾向和使用偏好[J]. 开放教育研究,2019, 25(3): 72—80.

④ 郭庆光. 传播学教程[M]. 北京:中国人民大学出版社,1999:180.

⑤ 王茜. 社交化、认同与在场感:运动健身类 App 用户的使用动机与行为研究[J]. 现代传播(中国传媒大学学报),2018,40(12): 149—156.

⑥ 蒋莹莹,陈世红. 儿童观众动画观看动机研究[J]. 现代传播(中国传媒大学学报),2020,42(4): 155—159.

　　综上,感知有用性、感知易用性、使用行为意愿、使用动机(共 4 项)、主观规范性、感知风险性被选为研究变量。根据 S-O-R 理论框架,变量可分成三类:代表刺激的外部变量、机体感受感知变量以及反应变量,三者共同构建出了学龄前儿童家庭对儿童教育游戏意愿影响因素的研究框架,见图 1.1。并提出相关假设,见表 1.1。

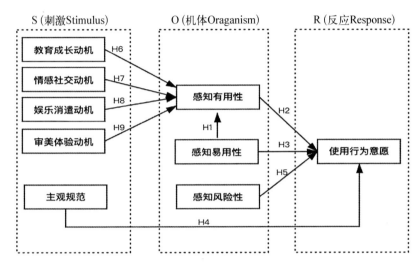

图 1.1　学龄前儿童教育游戏使用影响因素模型

表 1.1　研 究 假 设

名　　称		研究相关假设
H1	感知易用性影响感知有用性	感知易用性对感知有用有正向影响
H2	感知有用性影响使用行为意愿	感知有用性对使用行为意愿有正向影响
H3	感知易用性影响使用行为意愿	感知易用性对使用行为意愿有正向影响
H4	教育成长动机对感知有用的影响	教育成长动机越强,越有影响
H5	社交情感动机对感知有用的影响	社交动机越强,越有影响
H6	娱乐消遣动机对感知有用的影响	娱乐消遣动机越强,越有影响
H7	审美体验动机对感知有用的影响	审美动机越强,越有影响
H8	主观规范影响使用行为意愿	主观规范影响使用行为有正向影响
H9	感知风险性影响使用行为意愿	感知风险性对使用行为有负向影响

　　另外,笔者还考虑了人口学变量中家庭所在地反映了重要的宏观社会环境变量,可能会对媒介生态环境因素产生的影响。首先,我国幅员辽阔,各地区发

展水平不同;其次,2016 年我国全面放开"二胎"政策,学龄前儿童父母年龄差异较大;再次,男性家长和女性家长承担着不同的育儿责任,独生子女家庭与非独生子女家庭的特征不尽相同等等。为保证研究严谨,本文将家长性别、家长年龄、收入水平、家庭结构、所在地区、家长学历、家长使用新媒体的情况这 7 个可能影响因变量的人口学统计特征纳入考察范围内,研究其与使用行为意愿的关系。

（二）研究设计与样本分析

1. 问卷设计与发放

为保证研究的科学准确,确定变量之后,观测变量来源有三类:一是在成熟的量表基础上,根据研究对象的特点稍加变换语句而来;二是对现有的文献进行学习与借鉴;三是根据前期访谈的结果自行编制。在经过在 2021 年 3 月和 2021 年 7 月的两轮预调研之后,笔者根据预调研的结果进行了归因分析和降维处理,保留了最具影响力的因子,最终每个研究变量保留了 3—4 个支撑题项,见表 1.2。各题项采用李克特(Likert)计分法,选项从"非常不同意""不同意""一般""同意""非常同意",分别对应 1—5 的分值。

表 1.2 观测变量展示

变 量	观 测 变 量	来源依据
教育成长动机	A1 儿童教育游戏中有大量丰富内容,此相对完整的知识体系。 A2 儿童能通过教育游戏学到很多的本领和生活常识。 A3 儿童能通过教育游戏提升学习兴趣。 A4 教育游戏能开发儿童的智力。	
社交情感动机	B1 儿童可以和教育游戏中虚拟角色一起互动。 B2 使用过程中可以加强亲子互动。 B3 可以和其他小朋友们一起线上学习互动。	蒋莹莹、 陈世红[1]
娱乐消遣动机	C1 儿童使用的教育游戏的过程中有愉悦的体验。 C2 儿童使用的教育游戏的过程很放松。 C3 使用教育游戏可以减少儿童的孤独感、让他打发时间。	
审美体验动机	D1 教育游戏中的角色形象吸引儿童。 D2 教育游戏中的故事情节吸引儿童。 D3 教育游戏中画面和场景吸引儿童。	

---

[1] 蒋莹莹,陈世红. 儿童观众动画观看动机研究[J]. 现代传播(中国传媒大学学报),2020,42(4):155—159.

变 量	观 测 变 量	来源依据
主观规范性（SN）	SN1 对我重要的人希望我孩子使用它（如老师、教育专家）。 SN2 对我有影响的人希望我孩子使用它（如熟人、朋友推荐）。 SN3 媒体信息让我更愿意孩子用它（如微信公众号、明星广告）。 SN4 生活见闻让促使我愿意孩子用它（如灯箱广告、其他人使用）。	彭希羡、冯祝斌、孙霄凌、朱庆华[1]
感知有用性（PU）	PU1 使用教育游戏可以使孩子有效地获取知识。 PU2 使用教育游戏可以使孩子有快乐的体验。 PU3 使用教育游戏提升了他在生活中的表现。 PU4 使用教育游戏对孩子有帮助。	戴维斯[2]
感知易用性（PEOU）	PEOU1 使用教育游戏界面操作方便。 PEOU2 使用教育游戏的过程非常的容易。 PEOU3 使用教育游戏的可以反复使用，减少纸质教材。	
感知风险性（PR）	PR1 我担心孩子近距离观看电子屏幕导致视力有所下降。 PR2 我担心孩子使用儿童教育游戏会沉迷于电子产品。 PR3 我担心儿童教育游戏中不适合孩子接触的内容。 PR4 我担心孩心使用儿童教育游戏后户外活动时间减少。	赵永乐、何莹、蒋宇、马颖峰、贺宝勋[3]
使用行为意愿（BITU）	BITU1 我愿意让我的孩子使用儿童教育游戏。 BITU2 我有意愿继续让我的孩子使用儿童教育游戏。 BITU3 我愿意向其他家长推荐好的儿童教育游戏。	巴塔查尔吉[4]、段国鹏[5]

2021 年 10 月 15 日至 2021 年 10 月 25 日，研究者抽样选取了全国范围内 16 个省级行政区的家庭，对家长进行问卷调查，线上线下共发放问卷 1 000

① 彭希羡,冯祝斌,孙霄凌,等. 微博用户持续使用意向的理论模型及实证研究[J]. 现代图书情报技术,2012(11)：78—85.
② Davis F. D. Perceived usefulness, perceived ease of use, and user acceptance of information technology [J]. MIS Quarterly, 1989, 13(3)：319‑339.
③ 赵永乐,何莹,蒋宇,等. 家长对教育电子游戏的接受倾向和使用偏好[J]. 开放教育研究,2019,25(3)：72—80.
④ Bhattacherjee A. Understanding Information Systems Continuance：An Expectation‑Confirmation Model[J]. MIS Quarterly, 2001, 25 (3)：351—370.
⑤ 殷国鹏,杨波. SNS用户持续行为的理论模型及实证研究[J]. 信息系统学报,2010,4 (1)：53—64.

份,回收问卷 944 份,除了作答时间异常的数据,共保留有效问卷 917 份,有效率 91.7%,抽样结果基本符合人口学规律。本研究使用 SPSS 19 软件和 AMOS 23 软件计算,结构方程分析模型路径见图 1.2。

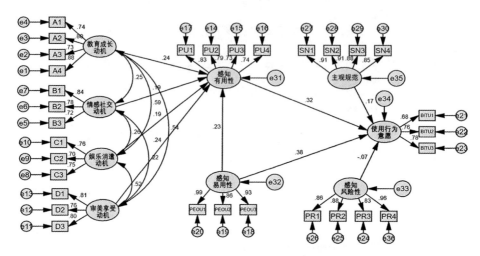

图 1.2   结构方程分析模型路径

2. 信效度检验

本研究使用 Cronbach's Alpha 系数和组合信度(CR)值检验问卷的信度。一般来说,Cronbach's Alpha 系数大于 0.7,CR 值大于 0.6 说明问卷信效度良好。本研究中各变量系数均满足标准,说明问卷的信度较好,见表 1.3。在效度检验中,使用 AMOS 软件进行验证性的因子分析,并利用验证性因子分析得到的各测问项的标准因子载荷来计算平均方差抽取量(AVE),因子载荷和 AVE 值均大于 0.5,说明问卷有良好的汇聚效度。

表 1.3   问卷相关信度分析

变 量	题 项	因子载荷	Cronbach's Alpha(α)	AVE	CR
教育成长动机	A1	0.736	0.865	0.62	0.867
	A2	0.796			
	A3	0.729			
	A4	0.88			

续　表

变　量	题　项	因子载荷	Cronbach's Alpha(α)	AVE	CR
社交情感动机	B1	0.841	0.823	0.611	0.824
	B2	0.777			
	B3	0.722			
娱乐消遣动机	C1	0.757	0.779	0.541	0.78
	C2	0.699			
	C3	0.75			
审美体验动机	D1	0.814	0.83	0.627	0.834
	D2	0.764			
	D3	0.796			
主观规范(SN)	SN1	0.906	0.797	0.784	0.935
	SN2	0.908			
	SN3	0.88			
	SN4	0.846			
感知有用性(PU)	PU1	0.832	0.936	0.599	0.857
	PU2	0.786			
	PU3	0.73			
	PU4	0.745			
感知易用性 (PEOU)	PEOU1	0.989	0.863	0.863	0.949
	PEOU2	0.862			
	PEOU3	0.931			
感知风险性(PR)	PR1	0.862	0.934	0.784	0.935
	PR2	0.879			
	PR3	0.835			
	PR4	0.961			
使用意愿(BITU)	BITU1	0.682	0.947	0.551	0.786
	BITU2	0.76			
	BITU3	0.782			

3. 模型适配度检验与假设检验分析

运用 AMOS23 软件进行结构方程模型分析,可以深入理解各变量之间的关系。首先,评价了该结构方程模型整体拟合效果,各项指标均达到理想状态,见表1.4。

表 1.4 问卷模型拟合状态分析

指　　标	评价标准	数　　值
GFI	＞0.8	0.849
RMSEA	＜0.08	0.074
CFI	＞0.8	0.893
IFI	＞0.8	0.893
TLI	＞0.8	0.881
PGFI	＞0.5	0.717
PNFI	＞0.5	0.788

然后,采用极大似然估计对结构模型进行路径分析,以 $P<0.05$ 作为假设检验的标准。路径系数分析可知,假设 H1—H9 的 P 值均小于 0.05,表明假设均成立。其中,感知易用性对感知有用性有正向预测作用,验证了 H1;感知有用性、感知易用性、主观规范性对使用行为意愿有正向预测作用,验证了 H2—H4;感知风险性对使用行为意愿有负向预测作用,验证了 H5;教育成长动机、情感社交动机、娱乐消遣动机、审美体验动机对感知有用性有正向预测作用,验证了 H6—H9。其中,教育成长动机对感知有用性的正向预测作用最大($\beta=0.244$),其次是审美体验动机($\beta=0.238$)、感知易用性($\beta=0.235$)。

表 1.5 影响因子分析

路　　径		标准化路径	非标准化路径	S. E.	C. R.	P	假设
感知有用性	← 感知易用性	0.235	0.168	0.021	8.074	***	H1 成立
使用行为意愿	← 感知有用性	0.32	0.283	0.034	8.331	***	H2 成立
使用行为意愿	← 感知易用性	0.378	0.24	0.023	10.306	***	H3 成立
使用行为意愿	← 主观规范	0.172	0.121	0.024	5.093	***	H4 成立
使用行为意愿	← 感知风险性	−0.073	−0.055	0.025	−2.201	0.028	H5 成立
感知有用性	← 教育成长动机	0.244	0.192	0.035	5.551	***	H6 成立

续　表

路　　径		标准化路径	非标准化路径	S. E.	C. R.	P	假设
感知有用性	← 情感社交动机	0.191	0.205	0.036	5.697	＊＊＊	H7 成立
感知有用性	← 娱乐消遣动机	0.193	0.19	0.046	4.167	＊＊＊	H8 成立
感知有用性	← 审美体验动机	0.238	0.206	0.036	5.66	＊＊＊	H9 成立

注：P 值为 ＊＊＊ 表示影响显著。

二、学龄前儿童家庭对教育游戏使用意愿强烈

假设 H1—H5 成立,并从调研的整体情况来看使用行为意愿的平均值为 3.46,说明儿童教育游戏接受程度比较高、较容易获取、使用范围会比较广。感知有用性、感知易用性和主观规范正向影响使用意愿,感知风险负向影响使用意愿,相比正向促进因素,感知风险对使用意愿的影响不占据主要地位。

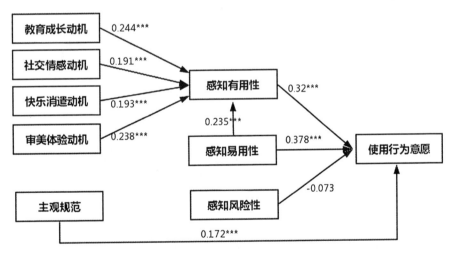

图 1.3　结构方程模型路径结果分析图

注：P 值为 ＊＊＊ 表示影响显著。

从使用情况来看,学龄前儿童家庭使用呈热衷度高,使用时间碎片化,具体表现在：

① 88.33％的家长安装了移动端的教育游戏。917 份有效问卷中,只有 11.67％的家长移动设备中没有装儿童类教育游戏,77.74％的家长装有 1—5

个儿童类教育游戏,8.29%的家长装有6—10个,1.42%的家长装有11—15个,0.88%的家长装有16个及以上。

② 13.09%的学龄前儿童极少使用儿童类教育游戏,25.19%的学龄前儿童一周只使用一次儿童类教育游戏,36.64%的学龄前儿童一周使用多次儿童类教育游戏,16.03%的学龄前儿童一天使用一次。

③ 从单次使用时间来看,3.49%的儿童单次使用时间超过60分钟,14.72%的儿童单次使用30—60分钟,60.85%的儿童单次使用10—30分钟,20.94%的儿童单次使用少于10分钟。故81.79%的学龄前儿童家庭单次使用时间控制在半小时以内。

④ 家长对教育游戏的消费观点较为开放,只有12.71%的家长不愿意为教育游戏花费,其余家庭皆愿意消费,其中29.03%的家长年均消费在2 000元以上,22.25%的家长年均消费1 000—2 000元,14.94%的家长年均消费500—1 000元,14.62%的家长年均消费100—500元,6.45%的家长年均消费0—100元。

⑤ 75.21%的学龄前儿童家庭有教育游戏形象衍生品,其中36.97%的家庭拥有1—2件,20.23%的家庭拥有3—4件,18.01%的家庭拥有5件及以上。

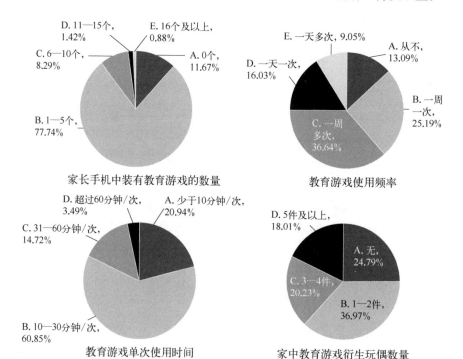

家长手机中装有教育游戏的数量

教育游戏使用频率

教育游戏单次使用时间

家中教育游戏衍生玩偶数量

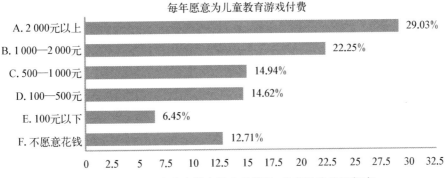

图 1.4　家长手机中装有教育游戏的数量、教育游戏使用频率、
单次使用时间、年均消费额、家中游戏衍生玩偶数量

三、寓教于乐是学龄前儿童家庭首要使用动机

假设 H6—H9 成立，表明教育成长动机、娱乐消遣动机、社交情感动机和审美体验动机正向影响感知易用性。其中教育成长动机对感知易用性和使用意愿的影响显著性最强。具体分析可知：

其一，寓教于乐是学龄前儿童家庭首要使用动机。之前学者并不完全认可教育游戏在儿童认知过程中的教育功能，只将其归类于玩乐的工具。但是从本次调研的结果看来，随着技术的发展和家长认知理念的变化，其教育功能开始凸显，数字媒体技术善于把抽象概念转化成具象的符号，新的学习方式能辅助儿童认知发展。

其二，审美体验动机的影响非常重要。两岁之后，儿童开始体验到了主客体的区别，审美情感随之产生。他们自发选择审美的对象，所以角色形象、故事情节、画面和场景等的审美体验成为吸引孩子重要因素。

其三，娱乐消遣动机的影响不可忽视。如果说 1964 年鼠标的发明是电脑操作的里程碑，那么触屏媒介是一种新的创新。学龄前儿童手指或腕部的肌肉群尚未发育完全，对于他们来说以点触、拖拽为主的触屏操作，仿佛实现了对物体的三维操纵。这是传统电视媒介无法取代模拟现实生活的体验，所以移动触屏电脑成为儿童最爱的玩具之一。

其四，社交情感动机的影响开始凸显。曾有学者担心教育游戏软件会影响儿童的社交能力[①]，但现阶段，家长认为儿童能通过教育游戏软件增加亲子

① 罗慧. 儿童移动应用的市场机会与挑战[J]. 电子制作，2013，(12)：264—265.

互动、增加和其他儿童一起学习的机会。教育游戏《斑马英语》每周末都有线上直播课,全国儿童都可以上线答题。《小猴语文》有识字游戏竞赛环节,可以随时配对选手进行比赛。

在回收的 917 份问卷中,儿歌音乐类、语言学习类、儿童读物类教育游戏的使用频率位居前三,见表 1.6。88.33%的家长手机上装有教育游戏应用,其中,学龄前儿童使用的教育游戏类型非常广,调研中教育游戏《小小优趣》《学而思》《火花思维》《洪恩识字》《瓜瓜龙》常被提及。64.09%的家长倾向于让孩子使用专门为儿童定制的软件。16.63%的学龄前儿童使用过类似微信等通信软件,24.26%的学龄前儿童使用过抖音等与成人一样的娱乐类软件。综上,从本次调研的结果看来,技术的发展和家长认知理念的变化,使得数字产品的教育功能开始凸显。相比娱乐类、社交类软件,专门针对儿童的教育类软件是家长的首选,寓教于乐是学龄前儿童家庭的首要使用动机。

表 1.6　学龄前儿童家庭常用的教育游戏类型

类　型	评价(人数百分比)					使用频率平均值
	1	2	3	4	5	
认知百科类	21.26%	16.03%	30.75%	19.96%	12%	2.854 1
美术类	21.92%	19.08%	29.55%	18.87%	10.58%	2.771 1
益智游戏	18.54%	15.70%	34.57 %	20.39%	10.80%	2.892 1
儿童读物类	12.21%	16.03%	29.99%	25.30%	16.47%	3.177 9
儿歌音乐类	10.25%	16.03%	29.99%	22.68%	21.05%	3.282 5
语言学习类	14.50%	13.41%	28.68%	21.92%	21.48%	3.224 4
逻辑思维类	24.32%	21.05%	29.99%	14.83%	9.81%	2.647 6

注:1—5 分别表示从"从不使用"到"时常使用"。

四、使用意愿不存在显著的人口学差异

为检验人口学变量对儿童教育游戏的使用行为意愿的影响,进行独立样本 t 检验与方差分析,见表 1.7。结果显示,女性家长群体、31—40 岁家长群体、高学历家长群体、中高收入家长群体、非独生子女家庭、城市家庭的使用行为意愿更强。一方面,这一部分的家长承载着更大的育儿责任,教育游戏能减

轻育儿负担;另一方面,城市家长、高学历家长群体对技术的接受更加理性,更加具备合格的媒介素养,懂得挑选适合的教育游戏,同时也更能合理掌控儿童的媒介使用情况。从整体来说,人口学变量对结果影响不显著。调研结果显示,家长对儿童教育游戏使用行为意愿的平均值为 3.46,说明教育游戏的使用门槛不高,使用情况比较普遍。可见,若教育游戏能够传播优质内容,那么可以在一定程度上解决城乡之间、不同收入家庭之间教育资源分布不均的问题。

表 1.7 人口学变量的差异化检验表

自变量	水平	因变量: 家长对儿童教育游戏使用的行为意愿						
		样本量	平均值	标准差	t/F	Sig	描述	是否显著
家长性别	男	257	3.42	1.09	−1.01	0.31	女性家长使用意愿更强。	否
	女	660	3.5	1				
家长年龄	20—30 岁	165	3.38	0.98	1.85	0.12	31—40 岁家长群体接受程度、使用意愿更强。	否
	31—35 岁	432	3.52	1.05				
	36—40 岁	235	3.55	0.99				
	41—50 岁	59	3.25	1.12				
	50 岁以上	26	3.29	0.91				
家庭结构	独生子女家庭	466	3.42	1.05	−1.66	0.1	非独生子女家庭使用意愿更强。	否
	非独生子女家庭	451	3.54	1				
家长学历	中学及以下	221	3.49	1.01	0.82	0.44	高学历家长接受程度、使用意愿更强。	否
	大学	523	3.5	1.03				
	硕士及以上	173	3.39	1.04				
家长月收入水平	3 000 元以下	119	3.48	1.07	0.52	0.72	中高收入家长群体接受程度、使用意愿更强。	否
	3 001—5 000 元	198	3.43	1.04				
	5 001—8 000 元	189	3.48	0.97				
	8 000—15 000 元	277	3.54	1.01				
	15 000 元以上	134	3.41	1.07				
家庭所在地	城市	567	3.485	1.03	0.46	0.71	城市家庭接受程度更高、使用意愿更强。	否
	县城	74	3.39	1.08				
	乡村	276	3.46	1.03				

续　表

自变量	因变量：家长对儿童教育游戏使用的行为意愿							
	水平	样本量	平均值	标准差	t/F	Sig	描述	是否显著
家长新媒体使用情况	从不使用	3	3	1.73			呈倒 U 型分布，新媒体使用程度中上家庭使用儿童教育游戏意愿更强。	否
	偶尔使用	25	3.45	1.06				
	一般	99	3.55	1.03	0.78	0.54		
	时常使用	238	3.55	0.98				
	经常使用	552	3.44	1.04				

第二节　访谈：教育游戏中角色的重要性

市场上的教育游戏大多使用其中的游戏角色作为图标，那么游戏角色对于儿童、对于游戏来说到底意味着什么呢？在整理质性材料时发现，家长、教育工作者和媒介从业者都一致认为虚拟角色很重要，但是不同群体关注的侧重点有所不同。

一、学龄前儿童家长：角色是学习的向导

调研中73.56%的家长认为儿童拥有自己的审美偏好，有自己喜欢的虚拟角色。家长也认同虚拟角色对儿童的重要性，研究中，根据里克特5级量表计算家长对角色重要性的反馈，平均得分为3.61。在深度访谈中，家长提出最关注虚拟角色的醒目性，以及角色与儿童的亲近程度，认为角色是儿童学习的重要向导。

> 儿童对角色的辨识力很强，能区分出角色的细微差别。我女儿在 2 岁的时候，就可以认出《宝宝巴士》的所有角色。还会告诉我，每个图片标志代表的儿歌。
>
> （P1—北京—教师—4 岁多女孩妈妈—20210717）
>
> 角色就是吉祥物，是知识品牌。
>
> （P9—海南海口—全职妈妈—5 岁儿子妈妈—20210730）
>
> 角色就是商标，对大人或许没什么影响，但对儿童很重要，角色在整

个操作过程中、在手机上很明显,是学习的指引。

(P2—北京—微商—4 岁多女孩妈妈—20210717)

的确,大量图片、动图、动画、视频等具象符号被运用于教育游戏中。对于学龄前儿童来说,这类具象符号超越了传统的文字符号,为儿童提供了更加直观的体验,将他们带入了虚拟世界。其中生动、醒目的角色可以为儿童起到指引作用。

二、媒介从业者:角色创造市场价值

媒介从业者也敏锐地洞察到了学龄前儿童家庭对角色的重视程度,角色设计是产品设计的重要组成部分。他们最在意的是角色的市场价值。

> 创作中丰满的角色和丰富的故事设定能引起人们的共鸣。我的儿童动画片中波西和皮普特别日常的角色,儿童很容易将自己日常生活中的点点滴滴投射其中。这些角色的个性不同,他们在一起玩,对一些事物的认知也逐渐改变了。
>
> (M13—英国—英国魔光制片公司联合创始人及监制—20210519)
>
> 我们的游戏角色一般有三类:一是故事人物,例如成语故事《对牛弹琴》中的公明仪;二是教育游戏中的老师角色,通过视频录制,再采取技术手段将其放入游戏画面;三是儿童的化身,灵感来自现实生活中的小朋友,我们会围绕生活设计角色的个性。针对这三类角色,我们前期都会认真研究脚本,提炼角色的性格特征,比如说公明仪就是自视甚高,我们在画面中添加了很多耸肩的动作。因为儿童的注意力维持时间较短,需要保证角色几十秒就有一个笑点。
>
> (M5—北京—完美洪恩分镜师—20210602)

另外,媒介从业者将角色作为企业 IP(知识产权)的重要象征,在意创造角色的市场价值。

> 我们公司最初的 IP 是个兔子角色,在智慧课堂的课程起到了起承转合的线索作用。但是随着时代的发展,这个角色已经跟不上小朋友们的审美需求,我们正在进行重新设计。另外我们还在创造其他能够代表我

们产品的新 IP,如机器人和树,我们也在设计相对应的动画,未来这些角色会与小朋友和其他角色有更多的互动。这也是为了后续文创产品的开发。

(M4—广东深圳—中幼国际教育科技公司总裁助理—20210619)

就目前而言,学龄前儿童和 K12 的知识付费产品相比其他产品收益数据最为乐观。但是竞争激烈,同质化的现象也很严重,企业要做到头部效应。目前,公司平台和教育产品合作是分账模式,平台选择合作对象需要综合考察:第一是考量 IP 价值属性,像"熊猫博士"团队是好未来(原学而思)旗下的;第二是考量教研和动画制作团队的专业度;第三是考量渠道价值,如 IP 的知名度和粉丝量。角色设计的关键是怎么让儿童能真正地学进去。

(M1—北京—腾讯视频部门高管—20210728)

通过调研,我们知道儿童喜欢萌宠和神奇伙伴类的角色。创作中,我们不用人工智能配音,一定会去找专业的配音演员,这样的角色更富有表现力。另外,我们也在研发一些原创角色的文创产品。

(M8—北京—凯叔讲故事文学编剧—20210619)

现在赛道上竞争的品牌太多了,做好一个角色很难,好的产品要看视觉团队和游戏团队。

(M2—浙江杭州—年糕妈妈广告部执行总监—20210728)

从经济上来说,学龄前儿童数字产业很有潜力。有报道称,2020 年到 2024 年,学龄前动画市场将有 8% 的增长率,也就是 540 亿元的增长空间。但这对创作者来说,绝非易事。儿童越来越没有品牌忠诚度。做出好角色很难,要有激情和童心。当然,"学龄前"也意味着创作者承担着更重要的社会责任,学龄前儿童需要更好的数字产品。

(M12—独立制作人、迪士尼电视监制及顾问—20210519)

同时,媒介从业者同样认为好的角色交互设计是有难度的,不仅需要童心和激情,还需要承担更多社会责任,对儿童起到正向引导作用。

三、教育工作者：角色是儿童依恋对象

相比之下,幼儿教育工作者更加关注角色对儿童心理健康产生的影响,以及角色内在的教育意义。

儿童数字产品的开发必须有教育意义,还要透过现象看本质。儿童最喜欢角色扮演游戏。很多儿童都愿意扮演妈妈和医生,是为了找到情感的补偿。

(T4—江苏南京—幼儿园园长—15 年教龄——20210715)

不同的儿童需要不同的角色,男生喜欢英雄,女生喜欢公主。角色是载体,儿童会很享受自我体验的感觉。学龄前是儿童自我意识形成的关键阶段,性格是从小时候就形成的。随着时代的发展,现在的儿童喜欢的角色与之前的也不一样。

(T3—江苏南京—金小丫幼儿园园长—20210713)

说到成功角色,可以用英国家喻户晓的绘本《我爸爸》《我妈妈》来举例,这两本书不仅阐释了爸爸妈妈的职能,也传递了爱,告诉儿童母亲是温暖的,父亲是强大的。而且绘本中的细节处理很好,爸爸的宇航服模仿了阿姆斯特朗的,妈妈的裙子模仿了麦当娜的。

(T2—江苏南京—21 世纪花园幼儿园园长—20210713)

有个微信小游戏叫《宠物大作战》,需要儿童照顾好自己的宠物。例如,早上 8:00 叫醒宠物,8:30 送宠物上学。游戏中的虚拟世界和现实生活是平行时空,孩子照顾宠物也是在培养自己的时间概念和管理能力。

(T1—安徽合肥—大专院校幼教专业老师—20210713)

综上,家长、教育工作者和媒介从业者都从不同的角度洞察出角色对儿童的重要程度,或是从儿童的心理出发,或是聚焦于角色的符号价值,或是考虑到虚拟角色的商业价值等。

第三节 观察:学龄前儿童内化游戏角色的机制

为了解角色对学龄前儿童的影响,又考虑到学龄前儿童的特殊性,无法用语言将所有的感受准确表达,所以选择对儿童进行自然观察的研究方法。自然观察是指研究者通过部分线索,观察用户的行为活动,目前学术界用得较多的观察框架有:4A 框架、POEMS 框架、AEIOU 框架、POSTA 框架、事理框架,见表 1.8。

表 1.8　经典观察框架

名　称	来　源	观　察　内　容	启　示
4A 框架①	Paul Rothsein	Actors(行为者)、Activity(活动)、Artifacts(物体)、Atmosphere(氛围)	通过观察事实,记录影像资料、定量分析、视觉分析综合,建立用户情景
POEMS 框架②	Patrick Whitney & Vijay Kumar	People(人)、Object(物体、产品本身)、Environment(环境)、Message(信息)、Service(服务)	观察人和产品之间的互动,以及声音、视觉、动作和情绪信息
AEIOU 框架③	Robinson 等	Activity(活动)、Environment(环境)、Interaction(交互)、Object(物体)、Users(用户)	记录认为实现目标完成的活动,人与人、人与物之间的互动关系
POSTA 框架④	Vijay Kumar & Patrick Whitney	People(人)、Object(物)、Settings(布局)、Time(时间)、Activity(活动)	通过对人与物之间互动的观察,专注于对物体功能、功用、心理和社会层次的分析
事理框架⑤	柳冠中	人为事物	将整个活动作为一个整体

　　根据对比分析,以上几种观察框架的观察主体在表述上略有差异:人(People、Actors、Users)、物(Object、Artifacts)、环境(Environment、Atmosphere)、活动(Activity、Service)。其中 4A 框架最为基础,将基本的框架列出,但是重点不够突出。⑥ POEMS 框架中加入了对声音、视觉、动作、情绪的细节信息的捕捉,POSTA 框架、事理框架加入了对时间的考量,更加注重对完整过程的观察。本研究结合上述框架的基本要点选择了 4A-IT 的研究方法,观察儿童在活动过程中各个阶段的表现,并且记录不同的时间节点里的人、物、环境、活动和信息的变化。研究者于 2021 年 1 月—2022 年 6 月定期到

① Euchner, J and Henderson, A. the Practice of Innovation: Innovations as the Management of Constraints[J]. Research- Technology Management, 2011(March-April): 47-54.
② Patrick Whitney, Vijay Kumar. Faster, cheaper, deeper user research. Design Management Journal Spring, 2005: 3-54.
③ Wasson, C. Ethnography in the Field of Design[J]. Human Organization, 2000(4): 377-388.
④ Kumar, V, Whitney, P. Faster Cheaper Deeper User Research[J]. Design Management Journal, 2003(Spring): 50-57.
⑤ 柳冠中. 事理学论纲[M]. 长沙:中南大学出版社,2006: 66—86.
⑥ 胡飞,杜辰腾. 用户观察框架比较研究[J]. 南京艺术学院学报(美术与设计版),2012(2):178—184.

南京外国语学校方山幼儿园、南京市江宁区兴宁幼儿园、南京严师高徒教育中心等进行观察实践。

一、角色游戏作为儿童热衷的自发游戏

儿童对角色扮演游戏的认可度高，期盼在幼儿园里过节，因为在节日中可以穿上与平时不同的服装，见图 1.5。元宵节穿着民族服装捏元宵；中秋节穿上古装，变成"小书童""小嫦娥""小仙女"，模仿古人吃月饼、扇扇子。有的节日中，男孩变成了"蜘蛛侠""奥特曼"，女孩变成了"白雪公主""爱莎公主"，大部分儿童都乐此不疲。

图 1.5　学龄前儿童角色扮演行为

注：摄于南京外国语学校方山幼儿园。

一般来说，幼儿园上午和下午（上午 10 点左右、下午 3 点左右）都有儿童自由活动的时间，儿童可以根据自己的爱好进行选择，托班、小班的儿童社会化程度比较弱，喜欢自己玩；从中班开始儿童集体意识增强，喜欢团队活动，增加了儿童角色扮演的机会。一般幼儿园都有"换装角"，儿童也乐于穿上特殊的服装开始游戏。

自发的角色扮演中，儿童喜欢从自己最熟悉的角色开始扮演，如扮演妈妈、扮演医生、扮演老师；之后会逐渐开始扮演喜欢的虚拟角色，男生更爱扮演

奥特曼打怪兽,女生更爱扮演公主。虽然儿童偶尔会模仿滑稽的角色,但是几乎没有儿童喜欢在角色扮演中饰演反面角色。

在小口才课上,6 名儿童在老师的指导下,分组扮演《公鸡与狼》的角色以演绎故事。月亮(5 岁,女)和酸奶(5 岁,女)一组。月亮全程都微笑且很投入,她扮演大灰狼,表演得十分到位。但最后表演结束的时候,月亮跟老师说:"我不喜欢大灰狼,能让我再扮演一次公鸡吗?"

(观察记录,2021 年 1 月 17 日,江苏省南京市严师高徒教育机构)

儿童角色扮演游戏机制较为灵活,没有固定的规则,持续时间也比较短。

点点(4 岁,女)和思思(3 岁,男)在进行游戏,点点拿到板子,就说假装你是爸爸,我是妈妈,这个是手机,咱们在打电话。但是这种类型的表演维持的时间不会很长,有时只有两分钟。思思听见"妈妈"手机响了,就停止了表演。当儿童被打断就停止了表演。过一会儿,他们又玩起了别的游戏。

(观察记录,2021 年 5 月 7 日,江苏省南京市江宁区家庭情境)

越大的儿童喜欢的角色越多元,且能用自己喜欢的方式与虚拟角色进行"交流"。

今天的少儿机器人编程课上只有一个学生(6 岁,女,大班,比较害羞的女孩)。她来早了一点,来了之后就开始在教室的墙上画画。正式上课的内容是教学生用 Scarch 编程工具制作打地鼠游戏。上课的时候老师讲授得比较详细,学生也很认真。老师突然出去接电话,学生开始对着地鼠说话:"要不要我给你美化一下? 来换个背景?"

(观察记录,2021 年 2 月 20 日,江苏省南京市江宁区教育机构)

越大的儿童创造故事的能力越强。角色扮演中儿童追求的不是谁胜出,而是游戏的沉浸感。

TT(6 岁,女)和 MM(6 岁,男)开始《斗罗大陆》的扮演游戏。TT 说,我们扮演唐三和小五吧！TT 叫 MM 三哥。TT 拿着一个玩具当成"红闪闪"(一种毒蘑菇),假装吃了一口,于是中毒倒地。MM 前来救援,送 TT 去医院,MM 开始扮演医生(第一次更换角色)。但是 MM 不会当医生,于是两个人互换角色(第二次更换角色),TT 开始给 MM 输液,左手在 MM 的手掌"扎针",右手整理"输液管"。

(观察记录,2021 年 1 月 20 日,江苏省南京市江宁区方山幼儿园)

可见大班儿童开始扮演动画片中的虚拟角色,但并没有按照动画片剧情进行,而是进入了儿童常见的医生和病人的桥段。扮演机制也很灵活,还会将生活中的场景输液进行迁移。在日常活动中,儿童拿到一个工具(道具),就可以进行联想,然后模仿表演。

根据上述典型的儿童自发性的角色扮演游戏可知:其一,不同年龄儿童喜欢扮演的角色不同,托小班扮演家庭角色,中大班开始扮演动画片角色。儿童不仅会自己扮演角色,也会把虚拟角色当成"生命实体"进行对话。其二,儿童在游戏中追求的是沉浸感,而非竞争性,享受自我体验的感觉。其三,儿童的扮演机制灵活,会出现互换角色、使用道具符号的现象,追求的是怎样将这个游戏故事维持下去。儿童在游戏中会将自己学习的知识迁移,通过表演表现出来。

二、角色游戏作为儿童教育的重要手段

幼儿园教学中也经常使用角色扮演元素,让儿童在情境中学习。以南京外国语学校方山幼儿园为例,每天班级中会选择一名同学戴上"大队长"的标志作为值日生,以增加儿童的责任意识和服务意识;2021 年 11 月,幼儿园举办了跳蚤市场活动,儿童扮演卖家和买家锻炼语言能力、认识货币,在趣味性的环境中进行学习。

因角色游戏、戏剧表演等象征性游戏,符合儿童的天性,接近儿童的认知方式,常被作为教学方式,运用在幼儿教育领域。[①] 2021 年 2—3 月南京外国语学校方山幼儿园进行儿童舞台剧《你看上去很好吃》(*You Look Yummy*)表演教学,见图 1.7。此剧根据日本绘本大师宫西达也的作品改编,在教学环节,

---

① 张金梅. 生长戏剧:学前儿童戏剧经验的有机建构[J]. 学前教育研究,2019(10):14.

图 1.6 角色扮演作为幼儿教育手段

注：摄于南京外国语学校方山幼儿园值日生和模拟集市活动。

图 1.7 儿童舞台剧筹备与表演

注：摄于南京外国语学校方山幼儿园儿童戏剧表演教学。

儿童先竞选扮演的角色，再进行排练，最后演出。在练习到最终的舞台表演过程中，让儿童自己感受、认识世界，学习语言，感受绘本中的角色情感，培养儿童的合作意识，同时提升儿童的自信心。

从观察中可知，角色扮演是学龄前儿童热衷的活动；自发进行的角色扮演游戏的机制灵活，年龄越大的儿童越会在表演中创造故事；角色扮演游戏也是幼教工作者常用的教学手段。

三、学龄前儿童喜欢的游戏角色类型分析

前期的观察中显示，随着儿童的年龄逐渐增长，他们不再满足于只扮演爸爸妈妈等生活中常见的角色，而是开始扮演动画片中的虚拟角色。为了解儿童对虚拟角色的喜爱情况，研究者开展了引谈工作。2021 年 6—7 月，研究者走进南京市江宁区兴宁幼儿园观察，并重点对 65 名儿童进行引导访谈。引谈

提纲见附录 3。

结果表明,第一,大部分儿童有自己喜欢的虚拟角色,儿童喜欢某些虚拟角色主要是因为角色性格魅力,而不只是因为外观形象。学龄前儿童喜爱的虚拟角色性格依次是勇敢、可爱、聪明、漂亮、乐于助人,其中只有 1 名儿童单纯因为漂亮喜欢爱莎公主角色。第二,总体来说,49.26%的学龄前儿童最喜欢的虚拟角色类型是动物角色,之后依次是植物角色、人类角色和其他。但是,随着年龄的变化,儿童喜欢的角色类型差异变大,托、小班的儿童更喜欢动物、植物角色,喜欢喜羊羊、小猪佩奇、汪汪队、《拔萝卜》里的萝卜角色;到了中、大班,儿童除了喜欢真人角色外,开始喜欢奥特曼、《冰雪奇缘》中的爱莎、《精灵梦叶罗丽》中的叶罗丽、《斗罗大陆》中的唐三和小五等。引谈中大部分儿童表示更喜欢与自己属相一样的动物角色或是生活中常见的动物。第三,随着年龄增长,男女生间喜欢的角色特性差异变大。儿童更倾向于喜欢和自己性别一样的角色,男孩更喜欢奥特曼等力量型的角色,女孩更喜欢公主等角色。男孩和女孩对《喜羊羊与灰太狼》和《汪汪队立大功》中的动物角色显示出相同的兴趣。第四,儿童喜欢的角色形象与画面风格(2D、3D、定格等)无太大关联,但是儿童极其注重相关的细节,如他们会对视频中的音效感兴趣,能清楚地区分《熊出没》中的熊大与熊二。60%的儿童喜欢线条圆润的角色。第五,儿童喜欢个性一目了然的角色。

根据现状调研可看出,学龄前儿童家庭对教育游戏的整体诉求集中在成长教育性、审美体验性、感知易用性三大方面。而在对家长、教育工作者和媒介从业者的采访中能看出,虚拟角色在营造审美体验、与儿童共情、创造经济价值等方面都有巨大的潜力。其实,角色在虚拟世界中往往能承载好的故事和主题,学龄前儿童家庭不仅对教育游戏本身有成长教育性、感知易用性、审美体验性的诉求,对游戏角色也有同样的需求。

第四节　反思：教育游戏中角色交互设计的问题

相比成熟的成人游戏市场和纯娱乐游戏市场,儿童教育游戏还是一个新生的产物,所以很多公司为了快速笼络消费者的心理,尤其是在疫情期间快速满足家长的育儿焦虑和教育需求,迅速设计生产了一大批教育游戏。这些产品普遍存在着问题,如机械挪移从成人机制,忽略儿童成长需求;简单迁移线下教育方案,忽略数字媒体特性;重营销轻内容等。相关媒介从业者虽然知晓角色的商业价值,却未能精准把握儿童的认知心理。不少儿童教育游戏出现了角色的主体地位不突出、角色的交互功能不显著、角色审美特性未被重视等问题。

一、游戏玩法交互替代角色交互

从前期现场观察和深度访谈的情况来看,儿童在自发的传统游戏中追求的是沉浸感和代入感,享受自我体验的感觉,并在游戏过程中认识世界。同理,由数字符号建构的虚拟世界也需要创设出沉浸感,角色像是连接儿童与虚拟世界的媒介,带儿童走入"魔法圈"。目前市面上很多教育游戏没有角色,另外有些游戏中角色没有交互功能,只是游戏的标志。

以儿童编程教育游戏为例进行分析,编程学习对于学龄前儿童来说具有强抽象性,大部分儿童编程游戏的出发点是让儿童自主探索,形成编程思维。目前,市场上主流的儿童编程教育游戏有两种:一种以墨齐科技推出的《编程王国:米亚夺宝》为代表,让儿童控制角色的走动,辅助其理解上下左右的方位关系,通过"试错"来培养空间思维;一种以《猿编程》为代表,《猿编程》为4—6岁儿童设置虚拟角色萌萌,为8—12岁儿童设置虚拟角色壮猿,让儿童以"游客"身份踏入中国旅行,通过动画片等,引导儿童学习编程知识,制作属于自己的地图。相较之下,《编程王国:米亚夺宝》省略了动画解释的环节,角色只是工具,不是主体,没有知识的介绍、没有情感的交流,这种模式很难让儿童理解。实际与儿童交互的是玩法规则而不是游戏角色。对于学龄前儿童来说,缺乏了角色线索代入和角色情感表达,会过于抽象,容易造成认知负荷,不易使用,更不利于达到教育目标。

图1.8 教育游戏《编程王国:米亚夺宝》(左)和《猿编程》(右)截图

游戏大师朱尔提到故事和玩法是游戏机制设计的两个重点,这一说法也衍生出了两类不同重点的游戏:一是侧重玩法的游戏,二是侧重故事的游戏。在成人游戏中常设计注重玩法的游戏机制,但是儿童认知还在发展中,单纯通过条件反射、试错式的训练,难以让儿童"知其所以然",不适合于培养儿童的思维能力。另外,一些成人游戏机制也不符合儿童的生理发展规律。《小熊音乐》是一款面向学龄前儿童的音乐启蒙教育游戏,游戏中选用的歌曲是经典儿歌《你笑起来真好看》等,但是游戏形式沿用了《太鼓达人》等传统经典的音乐游戏的方式,让玩家根据音乐的节奏点触屏幕,点触屏幕节奏和音乐节奏合一的话,就会有加分奖励。这种方式对儿童手指灵活度要求高,不适用于学龄前儿童。

二、角色交互缺乏数字媒体逻辑

目前,很多教育游戏设计师重点考虑的是如何将线下教育的优质成果直接挪到线上教育中,却忽略了数字媒体的本性,也忽略了角色交互功能的实现。很多学龄前儿童教育游戏被做成了网课,以学科教育为主,而忽略了对儿童学习兴趣的培养。事实上,在引谈中只有 38.4% 的儿童喜欢完全是真人角色的教育游戏。也有很多教育游戏被做成了动画片,但游戏故事和交互是完全割裂的。

从前期的引谈可知,儿童喜欢某个角色不只是因为外形,还常常是因为角色的个性。但是在实践中很多开发团队都会忽略这一点。教育游戏《欢乐动物园》迁移了传统的儿童假想游戏,让儿童扮演抚养者的角色,来照顾大象、长颈鹿等动物角色。虽说假想游戏是学龄前儿童游戏的高峰,是儿童社会化的一部分,但是机械挪移,一是凸显出数字媒体的本性,二是不能达到教育效果。儿童只能重复点击屏幕,按照既定的程序定时叫醒动物,给它盖被子、喂它吃

图 1.9 《欢乐动物园》的角色功能和玩具的角色功能对比

饭,但动物角色缺乏情感回馈。这样的角色并不能真正地让儿童成为"养育者",该角色的功能甚至可以被实体洋娃娃替代。

另外,还有研究显示过多的交互会打断儿童的思维,不利于认知发展。[①]整体来说,角色功能的缺乏说明游戏中教育性的缺乏。角色交互功能的缺乏也说明游戏目标的模糊。

三、角色审美呈浅表化现象

在前期的调研中"审美体验动机"是学龄前儿童家庭使用教育游戏的重要动机,社会对审美性的强调其实是对美育的追求。从西方的席勒到东方的蔡元培,都在强调着美育是最重要、最基础的人生观教育。"德智体美劳"是我国培养人才的重要标准,在人的全面发展教育中,美育占有重要地位。因此,必须为儿童提供具有审美性的素材。角色是游戏中的重要审美意象,但是在与媒介从业者的访谈中,笔者发现部分从业者对角色审美呈现浅表化现象,对游戏整体的审美意境并不重视。

教育游戏作为一种教育产品、大众传播品,美育无疑是要贯穿其中的。在前期的调研过程中,笔者发现不同媒介从业者的美育意识差别很大,一些好的教育游戏品牌都有美育的意识。

> 为了美育,我们也在提升制作中的美术设计水平,并刻意放长了制作周期,现在"未来教室"10—20分钟的课程,需要三个月左右的研发周期。在美术设计的时候,我们会对颜色的纯度、亮度和配色的原则作出严格的要求,避免频闪的画面效果。
>
> (M4—广东深圳—中幼国际教育科技公司总裁助理—20210619)

但是纵观整个访谈过程和行业现状,整体的美育意识还远远不够,很多从业人员对美育的理解还停留在画面层面,认为审美方面是动画编辑、美术师会比较多地考虑的,游戏策划师只用考虑效果的实施,很少将美育上升至与德育

---

① Meyer M, Zosh J M, Mclaren C, et al. How educational are "educational" apps for young children? App store content analysis using the Four Pillars of Learning framework[J]. Journal of Children and Media, 2021(2): 1-23.

并肩的高度。这一方面也是受到现实条件的制约,有创业团队对笔者坦言,每天要处理的事情也很多,美术的部分只能靠"竞稿",也没有固定团队。

美育?我们只会考虑美术,比如,画面的转场其实'闪黑'和'闪白'就可以了。

(M7—北京—腾讯学龄前产品游戏化团队策划—20210620)

家长实在是太重视画面了,我们的 IP 小猪是一个歪嘴,家长偏要说会对儿童造成不好的影响,硬是把嘴改成了正的。

(M11—北京—小猴启蒙实习编导—20210603)

其实儿童不需要美,主要为了迎合成年监护人的喜好。实际工作中,领导不会有具体要求,主要看个人素养。

(M5—北京—完美洪恩分镜师—20210602)

美育靠的是创作者的审美能力。我们单位投资人一直主张做出如同艺术品般的儿童产品,但最终还是要接受市场的检验,要符合大众的审美标准。

(M6—北京—高途集团毛豆国学启蒙创始人—20210630)

教育游戏的生产是团队合作项目,往往顶层的设计者、用户都会很重视一款产品的审美,但是从上述访谈内容中可以看出,在创作团队中,并不是每一个从业人员都有这种意识。从业人员的美育意识与家长的重视程度不成正比,有时从业人员的审美还会向市场妥协。在市场中学龄前教育游戏分成两大类:一是适合 3 岁左右幼儿的启蒙游戏,属于亲子共学类,例如,儿童启蒙教育游戏《叽里呱啦》,既是在教儿童儿歌,也是在教父母如何正确进行儿童早期启蒙教育;二是普及生活常识的儿童教育游戏,多针对 5—6 岁儿童进行知识传播,帮助其做好入学准备。无论是哪一种教育游戏,对儿童的培养都应该是润物细无声的"知、情、意"的熏陶。中国艺术中的审美精神是审美意境和装饰情趣①,意境的美不仅是美感的呈现,也是道德、信仰、文化的自觉呈现。在采访中,相关媒介从业者也阐述了对学龄前儿童教育游戏的德育考量,整体来说

---

① 赵希岗. 现代图形设计与传统图案[J]. 装饰,2003(4):71—72.

想法较为浅表化。

在实际的工作过程中,我们会强调不能传递负面的思想,不能有安全的隐患,不要有血腥的画面,不能有狼吃羊的画面。

(M5—北京—完美洪恩分镜师—20210602)

《敦煌篇》中会通过壁画引入,讲一些更接地气的小故事,最后的落点是文物保护。故事中告诉小朋友偷盗文物是不对的。

(M8—北京—凯叔讲故事文学编剧—20210619)

我们会在游戏中润物细无声地实现德育,如一款植物成长的游戏宣传了环保意识。

(M4—广东深圳—中幼国际教育科技公司总裁助理—20210619)

从儿童游戏的内容中来看,传统文化的少,英语学习的多。以英语学习为内容,可以直接借鉴国外的教育游戏体系。以传统文化为内容的教育游戏研发的难度系数更高,在访谈中,有创作人员坦言诗歌启蒙类游戏很难做,很多诗歌中悲壮情思与优美意境相互冲突,他们不知道要给儿童带来的是什么美。

另一方面,家长也面临着选择的困难,对教育游戏的使用存在盲目性。儿童生活的宏观场域是一个综合场,以网络为代表的新媒体形成了新的公共话语空间,在各种媒介平台中的信息呈现出价值多元化的特点,人人都可以通过网络进行个人意见和观点的传播。然而,这种"去中心化"的传播机制也造成了身处其中的个体、家庭和媒介从业者都需要对大量、多元的价值观点进行把关与甄别。互联网带有消费特征,教育游戏借助于微信、微博等不同平台建立社群联合运营,扩大传播效果。例如,儿童启蒙教育游戏《叽里呱啦》《火花思维》完成学习后晒朋友圈都可以赢得积分,《小猴启蒙》由明星孙俪代言,斑马思维广告出现在春晚舞台上等。这些联合运营方式虽会有更好的传播效果,但容易出现"轻内容质量"的现象。

教育游戏角色交互设计中出现的问题实质上是创作者对学龄前儿童家庭需求把握不到位,忽略了儿童成长中的主体地位。审美意识培养和审美教育的能力不是一蹴而就的,媒介从业者也需要不断地学习和积累、领悟和升华,从而提升审美素养,才能打造更好的作品。

本 章 小 结

本章通过量化和质化相结合的方式进行现状审视。一是以刺激—机体—反应理论为研究框架、技术接受模型和使用满足理论为研究基础建构了模型，对教育游戏使用行为意向进行实证研究。通过 SPSS、运用结构方程模型对 917 份来自 16 个省级行政区的有效问卷的调研结果进行数据分析。二是针对角色的重要性，进行了深度访谈。三是走入幼儿园进行观察和引谈，了解儿童对角色的认知。四是在案例分析与部分从业人员进行访谈的基础上，进行了现状反思。

研究发现：第一，儿童教育游戏适用范围广、使用热度高，不受人口学变量的影响。家长最在意的是一款游戏的教育成长性，其次是审美体验性、感知易用性、娱乐性和情感社交性。第二，游戏角色对儿童来说是非常重要，是实现教育功能、审美功能、娱乐功能、社交功能的重要媒介。第三，儿童通过游戏扮演的方式内化喜欢的角色。儿童喜欢线条圆润的角色，需要性格鲜明的角色。第四，目前的教育游戏存在着直接挪移成人游戏和线下教育的情况，部分教育游戏中存在玩法交互替代角色交互、角色交互缺乏数字媒体逻辑、角色审美未被重视的情况。

随着我国三孩政策的全面放开，学龄前儿童的数量将进一步增长，他们对教育游戏的需求也将进一步增长，但是现在市场上缺少兼顾"教育成长动机""审美体验动机""娱乐消遣动机""社交情感动机"和"感知易用性"的教育游戏精品。目前出现的直接挪移成人游戏、机械复制课堂教学、角色交互功能缺失的情况，实质上是因为创作者对学龄前儿童家庭需求把握不到位。他们忽略了儿童成长的主体地位，尚未厘清儿童与角色、儿童与游戏、游戏与角色的关系，更未思考游戏角色的设置对儿童知识内化、身份认同的影响。

下一章将结合本章的实践研究，从理论层面追根溯源，具体对儿童、游戏、角色三者关系进行缕析，对游戏中角色交互的内涵进行本性追问。在融媒体时代，教育游戏需要完成为儿童普及知识的任务，只有抓住设计中的核心元素才能承担起捍卫童年、传播文化的使命。

角色交互对学龄前儿童身份的影响机理

第二章
角色交互对学龄前儿童身份的影响机理

前期调研显示,学龄前儿童家庭使用教育游戏的现象非常普遍,对游戏角色的热衷度极高,问及其中缘由,各种群体众说纷纭。家长觉得游戏角色方便识别、能指引儿童学习;教育工作者认为角色是现实世界在儿童内心的映射,能够发展儿童的认知和情感;媒介从业者则认为角色是艺术的载体和创造价值的 IP。那么,在数字世界中角色到底意味着什么呢? 本章将通过缕析"角色"与"学龄前儿童""游戏"的关系,分析在游戏世界中角色交互对儿童身份的影响机理。

第一节　游戏与学龄前儿童：儿童学习的方式

一、游戏的教育功能

人类对游戏有着天生的喜好,游戏的历史远长于人类的文明史,每个民族文化中都有游戏,游戏以一种特殊的方式传承着人类文明。游戏的研究也有着漫长的历史,学术界不同领域的学者创造出了众多不同流派的游戏理论。其中具有代表性的经典学说有如下五种：其一是模拟说。古希腊哲学家柏拉图、德国心理学家格罗斯等认为人类游戏具有模拟功能,是儿童为生活进行预备。其二是复演说。由美国心理学霍尔提出,认为游戏是对文明的复演[①]。其

---

① 邱学青. 学前儿童游戏［M］. 南京：江苏教育出版社,2008(12)：60—67.

三是消遣说，或称为松弛说。亚里士多德等认为游戏是无目的性的消遣，之后弗洛伊德继承了这一观点，认为游戏是情绪的宣泄，德国心理学家拉扎鲁斯也认同游戏松弛说。其四是艺术起源说。康德、席勒等更加看重游戏的艺术意义，康德将自由的艺术比作能产生快感的游戏，席勒则认为艺术起源于游戏[①]。其五是自由活动说。从文化视野角度指出游戏和宗教一样需要遐想，文化也是以游戏的方式生产出来的。游戏数量的多少，标志着文化繁荣的程度。他研究了各种语言中的游戏，并总结出游戏的本质特点有自愿性、消遣性、规则性、情感丰富以及不同于平常生活。[②]

随着 1999 年"游戏学"一词被弗拉斯卡使用[③]，学者对游戏的研究延伸到了游戏中的现象、规律、文化等方面。贾斯帕·朱尔、罗杰·凯洛依斯、舒茨等对游戏本体也有细致的讨论，尽管观点不一，但是学者对游戏内在规则、情感体验等形成了一些共识。可见游戏不仅是一种行为、内容，更是一种精神追求，游戏精神可以概括为接受规则、克服困难和乐观的精神。

游戏以其特殊的方式传承着文明，是形式和精神的统一。游戏不仅有形式上的目标、机制、规则，还有快乐的体验和挑战的精神。其实，在人类社会发展初期，教育尚未分化之前，游戏唯一的目的就是传授与生活相关的常识，工作和游戏都是学习的方式。[④] 例如，希腊语中"游戏"和"教育"拥有一样的词根，两者都源自儿童的活动。[⑤] 这说明在先人的认知中"游戏"具有"教育"意义，正如格罗斯提出的"生活预备说"。在我国北方以狩猎为生的民族，培养下一代时常会用模拟游戏的形式对儿童进行训练。有种说法是溜溜球的发明，源自狩猎时猎人在树上向下投石子的行为。

随着社会生产力水平的不断提高，社会职业开始分化，出现了以传递知识为职业的教师，教育就从日常生活中分离了出来。教育先贤们也指出了游戏的教育功能。两千六百年前，孔子提倡"以乐（yuè）为教"，认为"乐"不仅为娱

---

① 彭吉象. 艺术学概论[M]. 北京：高等教育出版社，2006：23.
② 胡伊青加. 人：游戏者：对文化中游戏因素的研究[M]成穷译. 贵阳：贵州人民出版社，1998：192—193.
③ Frasca G. Ludology Meets Narratology: Similitude and differences between (video) games and Narrative, 1999：39.
④ 裴蕾丝，尚俊杰. 回归教育本质：教育游戏思想的萌芽与发展脉络[J]. 全球教育展望，2019，48(8)：37—52.
⑤ 胡伊青加. 人：游戏者：对文化中游戏因素的研究[M]. 成穷译. 贵阳：贵州人民出版社，1998：192—193.

乐而生,更拥有着重要的教育作用。儒家"游于艺"、道家"逍遥游"、墨家"非乐观"体现出中国游戏的德育思想[①②],中国游戏精神是自由、快乐、幻想和严肃[③]。古罗马贺拉斯提出"寓教于乐"的观点,他认为诗歌的魅力不光在于其优美的辞藻和铿锵的节奏,还在于其劝喻功能。[④]

随着科学的进步和生产力的发展,凸显娱乐功能的电子游戏应运而生。电子游戏以其声光电刺激、特殊的规则和机制,进行信息传递。2021 年,国产游戏《戴森球计划》因为科幻题材、模拟玩法和创新视角受到国内外玩家的好评。很多玩家表示在这款游戏里学到了很多知识,但是这款游戏创作的初衷却是要通过科幻故事增强玩家的视听体验,玩家学到的物理知识都是游戏中的"副产品"。所以,在游戏界它并没被定义成使用教育理论、传播知识的教育游戏。经典游戏理论中的一些游戏其实是广义的生活活动,游戏中的教育功能是活动的副产品,并不是专门为教育而设置游戏的。但是,在教育学的视野下,学者更在意游戏的教育意义,提倡主动去建构适合儿童发展的游戏。

二、教育视野下的儿童游戏

经典游戏理论多从宏观视角对游戏本体进行研究,而教育家们更倾向于从发展的视角解释儿童的游戏行为。幼儿教育鼻祖福禄贝尔认为游戏是幼儿内在的精神活动的外在显现[⑤];蒙台梭利认为游戏活动能使儿童获得经验,重复活动能建构内在本质;[⑥]现代教育之父杜威于 1916 年将"游戏"作为幼儿教育的理念写入了《民主主义与教育》,不同于以往"身心二元论",杜威持有"一元论"思想,其核心观点是身体在认知中发挥至关重要的作用。游戏是儿童经验与自然的统一[⑦],游戏是为了教育而建构的活动。

建构主义的认知理论可以溯源到苏格拉底、柏拉图和康德,又与皮亚杰、维果斯基、布鲁纳等心理学家的思想体系有着密切的联系。当下建构主义的

① 陈汉才. 中国古代幼儿教育史[M]. 广州:广东高等教育出版社,1996:2,96.
② 李屏. 教育视野中的传统游戏研究[D]. 华东师范大学,2005:38—63.
③ 吴航. 游戏与教育——兼论教育的游戏性[D]. 华中师范大学,2001:4.
④ 亚里士多德,贺拉斯,罗念生. 诗学,诗艺:诗艺[M]. 北京:人民文学出版社,1962:16—28.
⑤ 李季湄. 幼儿教育学基础[M]. 北京:北京师范大学出版社,1999:25.
⑥ 玛利亚·蒙台梭利. 童年的秘密[M]. 单中惠译. 北京:中国长安出版社,2010:239,242.
⑦ 陈乐乐. 具身教育课程的内涵,理论基础和实践路向[J]. 课程. 教材. 教法,2016(10):8.

流派众多、观点各异,但大多认为游戏与学习一样,需要儿童主动建构。作为儿童认知理论的主流理论代表,皮亚杰和维果斯基都强调了游戏对儿童发展的重要作用。

皮亚杰被誉为"揭示智慧奥秘的巨人"[①],其学术观点受到了康德、格式塔心理学的影响。同时,他还将生物学的原则和方法、术语,如"同化""顺应"等,运用到人类发展的研究中。"同化"是把新知识纳入原有的体系,"顺应"是原有的体系、认知方式不再适用于新知识。只有改变原有的体系,才能接受新的知识。[②] 皮亚杰认为新知识并不完全是外界输入的,而是人们对外在信息有选择的接受,将其与原有的认知图式进行整合,不断地扩展、更迭自己的认识。这个阶段就是"同化"向"顺应"的转化,认知平衡是指通过"同化"和"顺应"这两种加工手段,构建并修正认知图式。图式就是智力的结构,这种结构把有机体所感知的事物按其共同特征编成各个组。[③] 皮亚杰认为儿童认知发展是先天因素和后天因素共同作用的结果,儿童主要的认知活动需要依靠感知运动来支撑。人体不只是联络着脑部的镜像神经细胞,还要通过对周围环境的主动感受来内化知识、获得认知。[④] 儿童在不同年龄阶段的代表性游戏行为,见表 2.1。

表 2.1 儿童发展阶段及主导的游戏

年　龄	阶　段	生　长　特　点	主导游戏
0—2 岁	感知运动阶段	身体迅速发育,为生活准备	练习性游戏
2—7 岁	前运算阶段	开始发展抽象思维的能力	表征游戏
7—11 岁	具体运算阶段	逻辑思维能力进一步增强	规则性游戏

0—2 岁儿童在练习性游戏中,充分认识自己的身体,知道自己的身体是一个统一的整体,重复锻炼粗大运动的能力。2—7 岁儿童在表征游戏(建构游

① 刘明波,张兵. 揭示智慧奥秘的巨人——皮亚杰的成长历程[J]. 大众心理学,2000(1):36.
② 瓦兹沃思. 皮亚杰的认知和情感发展理论[M]. 徐梦秋,沈明明译. 厦门:厦门大学出版社,1989:17—19.
③ 瓦兹沃思. 皮亚杰的认知和情感发展理论[M]. 徐梦秋,沈明明译. 厦门:厦门大学出版社,1989:15.
④ 周情. 具身认知观在儿童英语教学中的应用[J]. 现代教育科学,2012(4):50—52.

戏、象征性游戏）中，发展抽象思维能力；7—11岁儿童开始在棋牌类等规则性游戏中锻炼生成逻辑思维能力。[①] 皮亚杰反对将"刺激—行为"作为对内在图式的唯一影响，他认为图式形成、新旧图式更迭，需要自我在游戏活动中整合。

苏联教育家维果斯基被誉为"心理学的莫扎特"，他学术上受到斯宾诺莎的哲学，黑格尔的辩证法，马克思、恩格斯的历史唯物主义，以及狄尔泰等学者思想的影响。[②] 他认为身体和环境相互作用会对思维活动产生作用，随着儿童游戏活动增多，儿童将游戏与劳动中的动作内化，心理机能逐步转化到高级阶段。他遵循社会建构主义的理论，认为完全自发的儿童游戏因缺乏指导，教育效果并不显著，从而进一步提出了"最近发展区"的概念，在游戏活动中教师需要提供"支架"（或称"脚手架"），让儿童在有正确指导的前提下，参与游戏并探索周围环境，成为学习生活的积极建构者，从而超越原有水平，靠近下一个发展阶段。综上，教育不只是儿童游戏的副产品，教育应成为游戏原有之意，教师有意识地为儿童建构游戏，在游戏中通过新旧经验的相互作用，让儿童形成、拓展和更迭认知图式。

第二代认知科学的兴起后，具身认知理论被逐步接受，"思维即动作"的设定，也得到了实证研究的佐证。核心观点是身体嵌在了外在环境中，身体感知产生经验，经验内化变成了知识[③]，即认知源于身体对环境的体验，学习的过程是心智与认知、身体和环境的动态统一[④]。人的身体是外界环境到思维内化的中介。"回到身体""用身体思考"等具身性命题，正是皮亚杰感知运动理论、维果斯基的动作内化形成高级心理机能的逻辑延伸。[⑤]

我国儿童教育理论奠基者陈鹤琴先生提出了"活教育"的概念，该概念的原则之一就是用游戏化的教学方法，从而使得读书生活兴致蓬勃，学习进步分外迅速。[⑥] 王振宇教授在传承陈先生思想的基础上，提出"活游戏"的概念，即

① 瓦兹沃思. 皮亚杰的认知和情感发展理论[M]. 徐梦秋，沈明明译. 厦门：厦门大学出版社，1989：33.
② 黄秀兰. 维果茨基心理学思想精要[M]. 广州：广东教育出版社，2014：1.
③ Varela F. J., Thompson E., Rosch E. The Embodied Mind: Cognitive Science and Human Experience[M]. Cambridge, MA: The MIT Press, 1991: 10-23.
④ 孟伟. 身体、情境与认知：涉身认知及其哲学探索[M]. 北京：中国社会科学出版社，2015：60—61.
⑤ 蒋柯，李其维. 论皮亚杰的方法论及其当代意义[J]. 心理学报，2020，52(8)：14.
⑥ 陈鹤琴. 陈鹤琴教育思想读本·活教育[M]. 南京：南京师范大学出版社，2012：52.

要灵活运用游戏,通过有目的地建构游戏让幼儿在玩中学,游戏变成教育本身。[①] 当下根据学龄前儿童特点,开发的"儿童戏剧游戏""手指游戏""桌面游戏""区域游戏"等课程体系,广泛运用于幼儿教育领域中,也得到了普遍认可。我国《幼儿园工作规程》明确要求,幼儿园教育应当"以游戏为基本活动,寓教育于各项活动之中"[②]。游戏可通过多种方式实现教育功能,作为教育工作者、设计师还应该根据培养目标有针对性地为儿童建构游戏,助力儿童成长。

三、学龄前儿童游戏的高峰——角色游戏

儿童在 2—7 岁开始发展抽象思维能力,会使用符号进行表征。此时,以角色扮演为代表的表征游戏是学龄前儿童游戏的高峰。[③]"角色"原指演员按照剧本所规定的内容扮演的人物。由于生活与戏剧的相关性,"角色"的概念被引入了生活领域用来解释生活中的问题。角色游戏之所以被誉为学龄前儿童游戏的高峰,是因为其显著的教育功能,角色游戏中儿童的认知、情感都得到了发展。

(一) 促进认知发展

自发的角色扮演游戏的出现,意味着儿童认知能力的增长。角色扮演游戏中"替代性"的游戏范式,为思维活动打开了一扇窗户,也意味着儿童双向表征的符号能力的增长。双向表征意味着儿童用两种不同的方式表征一个物体,即把这个物体既看作是一个物,又看作是一个符号。在模仿阶段,儿童将知识内化于心,而在游戏阶段不仅有输入还有输出,儿童会学到很多新的知识,"同化"已经不能满足儿童的认知需求,他们进入了"顺应"阶段,改造原有的认知。[④] 另外,角色扮演还是"假定性"的游戏范式,此时的儿童开始发展抽象思维能力,进入想象力发展的敏感期。他们会在心里模拟故事情节,将自我置身于非现实世界,通过自己的动作、语言将其表演出来。故角色游戏有利于儿童的认知发展。

① 王振宇. 游戏的界限[J]. 幼儿教育:教育科学,2017(7):4.
② 中华人民共和国教育部. 幼儿园工作规范[EB/OL]. [2018-4-14](2021-3-1). http://www.moe.gov.cn/srcsite/A02/s5911/moe_621/199603/t19960309_81893.html.
③ 刘焱. 研究玩具关注幼儿在游戏中与幼儿共同成长[J]. 学前教育:幼教版,2017(1):3.
④ 刘绪源. 美与幼童——从婴幼儿看审美发生[M]. 南京:江苏少年儿童出版社,2014:23.

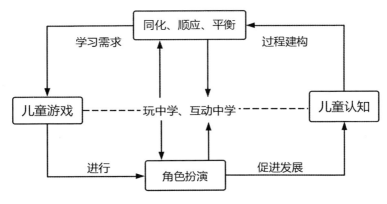

图 2.1　角色扮演游戏与认知发展

（二）获得群体意识

角色扮演游戏不仅能够促进儿童认知发展、宣泄情绪，还可以让儿童获得群体意识。儿童的道德发展分为四个阶段：自我中心阶段（2—5 岁）、他律道德阶段（6—7、8 岁）、初步自律道德阶段（8—10 岁）和自律道德阶段（10—12岁）。儿童角色游戏可以让儿童进行社会化的互动，逐步解除自我中心化[①]，顺利从自我中心阶段向他律道德阶段过渡。

随着年龄的增长，游戏角色不断增多，儿童可以将自己在社会生活中习得的东西放到游戏中，游戏世界也不断地趋向于现实世界，促使儿童从想象中的虚拟世界不断转向认识现实世界。维果斯基认为，此时的儿童能够将自己在周围环境中学习到的东西运用到游戏中。角色扮演还可以培养儿童的延时模仿能力，引导儿童将平时的观察放进游戏中。艾里·康宁承其志，他以"游戏是社会生活的概括"为理论核心，将其作为自己理论体系的基础。儿童有想参加成人活动的愿望，模仿重演成人的日常活动，使愿望得以满足。模仿和表演是人类最原始的表达沟通的途径[②]，也是掌握知识、运用知识和改造知识的过程。心理学家佩勒认为儿童进行角色扮演的过程其实就是内在心理世界外化的过程，模仿对象来源于热爱的、害怕的等不同情感的角色，儿童在扮演的过

---

① 瓦兹沃思. 皮亚杰的认知和情感发展理论［M］. 徐梦秋，沈明明译. 厦门：厦门大学出版社，1989：33.

② 郑名，韩增霞，王志丹. 社会性沟通影响学前儿童模仿学习的实验研究［J］. 中国特殊教育，2018（5）：6.

程中进行情感表达。[①]

（三）增强自我意识

自我意识是个体对自己的身心状态的认识、体验和愿望。正如福禄贝尔指出的，幼儿期不但需要将外部的信息内化，还是将自我充分外化的时期。人类对自我的探索从未停止过。詹姆斯将"自我"分为主体我（I）和客体我（Me）[②]，主体我是主动性、创造性的自我。客体我是被认知的客体，包括个体对自己的认识和信念。

根据主体我和客体我的关系，可将人的自我认知分为四个阶段：一是婴儿刚出生时的混沌阶段，即"我我一体"阶段[③]，母体怀胎十月，个体刚出生时面对混沌的世界，主体我和客体我不分。二是"我我分化"阶段，在儿童自我意识出现，对自己有了新的认知，主体我和客体我分化。三是"我我互动"阶段，随着年龄的增长，主体我对客体我有一定的控制能力，开始追求、塑造新的自我角色身份，主体我和客体我不断互动。四是"我我融合"阶段，主体我和客体我更加接近，就是中国哲学中追求的"从心所欲，不逾矩"阶段，也就是埃里克森说的自我同一性的达成。

其实，纵观人的一生，我与人、我与物、我与自然的关系也同样经历了这样的四个阶段：其一，个体在母胎中经历了 10 个月的时间，刚出生时，面对混沌的世界，分不清他物，分不清自己与母亲，即处于"物我一体""人我共生"的状态。其二，随着幼儿自我意识的发展、认知的升华、社会化程度的加深，逐渐会区别自己与母亲以及他人。在幼儿阶段个体逐渐意识到自己与他人的区别，认识到事物不受个人意志的影响，即处于"人我两分""物我独立"的状态。总体来说，个体在幼儿阶段是以自我为中心的，

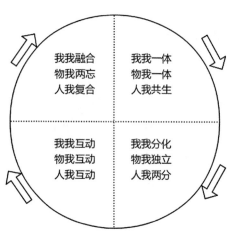

图 2.2　人生中我我关系、人我
关系、物我关系示意图

---

① 何建平，王雪. 同伴地位对儿童卡通角色认同的影响研究[J]. 当代电影，2016(8)：7.
② 杨丽萍，刘凌，徐敏. 早期儿童自我认知发生发展研究[M]. 北京：北京师范大学出版社，2014：7.
③ 李小花. 游戏中的幼儿世界[D]. 湖南师范大学，2020：79.

比较主观,很难从别人的角度看世界。其三,随着年龄的增长,个体有意识也有能力就开始加强与物体互动、与他人互动,即处于"物我互动""人我互动"的状态。其四,随着个体阅历的增长,超越自我,逐渐达到自我同一性的阶段,对生命、自然、他人的理解也更加回归生命本质,能更好地和他人相处、和世界相处,即处于"物我两忘""人我复合"的阶段。最终,不断接近中华美学中所追求的"天人合一"的境界。

科学研究显示,婴儿视觉自我认知(认出自己)一般发生在 17.25 个月。婴儿说出自己名字平均在 19.8 个月,语言自我认知一般发生在 21 个月。[①] 24 个月的儿童虽已有初步的自我认知,但是自我表征局限于"此时此地"。直到 4 岁左右,儿童的表征思维发展到一个更高的水平,旧的自我表征不再完全为新的自我表征所取代。儿童头脑里不同的自我表征(过去的我、现在的我、将来的我)融为一体,此时延展自我就发展起来了。通过自我的外化,儿童开始与社会产生交集。发展心理学家和自我理论学家都认为自我认知、情绪特质等都是在人际交往中形成的、展现的、维持的。所以,学龄前角色游戏的高峰也意味着儿童能更自如地与其他角色互动、与自我互动、与他人互动、与外界互动。儿童通过与物、他人和自我互动的活动,建构着世界观,获取经验,建构着自己的身份。

(四) 健全人格发展

儿童期是人格形成的关键期。皮亚杰将儿童的人格、智力和心理健康统称为儿童的心理品质。有研究表明,个体虽不能记忆起儿童时期的事情,但感受是连续体。[②] 心理学家奥尔波特认为,儿童在 4—6 岁初步形成自我意象,作为"好我"和"坏我"的参照物,同时初步形成自己对未来的目标。儿童人格发展关乎一生,甚至影响到个体成年后的幸福感以及友谊的质量。亲社会性、情绪稳定、认真自控等特质是儿童人格的重要维度。[③] 所以,需要培养儿童的亲社会性人格。角色扮演就是亲社会人格培养的方式。戈夫曼的"拟剧论"认

① 杨丽珠,刘凌,徐敏. 早期儿童自我认知发生发展研究[M]. 北京:北京师范大学出版社,2014:42,117.
② Jin S, Park N. Parasocial Interaction with My Avatar: Effects of Interdependent Self-Construal and the Mediating Role of Self-Presence in an Avatar-Based Console Game, Wii[J]. Cyberpsychology Behavior & Social Networking, 2009, 12(6): 723 – 727.
③ 高毓婉,杨丽珠,孙岩. 我国 3—6 岁幼儿人格发展现状及教育建议[J]. 学前教育研究,2019(12):3—19.

为,儿童的角色扮演游戏还将延续到他们成年之后。在社会生活中,人们之间的互动就是通过展现自我和印象管理达成目标的过程。[①] 如此看来,角色扮演、不同角色之间的交互,会对儿童的发展、人类人格的发展起到更长远的作用。综上所述,对学龄前儿童而言,角色扮演游戏可以促进儿童的肢体表达、创造和亲社会技能,逐步将儿童与成人世界相连接。角色扮演的过程是儿童与角色(客体我、他人)不断交互的过程。认知发展理论中将身体作为获取信息的重要媒介,而角色扮演及不同角色交互的过程就是身体力行的活动过程,儿童将社会生活习得的经验放到游戏中,不断练习与内化。同样,儿童也将游戏中习得的本领迁移至生活实践,不断升华能力。角色扮演的过程为儿童获取认知提供了发展支架,这一过程其实就是不断地建构最近发展区,儿童将外部的知识转化成自我图式。因此,角色交互是外界信息和儿童认知之间的重要中介,见图 2.3。

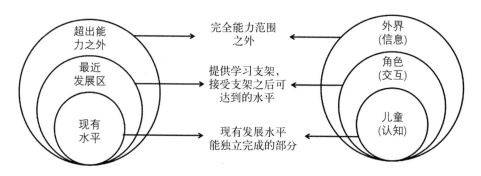

图 2.3　角色交互为儿童建构了最近发展区

第二节　角色与学龄前儿童: 成长中的审美对象

幼儿教育专家邱学青教授认为,皮亚杰对角色游戏论述的魅力在于清楚地分析了符号形成和游戏的辩证关系,指明了具有同化作用的游戏如何逐步影响儿童认知的发展。角色游戏可以分为两个小阶段,即象征性的顶峰阶段

---

① 欧文·戈夫曼. 日常生活中的自我呈现[M]. 冯钢译. 北京大学出版社,2016: 5—16.

(2—4 岁)和由象征而接近现实阶段(4—7 岁)。① 象征性顶峰阶段的游戏可以分为三类,自我模仿和模仿他人、用物模仿物、人模仿人,象征性的组合。由象征到接近现实的游戏,游戏故事的情节逐步连贯、更有秩序,儿童不断提高对逼真性的要求,出现了集体的象征活动。随着游戏角色的增多,儿童会不断地接近现实社会。他们一开始会扮演父母等熟悉的角色,然后逐渐开始扮演职业角色和虚拟角色。儿童在游戏中扮演的虚拟角色也与其审美认知的发展情况,以及虚拟角色的原生特性有关。

一、学龄前儿童初现审美意识

幼儿的发展依赖于外部的感官经验,学龄前期是他们的重要成长阶段,会经历很多的"敏感期"②,即快速发展时期,见表 2.2。知觉心理学家鲁道夫·阿恩海姆认为,随着年龄的增长,儿童的感官功能、想象力等不断发展,儿童逐渐萌发对美的感受。但是,儿童具有不同于成人的认知、理解和情感表达方式,其审美特征也是独特的。③

表 2.2　学龄前儿童成长的敏感期

年　龄	敏感期	儿　童　特　征
0—3 岁	感官敏感期	关注细小的事物,注重视、听、触、嗅、味五感的训练
0—6 岁	动作敏感期	充分运动,促进智能发展,养成动作习惯
0—8 岁	语言敏感期	与生俱来的语言学习天赋
2—4 岁	秩序敏感期	通过固定时空的人物训练,养成良好的秩序习惯,建立规范
2—8 岁	想象力敏感期	多读童话、幻想故事,多看图画,看动画片,尝试编故事
2.5—6 岁	社会规范敏感期	注重礼仪,以便今后生活自律
3.5—4.5 岁	书写敏感期	遵守规范注重训练书写、临摹能力
4.5—5.5 岁	阅读敏感期	营造阅读氛围,养成阅读习惯

---

① 邱学青. 学前儿童游戏[M]. 南京:江苏教育出版社,2008:62.
② 孙瑞雪. 捕捉儿童敏感期[M]. 天津:新蕾出版社,2004:1,114,132,148,173,190.
③ 刘绪源. 美与幼童——从婴幼儿看审美发生[M]. 南京:江苏少年儿童出版社,2014:15.

李泽厚等美学家认为,美感包括了知觉、情感、理解和想象。[①] 初生婴儿只有喜怒、惧怕等基础情绪,还没形成情感机制,所以只是前审美状态。学龄前儿童的美感体验并不是先天赋予的,而是在教育活动中逐渐发生和发展的。0—2岁是儿童美感萌发的最初发时期,他们在感知运动中建构了美感图式,开始能分辨出客观事物的特质。2岁之后,儿童开始体验到主体和客体的区别,逐渐拥有了延迟模仿能力和象征性游戏能力。也就是说,当儿童离开刺激物之后,会记住让自己感兴趣的东西,并且在之后需要的时候,将相关的记忆调动起来,进行模仿行为。随着年龄增长,儿童延时模仿机制越发明显,他们将外部信息内化,想象力也随之不断发展。所以,此时儿童的审美情感开始产生,可以主动选择审美对象,而不是被动接受。例如,儿童会自主选择喜欢的儿歌。究其缘由,儿童在刚出生时大脑中的海马突状体处于高度变化的状态,新神经细胞的形成也会对记忆造成破坏,无法稳定地储存信息。4岁后,儿童的神经细胞新陈代谢更加有序,储存信息能力逐渐提高,等到逻辑能力生成,他们就会用理性的方式,而不是用情感的、形象思维的方式去把握。[②] 综上,随着儿童年龄的增长,儿童想象力逐渐发展,接受美的能力也逐渐提升。

此时,情绪化、表面化和行动性仍是学龄前儿童的美感体验的主要特征。儿童在高兴、愉悦等积极的情绪状态下容易产生审美体验;反之,则不容易产生。学龄前儿童更容易在生活与游戏活动中,通过直观接触和身体力行,产生审美体验。相对于成人,儿童的美感体验比较幼稚和表面化。所以,学龄前儿童需要大量激发想象力的形象与作品,来满足审美需求。

二、角色是有意味的审美符号

虚拟角色是一种艺术符号,是从复杂到简单、从现实到图标、从客观到主观、从具体到一般的艺术表达方式。漫画家麦克劳德认为,以卡通图像描绘的虚拟角色有时甚至能代表所有人。[③] 因为人类是自我中心的,会对简化虚拟角色移情,认为这是自己。当然,儿童不仅是自我中心论者,也是万物有灵论者,他们更容易对虚拟角色进行移情。

---

① 刘绪源. 美与幼童——从婴幼儿看审美发生[M]. 南京:江苏少年儿童出版社,2014:169.
② 刘绪源. 美与幼童——从婴幼儿看审美发生[M]. 南京:江苏少年儿童出版社,2014:63—64.
③ 斯科特·麦克劳德. 世界动漫经典教程,理解漫画. 第3版[M]. 万旻译. 北京:人民邮电出版社,2015:26—28.

（一）虚拟角色的具象形象

首先,角色形象作为艺术符号具有具象特性。可以依附于具体的现实物,也具有相对的独立性,它既是一种能指形式又具有所指意义。人类主要靠视觉获取信息,哆啦 A 梦、小猪佩琦、凯蒂猫、光头强等卡通角色形象,具有相对独立的析出性。与此相反,文学作品中人物形象的依附性较强,《红楼梦》中林黛玉的罥烟眉、含情目、姣花照水、弱柳扶风、聪慧胜比干、病胜西子,这些审美特征体现属于人类思想范畴,可谓一千个读者就有一千个哈姆雷特。而由卡通符号建构的角色形象,有明确的指向,甚至可以独立于整个作品文本而存在。

设计师设计角色是编码的过程,受众解读角色是解码的过程。角色形象是有意味的形式。索绪尔提出符号具有二元结构,包括"能指"和"所指"两部分。"能指"代表物体表现的符号形式,如符号的形态、颜色、材质等,是符号的表现层。"所指"是符号背后的内涵,即表现层所蕴含的文化内涵,是符号的内在层。[①] 冰墩墩和雪容融作为北京冬奥会的吉祥物,包含了丰富的文化内涵。冰墩墩以中国国宝大熊猫为原型,名字中的"冰"字体现冬奥会的内涵——纯洁、坚强,整体形象酷似宇航员,体现现代科技特点,与冬奥会主题曲《一起向未来》十分契合。

（二）虚拟角色的夸张表演

虚拟角色并非静置于界面舞台上,角色有自身特定的表演方式。动画大师麦克拉伦说,动画不是动起来的画,而是被赋予生命的艺术。不同的表现介质将给角色带来不同美学效果。通过表演,角色会有不同的行为方式。日本动画师宫崎骏创作的动画角色是自然主义的表演风格;美国迪士尼公司的动画角色表演风格,多以实拍的人物影像作参考,制作角色形象更为逼真。不同的表演风格赋予了虚拟角色独特性。日本动画《白蛇传》和美国动画《花木兰》同样是展现中国女性故事,但是动画中表现出的人物形象与中国传统女性形象不同,两国作品的角色表演风格之间差别很大[②];此外,不同时期中国动画中女性角色行为风格差异也很大[③],因为角色的塑造方式、表演方式根源于不同

---

① MOHD YAKIN H S, TOTU A. The Semiotic Perspectives of Peirce and Saussure: A Brief Comparative Study[J]. Procedia - Social and Behavioral Sciences, 2014, 155: 4-8.
② 周曦. 简析日美动画电影对中国古代女性的建构[J]. 大众文艺, 2020(1): 180—182.
③ 周曦. 互联网时代女性题材动漫作品的流行刍议[J]. 艺术科技, 2019, 32(16): 75—77, 104.

的神话起源、文化思潮等。就像奥尔波特的角色实现模型中指出的,扮演的过程受到社会环境的制约和人格的影响,虚拟角色的行为和表演也受到情境和角色人格的制约。[①] 总体来说,拥有夸张表演方式的虚拟角色,更容易打动儿童。

（三）虚拟角色的人格特质

现代技术赋予了角色人格特性。艺术作品之所以感人是因为成功的角色塑造、表达角色性格的节奏和韵味。[②] 蒙太奇技术的发展赋予了角色展现个性的场域,不同画面的切换,建构了故事的推演。其实,创作的过程就是创作者将"第一自我"融入角色的过程。在舞台的表演中,在故事的推进中,角色也会产生"人格",可以引发人们去想象其背后的人生及生活。创作了《小熊学校》系列绘本的相原博之认为,虚拟角色应当是用相对简单的线条勾勒而成、有固定名字的;日本漫画评论家伊藤认为,角色是有人格的身体表象,可以引发人们去想象其背后的"人生"及"生活"。[③] 相对于演员,虚拟角色拥有更加稳定的个性,也可以更新换代,所以能够吸引一代又一代的观众。

三、角色作为儿童成长中的审美对象

对学龄前儿童来说,颜色和动作的刺激程度强于其他刺激物源。儿童视觉区和运动区的视觉神经元很早就已经被激活,所以拥有明亮色彩和夸张行动的虚拟角色容易吸引儿童注意。随着儿童情感的发展,欣赏作品时的"移情"作用会更加明显,儿童可以在虚拟角色身上体验到相应的情感。儿童热衷于反复地尝试同一个游戏、听同一个故事,这是因为在他们心中,每次玩游戏、听故事都会对其中角色的心理、语言、行为等产生充满感情的揣测。具有感染力的好作品让儿童通过角色将情感代入虚拟世界,并从中觅得乐趣。每读（听/看）一遍,审美情感都不断被强化。

另外,学龄前期是儿童想象力发展的敏感期,儿童的审美能力的发展也需要被提供大量满足、激发他们想象力的作品。这些作品可以有"意味"而没有"意义"。儿童艺术作品不能只有"意义",而没有想象的余地,无法给儿童带来想象的乐趣。想象的趣味其实是指审美乐趣,能给儿童带来快乐与充实的美

---

① 麻彦坤. 奥尔波特人格理论述评[J]. 心理学探新,1989(3)：23—27.
② 张生泉. 角色文化[M]. 上海：上海远东出版社,2013：13.
③ 韩若冰. 日本动漫角色与角色消费研究[D]. 山东大学,2015：65—66.

感。虚拟角色调动起了儿童的想象力,游戏角色不仅是冰冷的符号,角色的行为方式、夸张的表演方式,容易引起儿童的注意,激发儿童的审美想象。

儿童有别于成人,在看动画片与看真人表演的影视作品时,大脑内侧的前额叶同样会被激活。而且学龄前儿童是有灵性的,在现实生活里,儿童喜欢动物,幻想自己拥有魔法。动画角色、游戏角色等满足了儿童的需求,并且通过独特的性格、滑稽的表演,对儿童的自我概念、人格发展、情感模式和交往方式产生着直接影响。另外,儿童在角色游戏里,也会扮演卡通角色。其实这些角色是成人世界的一面镜子,学龄前期是角色扮演的敏感期,儿童通过角色扮演的过程进行学习,将社会的现象纳入知识结构和自我认知中,通过扮演虚拟角色进入自己的想象世界。

第三节　角色与游戏：影响玩家身份形成的媒介

儿童认知是基于图式,同化、顺应不断的平衡,婴儿时期在潜意识中建立最基本的图式,通过模仿学习开始同化,当原有图式不能满足认知时,开始顺应新的信息情境,最后达到新的平衡。传统的儿童游戏中包含了很多虚构的符号,当这些符号被移植到电子游戏中时,就建构成了虚拟世界。但是,数字游戏场域一定不同于儿童自发建构的虚拟世界。[①] 在现实世界中,儿童通过角色扮演直接从外界获取信息;而当儿童进入虚拟世界时,外界信息是通过界面有选择地传递给儿童的。

虚拟世界中儿童的角色认知方式也不完全等同于在现实生活中通过自发的角色扮演获取认知。在现实生活的角色扮演中,儿童所交互的角色是想象中的"身份"。在数字游戏场域中,交互的是具象的数字符号。儿童通过与预设好的虚拟角色、媒介内容进行互动,从而获取认知。游戏中的角色体验也不是静态的,而是随着游戏的进程不断深化的过程。在传统的角色体验过程中,儿童发挥想象力,自发选中拟定扮演的角色,会经历角色期待、角色体验、角色内化的过程。而在数字游戏场域中,游戏故事往往是预设好的。儿童在体验

---

① 宗争. 游戏学：符号叙述学研究[M]. 成都：四川大学出版社,2014：56.

过程中,要不断尝试与虚拟化身、其他角色互动,只有主客体之间产生认同,才能继续体验的过程,从而将角色内化。故,虚拟世界中儿童与角色的交互过程一般分为四个阶段:角色期待、角色体验、角色认同、角色内化。

一、角色期待与第一自我

玩家在正式开始角色体验前,会产生角色期待。儿童根据自己的原有图式和接受框架形成对角色的前理解,为角色体验奠定基调。角色形象和界面风格等信息作用于儿童的认知结构,使玩家自发地对角色产生期待,进行想象。在接受美学期待的视野下,角色期待相当于对艺术文本的前理解,与读者(观众、玩家)的接受框架有关。这种期待的产生,不仅与认知储备有关,还与文本的外在形象有关。角色期待一方面受到社会文化和规范等影响,另一方面与个体态度、气质、意志、需要、动机等有关,以上两个方面的共同影响使玩家产生了个性化的角色期待。不同性别和不同年龄的人对待同一事物的感受会有所不同,因此会产生不同的期待。按照马斯洛的需求金字塔理论,人类的需求从低到高分别是物质需求、安全需求、归属需要、尊重需要和自我实现需要。人类在每个年龄段、每个成长阶段,对不同需求的强度不同。儿童刚出生时候,对物质和安全的需求程度最高,所以更加喜欢动物形象。随着年龄的增长,人类对关爱、归属、尊重和自我实现等的需求程度变得更高。所以,审美意识初现期的学龄前儿童会根据自己的审美偏好选择喜欢的、符合儿童审美需求的角色,这些角色从儿童的视网膜走向了儿童的内心。

二、角色体验与镜像自我

刚出生不久的儿童神经系统尚未发育完全,因而对自己身体的体验是分割的。6个月后,儿童通过辨认镜中的自我形象,能逐渐意识到身体的完整性。此时,儿童的主要认知来源于感知运动,儿童依靠动作模仿去适应环境。皮亚杰认为从模仿的准备到表征模仿,再到延迟模仿,儿童的模仿能力逐渐增强,预示着其认知的发展。延时模仿行为是通过编码、参照机制对行为进行记录、检索和表现。[①] 这也体现了儿童的模仿开始从外在行为向内在心理转变。20

---

① 瓦兹沃思. 皮亚杰的认知和情感发展理论[M]. 徐梦秋,沈明明译. 厦门:厦门大学出版社,1989:81.

世纪 90 年代镜像神经元的研究,为儿童模仿、认知机制提供了神经生物学的基础。总之,儿童的模仿行为是经由镜像神经元触发运动系统产生的,他们在认知活动中逐步获得"感同身受"的体验,并开始理解和揣测他人的想法。[①]

镜像神经元系统的研究也为审美研究奠定了基础。在审美活动中,表征运动和共情的镜像神经元系统被激活后,个体情感及自我和社会观照系统也随之逐渐被激活。审美体验进一步激发,创构出丰富的审美意象和动作想象,于是产生愉悦的审美情感。[②] 将自我映射产生出移情等感受,逐渐产生自我镜像。"镜子"作为一种隐喻,在艺术作品中反映了作者的情感、思想和周围的生活,传递出主旨信息,体现所述事物的本质。比如说,美国电影《黑天鹅》在镜子中展示出妮娜人格中的另一面;欧洲短片《照镜子的女人》展现了一位女士与镜子中的自己搏斗的场景,隐喻人物的自我迷失。博德里等学者也曾将观众观影与婴儿照镜子进行类比,观众最初追求的是对摄影机的认同,即从宏观视角寻求认同,再将自己无意识的欲望投射在剧中的角色上,达到自我实现目的。但是,与婴儿照镜子不同,屏幕之镜里的"他者"并不会随着自我的变化而变化,影片中的内容不受观众意识的影响,观众是被动地接受,这也是"距离感"的存在。而在游戏世界中,主体通过角色更容易将被动地接受艺术体验转化为主动的建构,在游戏世界中更容易更新自我意识,产生高峰体验。

在现实世界中,玩家的现实自我镜像,是玩家从孩提时期形成的理想自我想形象,来源于自我或者他人对个体的角色期待,受到了社会文化的制约。在虚拟世界中,主体通过对角色的移情、共情、自我投射产生一种新的虚拟镜像。主体通过角色体验了不同于现实生活中的成就感、快感、美感,在虚拟世界中建立起新的自我认知,但是虚拟镜像不完全等同于现实场域中的镜像。不过,虚拟镜像往往会对现实世界的主

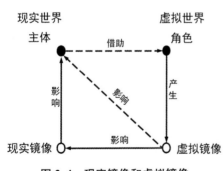

图 2.4 现实镜像和虚拟镜像
对自我认知影响

① 邱关军. 模仿心理机制研究的历史、现状与展望[J]. 心理学探新,2014,34(6):488—492.
② 胡俊. 认知、共情和审美意象——论镜像神经元对审美意象生成的作用[J]. 上海大学学报(社会科学版),2021,38(5):131—140.

体和现实自我镜像产生影响。这种影响可以是正向的促进关系,也可能是一种相互的冲突。总之,主体通过符号认同确定了角色,在主体和角色相互作用的过程中产生想象性认同的虚拟镜像,最终也将影响现实中的自我主体的建构。

三、角色认同与化身自我

数字媒介重构了主体我(I)与客体我(Me)的关系,也为自我呈现与成长创造了新的空间。在数字游戏的场域中,当现实世界的自我认知与虚拟世界的游戏角色进一步融合,玩家就可以形成新的自我意识。

玩家进入现代数字游戏场域,沉浸于光怪陆离的游戏世界中,体验着虚拟的互动,感知五彩斑斓的画面、撩动人心的音乐、紧张刺激的节奏、漂亮的游戏皮肤,还有具有挑战性的体验。在游戏中玩家集中注意力,享受着视听盛宴,体验着紧张而又愉快的情绪,分享着成功的喜悦,这时候人体的多巴胺和内啡肽的分泌都会增多,玩家更容易有一种临场感体验,尤其是当虚拟角色化身与玩家具有一定的相似性时,个体的自我知觉、内在动机、情绪体验等被最大化,以至于出现心理暂时性改变的现象。[①] 个体在游戏使用和体验的过程中,现实自我与镜像自我、第一主体性与第二主体性逐渐重合,就会达到化身认同的效果[②],玩家也会随之形成新的角色身份,见图 2.5。

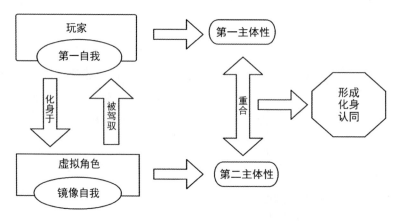

图 2.5　游戏中化身认同的产生

---

① Christoph K, Hefner Dorothée, Peter V. The Video Game Experience as "True" Identification: A Theory of Enjoyable Alterations of Players' Self-Perception[J]. Communication Theory, 2009(4): 351.
② 衡书鹏,赵换方,范翠英,等. 视频游戏虚拟化身对自我概念的影响[J]. 心理科学进展,2020, 28(5): 810—823.

正如"化身"（Avatar）一词的本意是打通了神界和人间，身体的体验也是玩家在虚拟和现实中的转化，所以游戏是有具身性的。当环境、身体、认知与心智协调统一，当玩家与角色融为一体，形成化身认同，也就是第一自我与镜像自我重合、第一主体性与第二主体性重合时，玩家会逐步将角色特质纳入自我认知图式[①]，其中身份模拟理论、自我启动效应、自我觉知理论都可以印证虚拟化身是如何对自我概念形成影响的[②]，见图2.6。身份模拟理论由学者赫尔等提出，比起在游戏中模拟现实中的某种行为、某种情绪，更强调对自我知觉和身份进行模拟，让玩家体验不同的自我。[③] 例如，在游戏《模拟城市》中，普通人可以体验当市长、青年女性可以体验当母亲等。自我启动理论指个体观察到某种现象，进而激活一些刻板印象。[④] 例如，看见游戏中角色的花白头发，就会激活玩家心中的刻板印象，像是"我已经老了"，化身变得行动缓慢。这实质是刺激对自我的启动，激活了新的图式。玩家在《荒野大镖客》中扮演西部牛仔，当看见自己飒爽英姿的牛仔着装之后就会启动内心的力量感，生发出完成挑战的欲望。自我觉知理论是另一种有影响力的解释框架，即自我观察的角

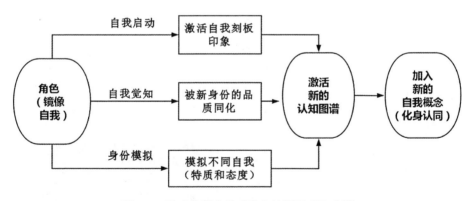

图 2.6 游戏中玩家达成化身认同的理论支撑

① Looy J V, Courtois C, MD Vocht, et al. Player Identification in Online Games：Validation of a Scale for Measuring Identification in MMOGs[J]. Media Psychology, 2010，15(2)：197 - 221.

② Igor, Dolgov, William, et al. Effects of cooperative gaming and avatar customization on subsequent spontaneous helping behavior[J]. Computers in Human Behavior, 2014，33(1)：49 - 55.

③ Hull J G, Slone L B, Meteyer K B, et al. The nonconsciousness of self-consciousness[J]. Journal of Personality ﹠ Social Psychology, 2002，83(2)：452 - 465.

④ Wegner D M, Bargh J A. Control and automaticity in social life［J］. handbook of social psychology, 1998.

度为自我知觉提供了新的解释,玩家被新的身份同化。[①] 斯坦福的著名实验中两组学生分别扮演狱警和犯人,为了确保实验的严谨,主办方不过多地进行干预。但是,逐渐"囚犯"和"狱警"都开始入戏,他们开始认同自己的身份,"狱警"变得更加暴力,"囚犯"却相当顺从。综上,比起传统的不受观众意识影响的文学、电影等艺术形式,玩家在游戏中更容易建立虚拟镜像,这里的"化身认同"影响自我身份的认知。

游戏玩家通过"交互"的玩法,更容易被游戏角色的特质与故事影响,情感体验也是极其强烈的。正如传统文学和影视等艺术领域都有道德困境的描述,但是这些问题观众不需要直面,观众也只是旁观者。动画电影《姜子牙》中姜子牙陷入了救天下苍生还是救一人的"电车困境",观众虽然感同身受,却可冷眼旁观,无须受到谴责,而在游戏中玩家却不得不参与抉择。电子游戏中有不少类似的战争、"电车困境"等严肃主题,如《纸飞机》《合金弹头》《特殊行动:一线生机》《旁观者》,见图2.7。当玩家去体验《特殊行动:一线生机》时,面临生与死的选择瞬间,互动性环境使得玩家被神秘的力量和崇高的理想震撼,切

图 2.7　严肃主题游戏中化身认同案例

注:图片源于《纸飞机》《合金弹头》《特殊行动:一线生机》《旁观者》。

---

① Bem D J . Self-perception theory. In L. Berkowitz (Ed.)[J]. Advances in Experimental Social Psychology,1972(6):1-62.

身体会到一个普通人在战争中的感受,即使不开枪,心中也有抹不去的痕迹,无论玩家扮演的是全副武装的特种兵,还是手无寸铁、被战争摧残的平民,都能感受到在战争中为了活命而无从选择的困境。即使是战争的赢家,也能体会到使用暴力之后的心理折磨、不安与迷惘。综上所述,玩家在游戏中经由角色产生化身认同,而游戏化身又会对玩家现实生活中的自我认知产生影响。

四、角色内化与理想自我

条件反射理论的代表人巴甫洛夫指出,只有不断给个体刺激才能达到行为训练的作用。在电子游戏场域中不断的声光电刺激、独特的游戏机制和奖赏模式可以达到对人的行为训练的作用。有研究表明,相较于传统的文学、传统的电影,玩家在游戏中经过角色体验、角色扮演之后,更易内化角色的特质,并且将经验向现实生活迁移,这种现象被称为遗留效应(Carryover Effect)。[①]对尚在智能发展阶段的儿童而言,游戏的遗留效应更加明显,甚至可以影响儿童的人格养成。20 世纪 80 年代,上百万儿童课堂电脑上都安装了游戏《俄勒冈之旅》,在游戏中儿童虽然不能直接学到俄勒冈历史的全貌,但是能学会制定计划、平衡奖励和冒险。

理想自我是指人们更为理想或者带有光环的自我观念。[②] 玩家将角色内化后,也会对现实生活的自我身份产生影响。如果游戏中建立的镜像自我形象和现实理想自我形象一致,那么将有助于玩家生活中的自我认知;如果两者差异过大或者截然相反,则会影响自我认知。

随着媒介形式的变迁,通过创造一个虚构的理想化的自我形象,个人能够扮演某类角色,在社会环境中表现出自己想要的样子和行为方式。这些角色可以很容易地适应他们自己的个性特征,从而演化成新的自我概念。[③] 媒介代表了一种积极的信息来源,可以不断修改和验证自我概念。[④] 公开的、合适的

① Desai S, Bladder A, Popovic V. Children's embodied intuitive interaction - Design aspects of embodiment[J]. International Journal of Child-Computer Interaction, 2019, 21(9): 89 - 103.
② 乔纳森·布朗著,自我[M]. 陈浩莺译. 北京:人民邮电出版社,2004:9,220.
③ Lemenager T, Neissner M, Sabo T, et al. "Who Am I" and "How Should I Be": a Systematic Review on Self-Concept and Avatar Identification in Gaming Disorder[J]. Current Addiction Reports, 2020, 7(2): 166 - 193.
④ Igor, Dolgov, William, et al. Effects of cooperative gaming and avatar customization on subsequent spontaneous helping behavior[J]. Computers in Human Behavior, 2014, 33(1): 49 - 55.

自我呈现行为,会积极影响人的情绪产生,如通过有选择的信息展示,可以在微博平台、朋友圈、抖音等平台积极建构理想的自我形象,并且受到点赞之后,个体可以在现实生活中增强自信力。这是"理想自我"遗留效应的体现,即媒介中美好的自我形象向生活中延伸。

以此类推,如果在游戏场域中有意识地为玩家建构理想自我形象,那么当他们体验到自我成就感时,就可以将这种美好形象向生活中延伸。如果在游戏中不能为玩家建构理想自我形象,而是建构消极的自我形象,易造成玩家自我认知混乱,则不利于他们建立积极身份,见表2.3。

表 2.3　虚拟世界中自我镜像与理想自我建构之间的关系

	虚拟镜像与现实镜像的关系	对玩家理想自我建构的影响
自我体验	相一致	有利于建构积极的理想自我形象
	不一致	易造成认知混乱,不利于建构积极的理想自我形象

游戏是基于体验互动的产品,游戏中的机制选择、关卡设计、交互叙事和环境设置虽然是多元化的,但艺术创作的本质是以文化人、以艺养心、以美塑像。游戏不能一味地为了市场利益,刻意迎合低俗、刺激性的需求,使用暴力、庸俗等元素。这会造成玩家自我认知的混乱,不利于个体建立积极的理想自我形象,更加违背了教育游戏寓教于乐的初衷。游戏作品应当遵从艺术规律,为玩家提供审美的功能,积极传播文化精髓[1],彰显艺术的魅力;让玩家实现自我,从而达到高峰体验。另外,对于学习者来说,理想自我的达成和知识体系的拓展有关。交互性让电子游戏成为非线性媒介,可以反复赏玩。在此过程中,玩家对角色的体验感逐渐减弱,而聚焦于对技能的突破和对规则的挑战。角色逐渐抽离,但是玩家能力增强,将角色功能内化,自我体验被刷新。游戏作为学习知识的手段和途径,儿童的角色期待是要成为一名好学生,最终目的也是掌握知识。游戏作为艺术表达的形式,其中传递的情感、审美体验也将内化为儿童自我意识的一部分。故角色作为游戏的重要元素,贯穿在游戏中玩

---

① 迈克尔·萨蒙德. 国际游戏设计全教程[M]. 张然,赵嫣译. 北京:中国青年出版社,2017:24.

家自我角色认同、自我身份建构的全过程。虚拟世界中玩家角色认知的过程见图 2.8。

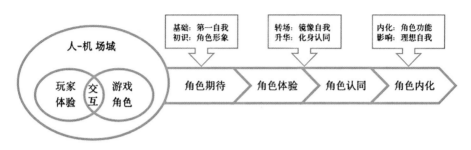

图 2.8　虚拟世界中玩家角色认知的过程

综上，在游戏中儿童全方位地通过与环境的交互、身体力行，最终达到心智与认知发展的目的。角色是儿童心中的重要审美和依恋对象。随着技术的发展，玩家借助游戏化身，与虚拟角色互动，成为虚拟世界的一部分。通过提升等级、发展剧情来完成游戏，以实现自我。数字游戏场域不等同于儿童自发建构的虚拟世界，儿童的认知方式也不完全等同于在现实生活中通过自发的角色扮演而获取认知。在数字游戏场域中，儿童通过与预设好的虚拟角色、媒介内容进行互动，从而获取认知。对于学龄前儿童来说，从自我中心到发现客体空间，无异于一场哥白尼似的革命。因此，对于创作者来说，创造怎样的角色交互，为儿童传递什么样的内容，非常关键。

第四节　追问：教育游戏对学龄前儿童身份的构建

四十几年前，当人们刚踏入媒介迅速发展的时代时，美国学者波兹曼就把自己的担忧写入了《童年的消逝》。他指出，"儿童"曾经是可有可无的，只被认为是缩小版的成人，现在"儿童"的身份是前人经过不断奋斗争取来的。媒介变革带来的信息过剩，使得性、暴力、死亡等信息不加区分地展现在儿童面前，而这些以前只是属于成人世界的秘密，可能会使儿童的美好时光逐步消逝。[①]

---

① 尼尔·波兹曼. 童年的消逝［M］. 吴燕莛译. 桂林：广西师范大学出版社，2004：17.

在 5G 技术发展、算法更新的融媒体时代,媒介从业者不能让童年消逝,而应该用高新技术和文化精髓为儿童建构学习内容,为儿童捍卫童年。

一、教育游戏中角色交互坐标系

游戏形式是多种多样的,游戏材料也是丰富多样的。在生命初始阶段,婴儿把身体作为玩具,发出各种音调、吮吸手指进行游戏;人类也会利用"风花雪月"等自然材料进行游戏,如堆雪人、玩泥巴、凫水、滑冰等。随着时代的发展,游戏材料逐渐从简单走向复杂。20 世纪中叶,人类开始步入电子游戏时代,出生在数字时代的儿童也因此找到了新的游戏场域。20 世纪 80 年代,鲍曼教授在教学中整合了视频游戏素材,教育游戏从此受到瞩目,这是以教育为根本目的,快乐为原则,技术、艺术相整合,模拟出真实场景的计算机系统软件。教育游戏将游戏的教育功能进一步凸显出来,这种教育的方式已经被普遍接受,并推动教育改革和创新。在传统的自发游戏中,儿童通过身体感知不断地同化、顺应环境信息,达到认知的平衡,最终将外部信息自发地转化为内在图式。虚拟世界将抽象信息变成具象符号,给予儿童更加强烈的声光电的刺激。在虚拟和现实交互的教育游戏中,儿童的视听感和体适能也应被调动,达到全神贯注的状态,体验到快乐的感觉,从而获得认知、获得成就感,见表 2.4。

表 2.4　教育游戏中儿童体验编码

	过　程	描　　述
环境	环境特征	虚拟交互、形象、画面、皮肤、道具、音乐、流行、机制
身体	身体体验	视听感、体适能、快乐、好奇心、全神贯注、亲子互动
心智与认知	心智与认知	乐观、美丽、助人为乐、善良、聪明、机智、勇敢
		成就感、获得感

随着技术的发展,游戏角色被赋予了更多的意义与生命力。一是动画制作技术美化了角色形象。国际市场上除了传统的传媒巨头,如美国的迪士尼、芝麻街、PBS kids、Cartoon Network 卡通频道,英国的 BBC 儿童频道 CBeebies,加拿大的 Guru Studio、9 Story 等,还有一些诸如 Magic Design Studios 的小团队工坊,都在从事幼儿动画制作工作。二是人工智能(AI)技术

丰富了角色内涵。现阶段，人工智能技术成了帮助人们解决问题的助手。AI
成了学龄前儿童游戏中的一大卖点和热门词汇，比说猿辅导的"斑马 AI 课"。
电影《失控玩家》中虚拟角色通过海量数据学习拥有了自我意识。作为数字原
住民的学龄前儿童，也逐步将"虚拟存在"内化成为合理的实体。三是混合现
实等技术拓宽了角色舞台。虚拟现实（VR）、增强现实（AR）、混合现实（MR）
技术的使用，使得在真实的环境，产生虚实相生、实时交互、多维展现的效果；
立体的图像、精彩的视频、诙谐的动画、真实的声音一并呈现，营造出深远的意
境，仿佛打通了真实世界与虚拟时空的通道。例如，VR 教育游戏《The Blu》将
参与者置身于海底世界，体验浩瀚的海洋；少儿字母学习游戏《AR Flashcards-
animal Alphabet》让动物角色"跃然纸上"[①]。虚拟现实技术和增强现实技术拓
展了角色的表演空间。元宇宙时代的到来打破了真实和虚拟的界限，"数字原
住民""α 世代"能更直观地感受到虚实相生情境[②]，角色真正成了言有尽、意无
穷的"意象"。

　　角色交互是儿童建立新身份的关键，也是儿童学龄前教育游戏的设计关
键。在教育游戏中，角色体验可以被描述为一个动态的认知建构过程。根据
前文的论述，角色交互是儿童获取新认知的方法，角色期待源于接受美学中
"期待视域"的说法，儿童根据自己的原有图式和接受框架，即对角色的前理
解，为角色体验奠定基调。角色形象和界面风格等信息作用于儿童认知结构，
使他们自发地对角色产生期待，进行想象。角色体验的过程是玩家认知上的
迭代过程，玩家通过角色交互，了解游戏中的信息和知识，正如认知发展理论
中将新知识"同化"到原有的体系中。在体验过程中，当原有的体系对新知识
不适用时，只能改变原有的体系，"顺应"新的知识。新的认知又反过来影响玩
家对角色的理解，从而产生角色认同。电子游戏是非线性媒介，当儿童多次体
验之后，先前建构完成的角色认知并未消失，而是在玩家的认知体系中固定与
内化。总之，角色交互的过程是个动态变化的过程，玩家以角色为中介不断与
游戏世界交互，深化认知。在此背景下，时间维度上的交互轨迹形成"角色期

---

①　Carlo H. Godoy Jr. . A Review of Augmented Reality Apps for an AR-Based STEM Education
　　Framework[J]. 2022：64-73.
②　何思倩，覃京燕. 从 VR/AR 到元宇宙：面向 α 世代的沉浸式儿童绘本交互设计研究[J/OL]. 图书
　　馆建设：1—14[2022-02-20]. http：//kns. cnki. net/kcms/detail/23. 1331. G2. 20220215. 1946.
　　002. html.

待—角色体验—角色认同—角色内化"的横轴;空间维度上的内化路径基于发展认知论中身体感知对儿童认知的重要作用,形成"环境—身体—心智与认知"的纵轴。儿童的整个建构过程是从环境到心灵、从期待到内化的复合过程。时间维度的交互轨迹和空间维度的内化路径,共同构成了人机交互场域中的角色交互坐标系,见图 2.9。

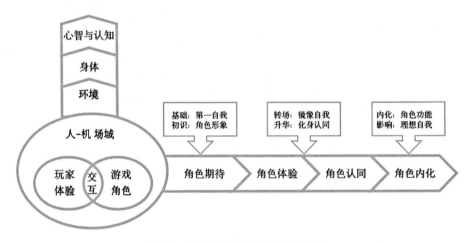

图 2.9 教育游戏中角色交互坐标系

因此,游戏交互设计过程,不仅需要通过对游戏角色形象的设计满足儿童的审美需求,还要通过赋予角色多元的功能,与儿童进行深度交互,从而使得儿童对角色移情、与角色共情、内化角色功能、内化知识,帮助儿童建构积极身份。

二、角色交互为学龄前儿童建构积极身份

新时代的儿童已经不满足于单向的信息接收,在数字化的虚拟世界中,儿童需要能够与之互动的虚拟伙伴。事实上,无论是传统游戏中的"轮流上场""交换场地""替补队员",还是生活中的"心灵点燃心灵""三人行必有我师""教学相长",都包含了辩证的"交互"思想,这里不仅是角色交互,也是思想与心灵的交互。在数字媒体时代,技术的赋能,不仅能达到情境交互,也能达到概念交互的主体性状态。

作为新时代的设计者和教育者,应该肩负起在网络空间赓续优良传统,助力强国的重任,加强对未成年人的数字关怀,探索在网络空间开展儿童教育的

新途径、新方法显得颇具价值。在虚拟世界中进行教育游戏设计应该回归育人本真。育人本真指的是教育要不忘初心，合乎规律，在尊重生命本态和追求真善美的前提下，让儿童成为积极自我的建构者，让教育在游戏中自然地发生。儿童不仅是种族、家庭生命的延续者，还是社会文化的承载者、自身社会化的承担者，要通过与外界的互动，建构自己的身份。维果斯基认为，儿童是积极的"学徒式学习者"。[①] 儿童是主动的知识探索者，学习过程实质上是平衡同化与顺应、获取知识在内心形成新的图式、自我不断建构的过程。教育部颁布的《3—6 岁儿童学习与发展指南》重视儿童的学习品质，提出要帮助儿童逐步养成积极主动、认真专注、不怕困难、敢于探究和尝试、乐于想象和创造等良好学习品质。此外，儿童还是积极的发现者、大胆的探索者、永不满足的学习者、天才的语言掌握者、卓有成就的创造者、角色扮演者等[②]，需要被社会呵护。维果斯基认为，一座高楼没有梯子，平常人是不可能上去的，因为没有飞翔的翅膀；没有支架，座座高楼不可能拔地而起。教育就是在为儿童提供支架，让儿童完成单靠自己不可能完成的任务。其实，个体刚出生就是自我成长的积

图 2.10　国内外学龄前儿童教育游戏截图和课堂应用

注：摄于南京芯未来早教机构。

---

① 黄秀兰. 维果茨基心理学思想精要[M]. 广州：广东教育出版社，2014(3)：85—106.
② 袁爱玲. 对幼儿特征、需要、角色的再认识[J]. 华南师范大学学报(社会科学版)，2002(2)：111—116.

极参与者,不断适应、探索周围环境,在学习过程中也应该是积极的建构者。"跳一跳摘果子",教育就是为儿童开发最近发展区的过程,通过导入知识、提供有难度又与能力平衡的困难,调动学习热情,激发内在潜能,从而让儿童走出自己的最近发展区,挑战下一个发展阶段。游戏应该通过机制和规则引导儿童,提供教育支架,让儿童自发探索知识。

在现实生活中,儿童的认知图式是"外部信息—角色交互—认知内化",以自发的角色交互为中介,直接将外部环境信息转化为内在图式。在虚拟世界中,认知图式是"外部信息—界面传递—角色交互—认知内化"。所以,数字教育游戏着重考量如何为儿童建构出与生活一致性的、符合原本认知的图式,以及易于同化的虚拟世界,为儿童建构积极身份;同时,为儿童提供可扮演的角色,以丰富的内容满足儿童积极发现、乐于探索、认真建构、大胆创造的需求,生成出好的内容,生发出新的知识点,达到儿童成长的目的。例如,教育游戏《朵拉爱冒险》就因为角色的强代入性和互动性受到儿童的欢迎。在这些优秀的教育游戏中,儿童能够直观地看见自己的表现,建立起自我效能感。之后,儿童在游戏体验中可以概括出自己的一些品质,比如通关之后,觉得自己"勇敢""聪明"。儿童不断追求和建构理想自我,确定未来的发展方向,从而完成了自我认同,也提高了学习效率。只有不断地为儿童建构积极身份,才能满足家长对教育游戏的三大诉求——教育成长性、审美体验性、感知易用性,更好地助力儿童成长。

本 章 小 结

本章缕析角色与儿童、角色与游戏、游戏与儿童的关系,辩证分析了在现实生活和虚拟世界中角色交互对学龄前儿童身份的影响机理,提出了教育游戏要为学龄前儿童建构积极身份。本章在全文中起到了承上启下的作用,不仅是对现状审视部分的回应,也是游戏设计策略研究的理论基础。一方面,针对深度访谈中媒介从业者、家长和教育工作者对角色认知的差异,本章以认知发展理论为出发点,分析了儿童通过角色游戏内化知识、增强自我意识的机制,同时进一步阐述了角色为何能成为儿童的审美和依恋对象。另一方面,针对现状反思部分提出的问题,逐一从理论层面给予解决方案。其一,针对市场上教育游戏中玩法交互替代角色交互的问题,本章提出需要通过角色交互来调动儿童内在动机,从而增强教育游戏的教育性。其二,针对角色审美不够重视问题,本章提出儿童在审美意识的初现期,需要为他们提供可供探索的审美素材。其三,针对角色功能不够突出、缺乏数字媒体逻辑的问题,本章指出虽然线上和线下的教育目标可能一致,途径却不完全一致。角色是身份产生的中介,应赋予其功能,为儿童建构积极身份。

本章是策略研究的理论基础,影响机理的分析过程也是教育游戏设计思路建构的过程。具体表现在:

第一,针对学龄前儿童教育游戏需求量大且精品缺乏的问题,本章指出要明确教育游戏的创作主旨。从认知发展理论等建构主义的学习理论中汲取营养,儿童游戏从来不只有娱乐功能,教育性不是游戏的副产品,而是通过建构游戏进行教育的。教育游戏也该回归育人本真,把角色交互作为调动儿童学习的动机来源,让教育在游戏中自然地发生。在传统儿童自发的游戏中,儿童的游戏过程更加有自主性、更加灵活。在现实生活中,儿童的认知图式是"外部信息—角色交互—认知内化",以自发的角色交互为中介,直接将外部环境信息转化为内在图式。在虚拟世界中,认知图式是"外部信息—界面传递—角色交互—认知内化"。所以,数字教育游戏着重考量如何为儿童建构出与生活一致性的、符合原本认知图式以及易于同化的虚拟世界。

第二,本章建构了角色交互的坐标系。在空间维度上,角色交互可将物理环境信息,通过身体转向心智与认知,整合了"环境—身体—心智与认知"的内化路径;在时间维度上,整合了"角色期待—角色体验—角色认同—角色内化"的交互轨迹,提出从"第一自我"到"镜像自我",再到"化身认同",最终塑造"理想自我"的创作路径。这也为基于角色交互的儿童教育游戏设计指明了创作思路:一是要结合儿童在互动中认知的特点,充分调动儿童的身体感官技能,为儿童创造从易于同化、易于交互,具有审美性的虚拟世界。二是将知识学习过程潜移默化地融入教育游戏的各个环节,持续维持儿童的内在动机,完成关卡任务,内化知识,实现教育目的。

接下来,研究将聚焦于设计策略的探索。

第三章

基于角色交互的教育游戏设计策略初探

第三章
基于角色交互的教育游戏设计策略初探

本章将在现状审视和机理分析的基础上,进行基于角色交互的学龄前儿童教育游戏设计策略的初探。本章将着重讨论如何将角色交互设计与游戏化设计元素进行有机组合,创造出一个符合儿童认知图式、易于同化、易于交互、具有审美性的虚拟世界,为知识有效传播打下基础。

第一节 基于角色交互的教育游戏设计框架

一、角色交互设计框架的推导过程

由前文可知,自发的学龄前儿童游戏是一个积极建构的过程,儿童在游戏中不断验证并改造原有图式,形成新的知识表征。其中儿童角色游戏的出现意味着儿童的符号双向表征能力的增长,通过在游戏中不断的输入(模仿)和输出(表演),将新知识同化或是顺应其他信息,从而使儿童达到认知平衡,进入下一个发展阶段。其中角色游戏的过程就是为儿童搭建学习支架,促进儿童认知水平、自我意识、社会化程度和人格的发展,为儿童扩大最近发展区。

传统的儿童游戏中包含了许多的符号,这些符号被移植到电子游戏中,建构出了虚拟世界。这个虚拟世界不等同于儿童思想意识中的虚拟世界,但是虚拟角色以其简化的形象、夸张的表演和生动的性格成为儿童的审美对象。所以,与角色交互可以成为连接儿童心理世界和游戏世界的重要桥梁。

在现实世界的角色游戏中,儿童通过模仿与扮演,自发地、直接地从外界

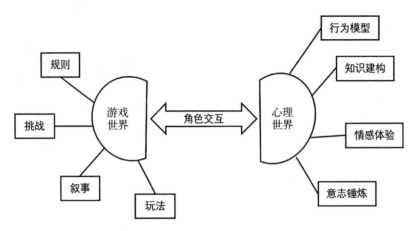

图 3.1　角色交互串联游戏和心理世界

获取信息。而在虚拟世界这种模式被打破,见图 3.2。教育游戏中的信息体系由抽象的知识和具象的符号构成,外界信息是通过界面有选择地传递给儿童的。玩家、角色、界面、知识处在四位一体的结构框架中。儿童在游戏过程不断地自我建构,将信息内化成自我的图式。此时游戏系统中积极的、建构性的、累积性的环境,为儿童提供了成长的素材,是促成认知内化的关键。所以,角色、界面和知识的传播需要围绕玩家,构建角色交互的协同体,才能强化玩家认知,促进身份认同。实际上,构建角色交互协同体需要设计有具身功能的角色和建立与角色协同的交互系统。

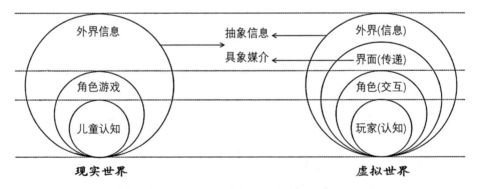

图 3.2　教育游戏中角色交互框架的推导

创造有具身功能的角色,营造玩家主体性体验。认知形成的核心是人类(儿童)凭借自己的身体功能进行"我我互动""人我互动""物我互动",形成对自我的了解、对他人的了解,并且在大脑中形成对世界的认知。这就决定了在虚拟世界中模拟出具有感官功能、能让儿童移情、与儿童共情的角色非常重要。能否创造出有具身功能的角色,不仅决定了学龄前儿童游戏玩家能否通过镜像自我或化身,以实现在虚拟世界中的存在感、主体性,并得到愉悦和满足的体验;更重要的是能够影响到儿童在虚拟世界中对认知内容学习的效果。在虚拟世界中构建出角色的具身功能,能够协同角色与虚拟世界其他元素之间的关系,实现玩家在虚拟世界中"我我互动(与化身的互动)""人我互动(与其他角色的互动)""物我互动(与知识互动)"的灵活性、真实性和深刻感。

创造与角色协同的交互系统,营造承载知识的虚拟世界。基于儿童认知理论的教育游戏开发框架中,应该注意心智与认知、身体、环境的协同统一,其中虚拟世界中的玩家化身,电脑控制的虚拟角色、界面、故事情节等不仅属于信息的输入载体,还是玩家与虚拟世界知识交互的重要路径。以学习内容为核心而创设的角色交互系统,将知识通过符号体系形式进行表征或融合呈现。提供玩家可以探索的素材,从而实现玩家对习得知识和认识情景。布伦达·劳雷尔的《人机交互与戏剧表演》强调,虚拟世界中的玩家与虚拟符号一样,都如同界面舞台上的表演[①]。玩家不应该是观众而应该是戏剧中的演员,这个观点对分析学龄前儿童的认知非常贴切。在儿童的思维里"万物有灵",他们更容易进入由符号构成的新世界,而游戏设计的目标就是让儿童进入"魔法圈"。儿童通过与虚拟角色、情境的不断交互,不断形成认同,将知识和情感内化。其实,因为学龄前儿童容易通过角色互动形成新认知,所以幼儿教育界也常用儿童戏剧的方式进行教学[②],即建构虚拟世界的、情境化的教学模式,老师、孩子是演员,教室是舞台,通过故事表演传达知识。这是师生平等的知识探索的学习模式,将原本以儿童为主体、教师为主导的现实世界里的知识教学模式传导到虚拟世界情境下。

本研究认为,教育游戏要围绕角色交互形式,实现玩家与知识体系间的信息交换。设计时要围绕玩家的认知特点塑造角色、搭建界面舞台、创设知识情

---

① 布兰达·劳雷尔. 人机交互与戏剧表演[M]. 赵利通译. 北京:机械工业出版社,2014:38—42.
② 张金梅. 我国学前儿童戏剧教育的范式分析[J]. 西北师大学报(社会科学版),2017,54(2):92—100.

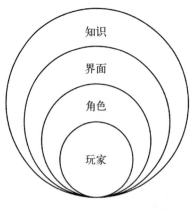

图 3.3 教育游戏中角色交互框架

境。因此,我们提取了玩家、角色、界面和知识四个教育游戏设计的关键元素,并用核心圈的结构来图示,构成了教育游戏中角色交互设计的框架,见图 3.3。

在教育游戏设计中要为儿童建构积极的自我形象,那么以目标为导向的交互设计中,就需要创造好的、适合儿童角色扮演的情境、故事和舞台,还要有教育意义的好"剧本"。综上,理想自我是在互动中建构的,建构儿童身份需要好的内容和好的形式。

二、角色交互设计框架的基本内容

角色交互的核心圈框架由内到外可以分为四个层级,即玩家、角色、界面、知识。

第一层(最内层)是玩家。玩家是指游戏的参与者,通过教育游戏进行学习的人。教育游戏的设计要以人为本,每个年龄段的儿童都有不同的认知特点,这也决定了教育游戏需要针对不同年龄段的儿童,采用不同的知识传递方式。无论是玩家代入虚拟化身,还是与虚拟角色交互,其目的都是将玩家带入"魔法圈",所以玩家位于第一层。

第二层是角色。角色是玩家与虚拟世界产生交互的重要中介,也是儿童的重要审美依恋对象。玩家在与虚拟角色互动或者代入虚拟化身角色后会产生新的自我认同,这是虚拟世界中建构理想自我的中介,所以将角色放在第二层。在教育游戏中亦可以通过人工智能算法丰富角色内涵,虚拟角色相当于戏剧中的表演者,也是知识的传播者。实现角色的功能,从而优化玩家体验。

第三层是界面。界面是玩家的思维和身体存在与虚拟世界交汇的桥梁,也是虚拟角色、玩家化身所在的物理环境。

第四层是知识。从前文所述的实证研究可以看出,教育性是家长让儿童使用教育游戏的首要动机。虚拟世界扩展了知识传播的场域,将存在于人的意识形态中的知识在虚拟环境中进行重构,知识点通过与每一个虚拟角色及界面的其他符号融合进行表征,在交互体验中传递给玩家。单个虚拟角色、单帧界面无法展示知识的全貌,需要将所有元素组合在一起,才能建构成完整的知识情境。当玩家一遍遍地与游戏角色互动后,逐渐将知识内化,这时纵使虚拟角色抽离,知识也已经在个体的大脑中形成。

儿童的认知方式是个体在宏观的环境中通过与人或物的互动,内化知识,形成认知。玩家、角色、界面和知识共同构成了角色协同系统。其实无论是从内而外分析核心圈结构,还是由外向内进行分析,此四者都是虚拟世界中的统一体。在教育游戏中传递知识是目标,创造交互是关键,只有元素间协同统一,才能达到好的教育效果。可是设计师和玩家认识角色交互核心圈结构的顺序是截然相反的。作为一个玩家,首先是接触角色,再与界面其他元素互动,沉浸于当下情境,最后在大脑中形成新的知识图式。而设计师往往有明确的设计目标,根据要传授的知识来构思故事、设计界面和角色。故研究者在后面的分析中将打通双向视角:一是从儿童视角出发,结合学龄前儿童的身心特点分析,定义设计原则;二是从设计师视角出发,以达成教育目标为归旨,探析游戏交互机制的设计,建构基于角色交互的教育游戏设计模型。

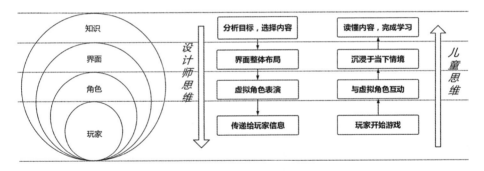

图 3.4 基于角色交互框架的设计师思维和儿童思维方式

第二节　游戏角色交互的设计基础

一、游戏设计核心元素

美国著名游戏设计师杰西·谢尔认为,游戏设计的四个最为基本的元素是机制、故事、美学和技术。① 玩家最直接的游戏体验来源于游戏系统中协调性、沉浸感和情感共鸣的美学呈现,游戏故事给玩家创造了沉浸感②,正如心流理论指出的,游戏中的明确目标、即时反馈、技能与挑战的平衡,使得玩家获得操作感与成就感,可以全神贯注地进行游戏、感觉不到时间的变化③。

凯文·韦巴赫和丹·亨特提出了游戏化设计的 DMC 模型④,将游戏化设计划分为动力、机制和组件设计。如果将三者放置于金字塔结构中,以抽象程度的高低为序排列,最为具象的游戏组件处于金字塔的底层,游戏机制处于中间,游戏动力处于金字塔的顶层。动力是游戏中虚拟世界创建的核心要素;游戏机制是指玩家与虚拟世界的互动方式,是反复执行的操作;组件是游戏元素的外在表现。每一个游戏都是动力、机制和组件紧密联系、组合而成的。

（一）游戏动力

游戏的动力是指在设计时需要考量的核心价值等宏大概念,虽然不是直接用到游戏界面中,但这些概念将直接影响到游戏的进程。游戏动力可以细分为约束、情感、叙事、进展和关系。规则给了玩家约束,但也能对其进行行为训练。游戏是基于规则的系统,游戏规则不仅有操作规则还有结构规则。操作规则规定了玩家与游戏的交互方式与原则。结构规则是在表层规则之下的游戏逻辑,如成语接龙,表层规则是轮流接龙,深层规则是定向使用语言。情感因素和游戏动机强关联,游戏情感中好奇心、幸福感可以进一步激发玩家内在动机,正向对行为进行强化。哲学家舒茨认为,游戏是人们自愿克服的生活中不必要的挑战。⑤ 游戏挑战是指在游戏中对玩家反应力、动作执行力、记忆力、想象力的强化训练与操作。游戏中玩家还有挑战的精神,要有勇气去面对难关。游戏目标(长期目标和短期目标)是游戏体验中具有最大影响力的游戏元素。调动游戏动机是教育游戏区分于普通课程的关键因素,在游戏中可以调动玩家的积累性成就动机、竞争性成就动机、探索性成就动机等。游戏将玩

① 杰西·谢尔. 游戏设计艺术[M]. 刘嘉俊等译. 北京：电子工业出版社,2016：57.
② 欧内斯特·亚当斯. 游戏设计基础[M]. 江涛译. 北京：机械工业出版社,2017：16.
③ Csikszentmihalyi M. Beyond Boredom and Anxiety [M]. San Francisco, CA：Jossey-Bass Publishers,2000：218－220.
④ 凯文·韦巴赫,丹·亨特. 游戏化思维[M]. 周逵,王晓丹译. 杭州：浙江人民出版社,2014：87—92.
⑤ Suits B, Hurka T. The Grasshopper：Games, Life and Utopia[J]. University of Toronto Press,1978：8－9.

家带入了"魔法圈",其中的人物关系、成长发展和故事情节推进,将不断强化玩家和游戏的链接。正如索尼游戏平台上的代表作《战神》系列,虽然具有电影版精致的画面,而且是多样化的动作即时交互游戏,但其核心动力还是故事发展,不仅每个系列中都有单独的故事体系,在整个系列中还体现了具有怀旧感的代际传承。

（二）游戏机制

麦克卢汉说"媒介即信息",媒介的特性比信息本身还要重要。和书籍、报纸、电影、电视一样,游戏是一种媒介,可以把信息传递给玩家。但游戏是唯一一种通过机制传播信息的媒介。虚拟世界的符号不仅是物质信号,还代表了非物质的意义,是双重表征的虚拟实体。游戏动力就是通过不同的游戏机制向玩家传播的。游戏机制是指玩家与游戏世界最主要的、反复执行的操作与互动方式,推动游戏进程和用户参与的基本流程。游戏机制包括了以下元素：挑战、机会、竞争、合作、反馈、奖励、交易、回合获胜状态、资源获取等。[①] 不同机制组合在一起可传达游戏的动力。例如,随机事件可能会激起玩家的好奇心和兴趣点,并维持玩家的参与动机。《超级马里奥》的游戏机制就是通过跳跃完成挑战。亚当斯指出,每种游戏机制里都有物理、经济、渐进、机动、社交互动等成分。机制表现的方式不完全一样,但内涵相似。美国著名设计师布兰达·罗梅罗曾说,机制是游戏的信息传递。[②] 她创作游戏《火车》是为了引发一种在其他媒介中难以产生的冲突情绪,玩家被告知要将装满了乘客的车厢转移,途中历经风险后,却发现终点是奥斯威辛集中营。这种机制传达出了令人心碎的情绪信息。

（三）游戏组件

游戏组件是动力和机制的具体形式,包括头像、点数、收集、徽章、打怪、任务、虚拟商品和排行榜等。组件属于游戏表层的视听元素,是传递游戏信息的具象化符号,暗示了一系列具体的动态事件的结果,例如,通过头像展示玩家的身份、点数、排名等游戏成果。不同类型的游戏中动力、机制和组件相结合构成了不同的游戏形式。

---

① 王治国,周红春,刘情情,等. 基于DMC金字塔结构的在线课程游戏化设计与应用——以"人格与精神障碍"在线课程为例[J]. 广东开放大学学报,2021,30(6)：12—18.
② 凯瑟琳·伊斯比斯特. 游戏情感设计[M]. 金潮译. 北京：电子工业出版社,2017：2.

综上,动力是游戏中最核心、最深层的运行规则,也是所要达成的游戏目标;居中的机制属于游戏的动态事件;处于表层的游戏组件是视听元素。但是游戏不一定要包含三个层面的所有要素,而是有选择地融合,通过元素间的巧妙配合,才能营造出审美意境。完整的游戏首先要拥有最核心的概念和运行准则,然后要有动态事件,最后以视听元素的方式呈现出来。每种核心动力可以对应不同的机制和组件。三者以不同的方式组合,构成了数字游戏世界的"魔法圈"。

二、游戏角色设计要素

角色不仅是游戏美学中的重要元素,也是重要的内容载体之一。游戏设计学者费里曼呼吁,即便是次要角色也要有完善发展的"角色弧"。角色有自己的内容矩阵和独特的弧[①],故事具有开头、中间和结尾,每个角色都有故事之外可被想象的"隐形文本"[②]。玩家对角色的操控和角色交互是多类游戏的核心内容。游戏中角色设计的思路有两种,一种是先写出世界观和剧情,再创作出角色;另一种是先设计出角色,再给其匹配世界观和剧情[③]。绝大多数的大型多人在线角色扮演游戏(MMORPG)都属于前一种创作形式,如《天涯明月刀》就是基于故事背景等创作出角色的。这些角色源自算法构建的角色定制系统,但主要问题在于角色设计是由剧情操控的,因此,玩家最终将成为故事的旁观者,难以深刻领会和体验游戏的真谛。后者是先设计出角色,再以此匹配世界观和剧情。比如,大文豪托尔斯泰在创作《安娜·卡列尼娜》时,是先有了安娜的原型,再把她放在俄国大革命的时代背景中的,这种游戏的世界观和剧情是通过角色呈现给玩家的,世界观和游戏角色是一种共生的关系。

游戏角色是虚拟世界的符号,具有能指和所指的意义。游戏角色不仅需要独特的形象,还需要有人格逻辑。西方人格研究中最具代表性的是人格特质理论和人格五大因素模型,这也经常被运用在角色设计之中。游戏角色设计的核心是以符号拟人,让每个虚拟生命体有面孔与性格特质。根据不同的情境主题和功能需求,赋予角色思维与行为方式。艺术需要模仿自然,但不能

---

① 弗里曼. 游戏情感设计[M]. 邱仲潘译. 北京:北京希望电子出版社,2005:34.
② 弗里曼. 游戏情感设计[M]. 邱仲潘译. 北京:北京希望电子出版社,2005:81.
③ 姚晓光,田少煦,梁冰,等. 游戏设计概论[M]. 北京:清华大学出版社,2018:120.

一味地刻画其表象,而是将艺术家的精神、理想、情绪、感觉和意志融入作品的内在,使得艺术品具有精神内涵。只有这样,虚拟角色才能够引起玩家心中的共鸣,化为意象,产生心灵之间的碰撞。富有人格特征的虚拟角色是特定个体的镜像呈现,能让人获得更深刻的审美体悟,达到人性高度上的共鸣。

亚里士多德认为戏剧的对象(被模仿的东西)是行动而不是人。角色不仅是角色,还可以被定义为一系列特征、倾向和选择,它们合在一起就形成了一致的行为者。[①] 在数字虚拟世界中,角色可以根据程序或者交互者的输入来发起或执行行动。类似于戏剧角色,他们由一系列的特点或者某些方式行动的倾向构成。好的角色具有完善的功能,能够完成他想要的思想,执行合适的行动,接近现实,他的思想、特征和行动之间存在因果关系,在整个行动期间都是一致的。构成角色的元素必须是在思想层面存在,从而也可以得出,这些元素也必须存在于语言和表演层面。[②] 角色之所以存在,是因为需要他们来表现行动。每个行动是由一系列小动作组成的。角色是连接游戏动力、机制和组件的重要元素。

(一) 游戏动力与角色规范设计

动力是游戏设计中极为重要的部分,游戏作为一种新的媒介方式,是通过有目的的建构与玩家之间的互动来传递信息的。游戏动力设计能激发游戏的动机,也是游戏想要表达的关键信息所在。虽然玩法性游戏和叙事性游戏的形式不尽相同,但都是为了玩家成长——某种技能的获取或者内心情感的丰盈。而游戏的形式是由游戏的动力决定的。

角色的交互设计要紧扣动力。角色由思想、语言、表演、形象等组成,游戏动力包括情感、好奇心等。情感是通过角色传递给玩家的,角色能够调动玩家的好奇心。角色的行动来源于其思想元素,包括情感、认知、理智和意图。游戏中的玩家通过角色的选择和行动推断其思想,提供推动情节的动力,从而产生思想上的交流。数字游戏中的角色是虚拟的生命体,角色在虚拟世界里要遵守一定的规范,即角色规范。角色规范就是指个体或群体在角色游戏中必须遵守的行为规范和行为准则。显然,在游戏设计中要进行角色规范的设计,

---

① 布兰达·劳雷尔. 人机交互与戏剧表演[M]. 赵利通译. 北京:机械工业出版社,2014:49.
② 布兰达·劳雷尔. 人机交互与戏剧表演[M]. 赵利通译. 北京:机械工业出版社,2014:47,50—51.

通过玩家的主观认同和游戏机制的客观约束，使得角色的行为准则能够基本确立。

角色的规范设计与游戏目标、行为、规则、叙事等有关。好的故事和情感，能够让玩家意识到这是某个不同于现实生活的第二真实或者完全非真实的世界，但是依然认可这个世界的存在并遵循其中的规则，玩家借由角色的符号进行交互，获得社会参与感，在社会互动中实现自我。

（二）游戏机制与角色思维设计

角色交互设计也与游戏机制紧密联系，丰富并不断推进游戏的背景故事，让玩家与角色相互联系、共同游戏——这些功能的实现让玩家无论在情感上还是在思维认知上都沉浸于游戏世界之中。不同的游戏机制也决定了角色交互设计的方向。游戏的机制有很多，其中典型的机制有挑战、机会、竞争、合作等。《魔兽世界》等竞技类的多人角色扮演游戏，其核心机制是"竞争"，所以需要设计具有不同技能的角色，让玩家通过参与不同的阵营，进行对抗；《我的世界》等模拟类的游戏，其核心机制是"资源获取"，玩家角色可以选择竞争，但更多的是不同角色之间的互动体验。2020年，中国传媒大学的毕业生在《我的世界》通过虚拟化身以合作的机制搭建虚拟校园，实现"云返校"，共同庆祝毕业。不同的游戏机制模式决定了不同的角色思维模式。

角色思维指的是个体在扮演过程中，为了履行自己的权利、义务和职责，从而达到角色扮演的目的，而采取的思维方式和行动准则。角色思维方式引导玩家根据期待完成角色任务。游戏中角色思维路径是有相应的标准和规则的，游戏通过规范标准来约束玩家行为，指引玩家掌控游戏进程，确定自身的发展方向。不同的游戏机制下会产生出不同的角色思维：《魔兽世界》中角色思维是"竞争"，《我的世界》中角色思维是"合作"，《模拟城市》中角色思维是"交易"。玩家的角色思维是靠自己与游戏机制交互、实践和摸索而逐渐形成体系的。儿童参与教育游戏时，在科学的、规律的训练和指导下能够形成合理的角色思维习惯和路径。如在挑战机制的游戏中，随着游戏难度的提升，游戏反复的强化，玩家就会形成"调整体验—获得资源—升级"的成长路径，同时形成认识问题的核心逻辑。

（三）游戏组件与角色行为设计

游戏角色同样与头像、点数、收集、徽章、打怪、任务、虚拟商品和排行榜等组件密切相关。任务是角色的使命，收集、打怪等是角色的行为，点数、徽章、排行榜是角色行为的外化,头像是玩家的身份象征。很多情况下玩家的头像呈现为游戏角色形象,而游戏中经由角色产生的化身认同,又对玩家行为产生新的影响。小说读者通过自发地沉浸于故事而体验到社会互动,那么在游戏中玩家可以直接地参与到这个类似的互动之中。在游戏中,玩家可以定制化身,例如选择头发颜色,定制加强了玩家和化身之间的联系[1],增加了他们对化身的认同[2]。身份认同可以发生在认知、动机、移情和内化等过程中。不同人的创造或选择具有不同目标的化身。化身认同增加了内在动机,也可能与玩家的享受和表现有关。[3] 游戏通过化身头像、点数增加、收集徽章等,强化了角色行为。

　　综上可见,角色交互设计与游戏其他元素之间有密切关系,角色交互是串联游戏的动力、机制和组件的红线。同时,游戏本身也影响着完整的角色交互,其核心就是通过角色与玩家、与界面、与内容的交互为玩家呈现出完整的、易于理解的虚拟世界,最终形成以玩家为主体、以角色为主导、共享理解的心灵交互模式,从而达到教育功能。

第三节　学龄前儿童教育游戏中角色交互原则

　　据上文可知,游戏是通过不同的机制和玩家进行信息交换的媒介,拟人化的角色是儿童的重要审美对象。因此,在教育游戏设计中要围绕儿童的认知发展特点,将角色交互作为现实与虚拟世界中交互的切入点,通过塑造合适的角色以及角色系统,共同为儿童创造出易于同化和交互的虚拟世界,从而更好地传播知识。为此,在设计中要遵守以下四条原则。

① Ducheneaut, N., Wen, M. H., Yee, N., and Wadley, G. "Body and mind. In Chi 2009 - digital life, new world: conference proceedings and extended abstracts," in Proceedings of the 27th Annual CHI Conference on Human Factors in Computing Systems (Boston, MA: ACM Press), 2009: 1151 - 1160.

② Igor, Dolgov, William, et al. Effects of cooperative gaming and avatar customization on subsequent spontaneous helping behavior[J]. Computers in Human Behavior, 2014, 33(1): 49 - 55.

③ Max Valentin Birk, Regan Lee Mandryk. Improving the Efficacy of Cognitive Training for Digital Mental Health Interventions Through Avatar Customization: Crowdsourced Quasi-Experimental Study[J]. Journal of medical Internet research, 2019, Vol. 21(1): e10133.

一、以玩家为中心的原则

（一）角色行为：学习与游戏的相融合

布朗芬布伦纳将儿童的生存环境比喻为类似于"俄罗斯套娃"式的嵌套结构。家庭、学校和邻里、社会环境分别构成了生存的微观、中观和宏观系统。在这个综合场域中的儿童通过"我我互动""物我互动""人我互动"获取经验，不断建构自己的身份，形成人生观和价值观。有学者认为，儿童内心的自我是多元一体的，也是在互动中充满变化的。[①] 认知主义学派将传统的角色游戏誉为幼儿发展的游戏高峰。在角色游戏中儿童自己既是导演、演员，也是观众。游戏有再创造的特性，儿童在学习和探究性的活动中不断地建构自己的认知图式，在游戏中调动身体技能，将学习、练习、操作的过程不断重复直到掌握。教育理论界普遍认为游戏活动是有意义的学习过程。

对学龄前儿童来说，在游戏中自发的探索是获取知识、技能的主要方式。而在数字化世界中，游戏过程也应该是儿童接受教育的过程。游戏不是在教育之外，而是教育的组成部分，虚拟角色和玩家角色的行为也都是与教育相融合的，向儿童传播知识的同时需要有游戏的乐趣。头像、贴纸、徽章、排行榜等游戏组件为儿童的教育过程传递正向的情绪，使个体因为追求愉悦而产生适度的紧张和焦虑感。

此外，教育游戏中的角色行为也要符合儿童的认知发展水平。目前市场上学龄前儿童教育游戏中出现了不少小学的教学内容，如果过早进行高难度的教学会造成儿童的认知负荷，使儿童丧失学习兴趣，违背儿童的认知规律。教育部的《3—6岁儿童学习与发展指南》中对儿童感知和理解数、量和数量关系的能力有相应的建议：小班儿童能手口一致地点数5个以内物体；中班儿童能通过数数比较两组物体的多少，能通过实际操作理解数与数之间的关系；大班儿童通过实物操作或其他方法进行10以内的加减运算。儿童的认知发展从来不是简单的"刺激—反应"的条件反射。只有符合儿童认知水平的角色行为才能促进儿童的发展。

---

① 张玉敏. 幼儿游戏机制研究[D]. 南京师范大学，2014：88.

（二）角色思维：成人思维和儿童思维相融合

游戏的机制培养着角色思维。一方面，虚拟世界的角色按照游戏机制进行行动，而儿童根据游戏机制进行思考、参与活动。玩家处于游戏结构核心主体地位。学龄前儿童处于感知运动与具体运算阶段之间的前运算阶段，儿童的思维方式正在逐步、缓慢地从感性向理性过渡。儿童的思维方式是仿逻辑思维、拟成人的思维的，会想象出他们希望的虚拟世界。[①] 另一方面，教育游戏的设计者是成人，自然会用成人的眼光看待儿童的问题。设计者需要潜移默化地将知识传递给儿童，而绝不能简单、野蛮地用成人思维代替儿童思维。他们需要通过移情与代入、想象和直觉等方式进行创作，亲近儿童、观察儿童，满足儿童的幻想和愿望，从而让儿童获得主体性的体验。传统文学中的"夫童心者，真心也"也能从侧面说明，人之初阶段的生命体验弥足珍贵。但是，为儿童创造的虚拟世界也不只是凭空捏造的幻想，还需要成人理性的知识作为支撑，让儿童在玩中学，将虚拟和真实连接。因此，为儿童创设的角色更需要将人文情怀与儿童主体相结合，使之实现良性的互动。虚拟世界的角色思维是成人思维和儿童思维的融合，富有童趣却不丧失理性。

数字游戏中的角色思维与游戏的机制相关联，机制包括挑战、竞争和合作等。在儿童自发的游戏中追求的是沉浸感，他们因地制宜地开展游戏，不喜欢强烈的对抗与挑战，更多追求的是自然的快乐。游戏行为可以促进自我意识、自我管理与反思、社会意识和维持人际关系等社会情感的发展。正是由于在游戏中反复的虚拟强化、建立秩序、容纳新异等促进了儿童认知的发展。当然对儿童来说，并不存在绝对的反复与重复的行为，重复是玩家自控的小幅进展[②]，以此促进儿童的成长认知。儿童游戏中的角色思维追求的是"低频度、小幅度"的思考方式，所以确定了游戏中"低频度、小幅度"的渐进机制。

（三）角色规范：教育游戏与传统游戏相融合

数字教育游戏伴随着新兴科技的产生和改进，是游戏与教育融合的产物，是传统游戏和数字技术的融合。儿童自发游戏的过程是感知觉相互统合，以

---

① 方明星. 对话与融合——动画艺术成人思维与儿童思维的对接研究[D]. 浙江大学，2012：95—101.

② 张玉敏. 幼儿游戏机制研究[D]. 南京师范大学，2014：94.

个人生活为中心,服务于生活的。过程是自然的、因地制宜的,具有建构性的。不同于强烈的竞技游戏,自发的游戏只是具有一定范围内的张力。数字游戏作为新兴的游戏形式,需要调动儿童的自我图式和自发性。其一,要避免隔离的、感知觉分裂的形式,追求游戏中感知觉的统一;其二,要避免缺乏人文关怀的一般普适性游戏;其三,要避免封闭性,而需要结合自然、结合生活的设计,避免强烈的对抗征服,避免强劲张力;其四,要避免只重视结果而不重视过程,使得儿童的操作受到技术限制,要追求建构性的游戏过程。传统游戏特征与数字游戏设计启示见表3.1。

表 3.1 传统游戏特征与数字游戏设计启示

传统游戏特征		数字游戏设计启示	
整体性	感知觉统合	避免隔离性	避免感知觉分裂
个人化	个人生活中轴 服务于个人生活	避免一般性	避免一般普适设计
生活化	自然 因地制宜的 共生博弈 一定范围内的张力	避免封闭化	结合自然的设计 结合生活的设计 避免强烈的对抗征服 避免强劲张力
自主建构	过程 建构	避免依从性	避免只重视结果 避免只重视接受

数字游戏中的角色具有虚拟生命的存在实体,虚拟角色与玩家交互,需要遵守虚拟世界中的角色规范。通过主观认同和客观约束,在角色观念和角色规范的共同作用下角色行为准则便能够基本确立。游戏中的角色规范源于约束、情感、叙事、进展、关系等。而如何达成约束、传递何种情感、怎样进行叙事等,教育游戏需要以儿童为中心进行设计,并从传统的游戏中汲取经验。数字化的教育游戏设计一定要从传统游戏的核心特质出发,实现感觉和知觉的统一。教育游戏应该是以生活为中轴的注重过程、建构性的游戏,而不是身心隔离的、远距离的被动接受的游戏。数字教育游戏的反馈机制不应该完全是高强度、强刺激的,儿童在参与游戏时会有大量的重复动作和过程。教育游戏活动要超越死记硬背的内容,给儿童提供在数字环境下进行有意义学习的机会。故教育游戏需要使角色的故事因地制宜、叙事生活化;角色情感真挚,角色关

系富有人文情感、个体关怀等;游戏过程中要尽可能地调动儿童进行自主建构。

另外,教育游戏的操作要符合儿童的身心特点。学龄前阶段是儿童各方面能力的高速发展期,儿童大脑的成熟度已发展到成人的80%。[①] 儿童在3—4岁时不断增强色彩辨别能力,不同性别的学龄前儿童对颜色的喜爱不存在明显差异。[②] 儿童3—6岁时听觉功能逐渐稳定。但儿童的注意力维持时间短,仅5—15分钟。儿童大肌肉已有所发展,小肌肉群发育晚于大肌肉,所以儿童在学龄前难以完成流畅书写和使用筷子等精细的动作。相比而言,学龄前儿童的触觉发育相对完全,可以感受出不同物体的机理。儿童在3岁之后,语言词汇量迅速增加。因此,在教育游戏设计中要做到以下几点。其一,考虑到儿童视力和注意力的问题,内容简练易懂,尽量让儿童在10分钟左右完成单次学习,规避家长的"感知风险性"。其二,儿童触觉发育完善,但是精细动作发育一般,所以要简化交互难度,提升"感知易用性"。其三,儿童大动作、听觉、言语能力发展完善,可以较多地运用语音交互、体感交互等多模态的交互模式。其四,尽可能用图标代替文字。其五,注意从传统游戏中汲取营养,避免感知觉分裂,避免一般普适设计,而采用结合自然的设计、结合生活的设计,避免强烈的对抗征服,避免强劲张力,避免只重视结果,避免只重视接受等。学龄前儿童生理发展特征及教育游戏设计需求见图3.5。

二、玩家—角色交互的一致性原则

教育游戏中角色具有视觉语言中心的主体地位和叙事载体功能。教育游戏中的角色分为两种:一种是玩家的角色化身,即通过建立玩家在虚拟世界中的具象符号,让他们感知自己的存在;另一种是非玩家控制的虚拟角色(NPC),在一些研究中也被称为"虚拟人""虚拟助手"等,在人工智能范畴内被称为智能体,即Agent。玩家和游戏角色,共同建构了人机交互的社会体系,两者之间的关系就如同用数字媒介技术链接的两条缠绕着的螺旋线[③],见图3.6。

---

① 王萍. 学前儿童保育学[M]. 北京:清华大学出版社,2015:5.
② 赵丽. 学前儿童阶式视觉思维培养的策略研究[J]. 上海教育科研,2012(2):94—96.
③ 周曦,黄心渊. 学龄前儿童教育游戏角色的交互设计[J]. 包装工程,2022,43(6):9.

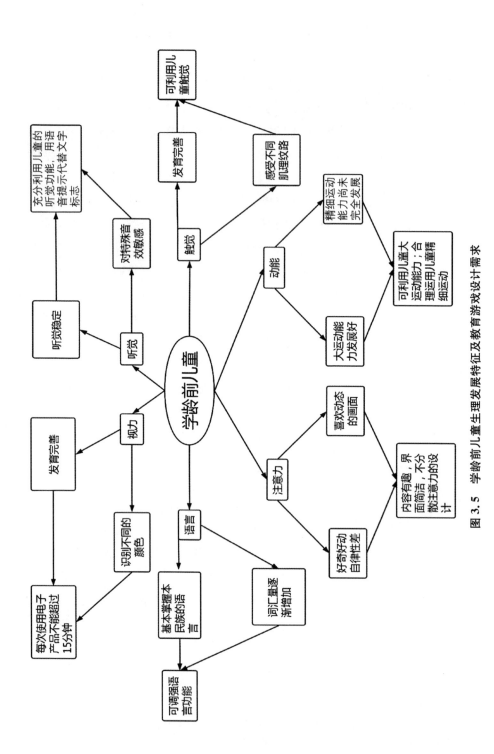

图 3.5 学龄前儿童生理发展特征及教育游戏设计需求

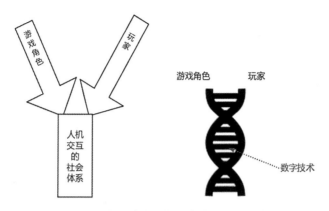

图 3.6　玩家和游戏角色构成的人机交互体系

在传统的游戏活动中儿童的学习行为不断地生发、生长与生成。传统游戏为儿童建构了"我我互动""人我互动""我我互动"的知识场,儿童自发地将新信息与原有图式联系起来,将新知识纳入旧图式,也不断地调整、变化原有图式,自然而然地达成新图式,从而丰富或重构原有的认知结构。虚拟世界中,角色与玩家的交互要以儿童原本的自我图式为出发点,给玩家创造出与生活具有一致性的自我图式,让玩家愿意进入新的知识场。

因此,游戏角色的交互设计要满足一致性原则:虚拟角色真实,真实角色虚拟。这意味着玩家融入虚拟世界,而游戏角色给玩家提供真实感,自发地对角色进行移情,将角色信息内化。同时,这也意味着游戏角色要创造与儿童生活一致性的自我镜像,引导儿童建立理想的自我形象。总体来说,角色的交互设计需要考虑到角色的形象、身份人格、技术功能等方面。

（一）突出玩家虚拟身份的化身设计

教育心理学家认为,个人认知表现形式一般分为场依存型和场独立型两种,见表 3.2。儿童属于场依存型认知方式[①],也就是说儿童的认知方式依赖于周围的感知场景,易受当时场景的影响,并通过这种方式获取社会性技能。于是,教育游戏的人机交互设计就是构造一个虚拟世界,在虚拟世界中为儿童建立角色身份并融入其中尤为关键。研究显示,角色认同程度也被证明与教育游戏中学习效果和愉快体验等呈正相关。

---

① 邱学青. 学前儿童游戏［M］. 南京:江苏教育出版社,2008:117.

表 3.2　个体认知方式

---

1. 场依存型个体主要行为特征
① 依赖于周围的感知场景。
② 倾向于对环境作出整体把握，易受当时场景的影响。
③ 相信权威。
④ 把周围人的脸部表情作为一种信息来源。
⑤ 对人有兴趣。
⑥ 与相互交往的人有密切的关系。
⑦ 对他人很敏感，并通过这种方式获取社会性技能。
⑧ 喜欢与人打交道的职业。

---

2. 场独立型个体主要行为特征
① 在感知物体时，能把物体从场景中区分出来。
② 能解决在不同场景中出现的同一问题和稍作改变的问题。
③ 不服从权威，有自己的评判标准和价值观。
④ 对事情积极努力。
⑤ 冷淡、疏远。
⑥ 不合群，有较好的分析能力。
⑦ 喜欢自己能独立工作的职业。

　　好的交互体验设计取决于用户是如何呈现自己的[1]，皮亚杰提出，儿童是以自我为中心的，很难从别人的角度看世界[2]。相比成人玩家，学龄前儿童难以在游戏中建立自身的虚拟身份。[3] 在虚拟世界中要设计出能够呈现儿童存在感的玩家角色，可以运用以下几种方式。其一是创造玩家的"身体延伸"，在界面上显示"手型图"，即"角色符号"是我的延伸，与我一体。例如，教育游戏《布布识字》采用"手型图"的呈现方式，让儿童能更直观地观察学习写字的过程。其二是在场感认同，用前置摄像头显示儿童镜像，达成"我"就是虚拟世界中一员的认同。例如，《斑马英语》使用模拟课堂形式，镜像呈现儿童表现。其三是相似性认同，即化身与"我"相似。例如，在 Toca Boca 公司开发的《托卡生活世界》中预设了上百个各具特色的虚拟化身，儿童可以根据自己的性别、身高、肤色和发色等选择与自己相近的虚拟化身，见图 3.7。

---

① Mar Gonzalez-Franco；Anthony Steed；Steve Hoogendyk；Eyal Ofek. Using Facial Animation to Increase the Enfacement Illusion and Avatar Self-Identification［J］. IEEE Transactions on Visualization and Computer Graphics，2020，Vol. 26(5)：2023 - 2029.
② BACIGALUPA C. The Use of Video Games by Kindergartners in a Family Child Care Setting［J］. Early Childhood Education Journal，2005，33(1)：25 - 30.
③ 赵芝眉. 虚拟角色在智慧学习中的交互设计研究［D］. 中国传媒大学，2019：109.

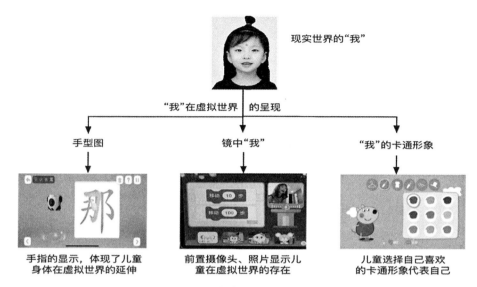

图 3.7　玩家在虚拟世界中呈现方式

媒介是人的延伸,儿童需要看见更直观的身体的延伸。如"手型图""镜中我""我的化身"等更直观的交互设计,才能将儿童带进知识世界,让他们感受身体由现实空间转移到虚拟空间的"具身感"。手机和平板电脑看似是平面,但界面的交互性能够使儿童实现不同维度的角色体验,感受到化身升级的成就感。在游戏中,儿童通过点击、轻滑、拖拽、长按、翻页等操作,仿佛实现了对界面符号的立体操作[①],这可以进一步激发儿童对知识的探索欲。

(二) 彰显真实感的虚拟角色设计

教育游戏中虚拟角色的设计,就是要根据游戏目标,从现实到虚拟创设一个有具象表征,也有人格的虚拟生命体。彰显真实感的虚拟角色可以拉近和玩家的距离,这不仅要求虚拟角色有真实逼真的形象人格,还要求其契合儿童心理的虚拟角色,并且人格特质层面表现的是角色的行为逻辑、合理化的行为指南,从而形成有真实感的、可与之交流的学习伙伴。

1. 以形象个性形成角色的外在表现

角色形象决定了儿童对整个游戏的审美期待,设计师塑造的角色形象应符合儿童的审美体验。每个年龄段儿童的审美期待各不相同,喜欢的角色形

---

① 高春颖,王福兴,童钰,等."触电"时代的儿童:触屏媒体与幼儿发展[J].心理发展与教育,2020,36(4):502—512.

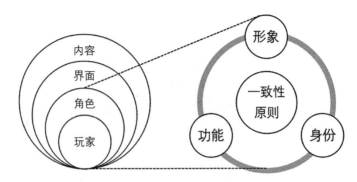

图 3.8　玩家—角色交互的一致性原则和创作要点

象也不尽相同。美国游戏有严格的 ESRB 分级制度[①]，其中 EC 级（Early Childhood）适用于幼儿（3 岁以上）；E 级（Everyone）适用于所有人；E10＋级（Everyone 10＋）适用于 10 岁以上人群；T 级（Teen）适用于青少年。儿童教育游戏针对不同年龄段使用了不同类型的角色形象。例如，为 4—7 岁儿童设计的教育游戏《PBS Kids Games》，使用动物形象作为玩家化身，勾勒线条较为简单；为小学生设计的教育游戏《Primary School》，选择是较写实的卡通化身；为 12 岁左右女孩设计的游戏《波利口袋》选择了女性角色形象；E 级教育游戏《Funbrain》，为所有人设计，干脆放弃了角色设计直接进入知识游戏环节。不同教育游戏中的角色形象详见图 3.9。

　　根据笔者在幼儿园的观察、引谈以及对家长的问卷，了解到学龄前儿童的对角色审美偏好为：

　　① 最喜欢的虚拟角色类型是动物角色，之后依次是植物角色、人类角色和其他。引谈中大部分儿童表示更喜欢与自己属相一样的动物角色或是生活中常见的动物；只有 38.2％的学龄前儿童偏向于在教育游戏中继续跟着真人老师学习。

　　② 儿童喜欢的角色形象与画面风格（2D、3D、定格等）无太大关联，60％的儿童喜欢线条圆润的角色。

　　③ 儿童注重角色的细节，能清楚地区分《熊出没》的熊大和熊二、《宝宝巴士》的奇奇和妙妙。

　　④ 调研中提供了 3 幅图片，让儿童判断角色的善良程度，见图 3.10。其

---

① 叶壮. 边游戏边成长：科学管理，让电子游戏为孩子助力[M]. 北京：机械工业出版社，2020：130.

《PBS KIDS》为4—7岁儿童设计的教育游戏

《Primay Games》为小学生设计的教育游戏

《波利口袋》为12岁左右女孩设计的教育游戏

《Funbrain》为所有人设计的教育游戏

图 3.9　不同年龄段儿童教育游戏界面和角色形象比较

中图 a 的动画角色取自《Happy Tree Friends》系列,小兔子看起来很乖,但很调皮、残酷血腥。图 b 是《钟楼怪人》中的加西莫多,很丑却很善良。图 c 为《怪物史瑞克》中的史瑞克,长得奇怪但很善良。在调研过程中 92％的儿童觉得图片 a 善良、80％的儿童觉得图片 b 邪恶。不同于动画电影的叙事铺垫,儿童每日接触教育游戏的时间有限,因此角色必须外形和内心性格一致,使得个性一目了然。

a　　　　　　　　　b　　　　　　　　　c

图 3.10　调研的图片

2. 以身份人格涵养角色的内在品质

在游戏世界中角色的表演是由算法生成的,角色不光是视觉符号,虽不是真人演员表演,但是在创作的过程中需要加入更多的人格化因素。文学中有拟人化描述,在艺术设计领域也有人格化的设计,其理论依据在于通过心理学统计手段获取用户行为背后的心理情结,再根据使用场景和主题功能,在艺术作品中加入个性特质、性格等,能与用户共情,让玩家获得更深刻的审美体悟,达到玩家与角色情感之间的共鸣。

根据前期对学龄前儿童的观察与引谈可见,尽管儿童喜欢不同的角色,但是对角色展现出的勇敢、善良、聪明、乐于助人的品质最为看重,见图 3.11-1 和图 3.11-2。事实上,角色是由一系列特征选择、组合而形成的一致性的行为者①,应该被赋予具有内涵的品质。

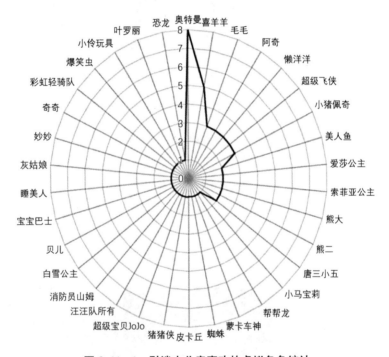

图 3.11-1 引谈中儿童喜欢的虚拟角色统计

(1) 塑造角色的共同特质

人类的精神往往从最简单的元素出发,经历复杂的过程,最后生产出文化产品,是从内在走向外显的过程。学龄前儿童的思维方式比较接近于人类原始思维模式,原始思维是一种二元对立的思维模式,如善与恶、勤劳与懒惰、勇

① 布兰达·劳雷尔. 人机交互与戏剧表演[M]. 赵利通译. 北京:机械工业出版社,2014:57.

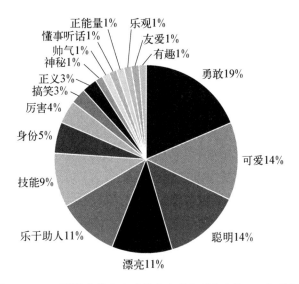

图 3.11－2　引谈中儿童喜欢的角色特征分析(基于词频分析)

敢与懦弱等,这样的思维模式并不一定是最准确的,但是最适合学龄前儿童进行基础认知的,方便儿童建立最基础的人生观和价值观,如《三字经》开篇的"人之初,性本善"、中国传统文化故事中的《孔融让梨》《精卫填海》、《伊索寓言》中的《狼来了》《偷东西的小孩与他的母亲》等都是向儿童灌输最朴素的价值观。难懂、枯燥的抽象概念,需要通过直观的角色形象来表达。

　　教育游戏的目的是促进儿童更好地学习,所以按照大五人格理论,虚拟角色应该表现出积极的人格特质。儿童群体想象力丰富、好奇心和进取心强,学习知识的欲望强烈,并且希望通过新的学习形式学到知识。游戏角色身份决定了其与玩家的互动方式。社会对儿童的期待是通过游戏锻炼儿童的能力,社会对虚拟角色的期待是通过既定的程序完成与玩家的沟通。这种沟通有时像教育者与学习者之间的沟通,用于传递知识;有时像好朋友之间的沟通,在一起探险的过程中让学龄前儿童得到更好的关照。同时,游戏还需要通过机制设计,实现对儿童学习过程的监督。虚拟角色可以让玩家变成更好的人。[①]在学龄前儿童教育游戏中的虚拟角色能够成为儿童的良师益友,从而保证儿童的情绪和个性健康发展。在根据社会期待创设虚拟角色人格时,要考虑到他们在虚拟世界的角色身份,如传授者、叙述者、交流者、监督者等。虚拟角色的共性

---

① 弗里曼. 游戏情感设计[M]. 邱仲潘译. 北京:北京希望电子出版社,2005:94.

特质是需要增强外倾性、宜人性、经验开放性、尽责性,降低情绪不稳定性。

（2）塑造角色的个性特质

根据奥尔波特的理论,人不仅有共同特性还有个性特质,个人特质可分为首要特质、中心特质和次要特质三种。

① 首要特质处在核心地位,指向人格的发展方向,不容易随着年龄和环境而改变,对个体的行为、思想和价值观影响重大。

② 中心特质由首要特质而衍生出,一般由5—10种相互支撑、联系的特质构成。

③ 次要特质最能反映人的个性,其虽然对个体人格形成的影响作用不大,但是决定了个体给外界的印象。例如,孙悟空的首要特质就是抗争精神;中心特质有嫉恶如仇、勇敢正义、不畏强权、执着负责、吃苦精神等;次要特质是有童趣的性格,孙悟空看见人参果非常激动,一下吃了很多,到了花果山水帘洞自称美猴王、齐天大圣。

在创设角色的人格时要根据学龄前儿童家庭对角色的不同期待,设计角色的首要特质、中心特质和次要特质,让虚拟角色真正变成一个有生命的个体。同样是厨房认知类教育游戏,《托卡厨房怪兽》之所以比《奇妙甜品站》更受儿童的欢迎,是因为前者设置了两个小怪兽的角色,俏皮可爱,会对儿童投喂的食品做出不同的反馈,有时大喜过望、喜笑颜开,有时伸舌头、撇嘴巴表示不喜欢,这些角色的次要特质是充满童趣,如同现实生活中的儿童,容易与儿童产生情感的链接。由此可见,通过赋予游戏角色的共同特质和个性特征,可以使游戏角色获得独特的人格品质。

3. 以功能模块构造角色的技术逻辑

游戏角色需要通过既定的程序、多种多样的交互方式来完成与玩家角色的互动,从而促进学习效果的提升。儿童属于场依存型认知的思维模式,社交存在感能够促进个体知识内化。所以,儿童在虚拟世界中的存在感需要在与游戏角色的互动中实现,游戏角色与玩家的交互中需要注重的是信息传递、情感交流。这里的交互通常有以下的步骤:其一,儿童通过感知到游戏逻辑,感受到自己是虚拟世界的一员,和其他游戏角色具有共同存在意识;其二,儿童通过虚拟世界的内容组织与重构,体验到自己被感知;其三,儿童进一步产生认知热情,与其他虚拟角色产生情感共鸣;其四,儿童在教育游戏中感知到系统反馈;其五,儿童完成学习行为。

就像戏剧演出中演员按照剧本进行表演,在虚拟世界中电脑控制的角色按照程序进行演出。若对玩家与虚拟角色的交互过程进行结构化的考量,放入角色坐标系,那么横轴是儿童角色认知的过程,纵轴是环境、身体、心智与认知的维度,两者共同建构了坐标体系。心智与认知、身体、环境的分别对应着教育目标分析、儿童身体特点分析和数字游戏特性分析(游戏机制和技术分析)等层级化的考量;横轴上角色期待、角色体验、角色认同和角色内化阶段,分别对应着需求分析、角色功能和游戏目标的模块化功能性的考量,见图 3.12。

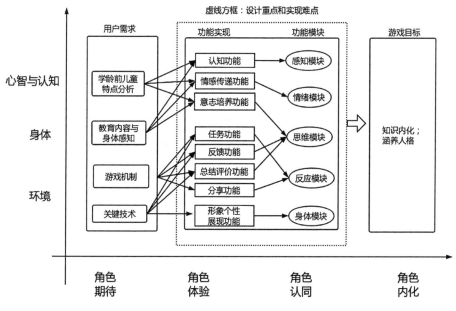

图 3.12 虚拟角色的交互功能设计重点

角色期待决定了角色功能的设置,角色功能实现也是认同产生的关键。根据学龄前儿童的发展特点,儿童认知的增长、情感的发展和意志的培养,需要通过游戏中学习动机的不断强化、有趣的体验以及对规则的制定与反馈共同达成。模块化的设计可以使虚拟角色变得更加鲜活,同时传递出游戏系统的信息。我们可着重对虚拟角色进行身体模块、感知模块、思维模块、反应模块、情绪模块的设计。其一,身体模块设计,为游戏角色设计出独具特色、可以自由行动的身体形象。如教育游戏《Number Blocks》为数字 1—20 设计了"俄罗斯方块"似的方块人身体,每个数字还有特殊的"变身",以丰富儿童对数字的感知。其二,感知模块设计,将虚拟角色与界面的感知模块组合,通过程序感知到儿童的需求。如在《洪恩识字》中闪电猴化身为老师,带领儿童识字;当儿童挑战关卡遇到问题时,点击虚拟角色身体,即可获得帮助。其三,思维模块设计,虚拟角色通过数字数据训练,能够根据教育游戏进行思考。其四,反应模块设计,虚拟角色能对儿童的行为产生反馈。例如,在《Little Kitten》中只要儿童一碰到小猫,猫的毛就会竖起来,挠一挠肚子,小猫会趴下来。其五,情感模块设计,虚拟角色能够以儿童的思维方式进行思考,与儿童共情,鼓励儿童成长,传递正能量。如在《小熊猫旅行》中虚拟角色不仅告诉儿童出行的知识,还告诉儿童家是永远的港湾,出门一定要照顾好自己。

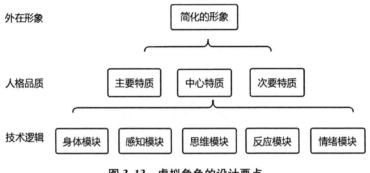

图 3.13　虚拟角色的设计要点

总之,游戏角色的交互设计要遵循一致性原则。即虚拟角色(NPC、化身)真实,真实角色(玩家)虚拟,突出两者间的交互,从人机交互变为平等的人际对话,打破虚拟与现实之间的壁垒,目标不仅是行为交互、功能交互、身份交互,还有情感交互、心灵交互,更要达到"我与你"共同存在、平等对话的效果。另一方面,通过虚拟角色和玩家化身的设计,让玩家在虚拟世界中体验到与现实生活一致性的自我镜像。

三、玩家—角色—界面交互的边界隐匿原则

边界隐匿原则是指在玩家、角色与界面交互的过程自如流畅,不因有界面的存在而操作受阻。具体来说,一是游戏角色与界面充分融合,一体化呈现;二是界面要尽量方便玩家的使用,强调界面的感知易用性,让玩家可以自如地通过界面代入虚拟化身、与虚拟角色交互。界面是真实世界和虚拟世界的连接,设计目标是让儿童在使用的过程中弱化虚实之间的边界感。

教育游戏界面上的具象符号、色彩等被设计师们赋予了不同的语义。游

戏中的虚拟角色也根植于界面,与界面融为一体。虚拟角色与界面的交互属于"我我互动",一体化的设计是为了让玩家在进行游戏体验时,通过视听符号获取信息、内容,从而产生情感。界面犹如虚拟角色的舞台。儿童是泛灵认知的群体,数字游戏为其建构了一个拟人化的虚拟世界,在儿童眼里,虚拟角色也是接近于真人的形象。虚拟角色承载的信息、内容和意义的解释来源于界面,形象语言等交互方式要符合儿童"隐式认知"。角色与界面交互时将界面隐匿,突出虚拟角色与玩家的直接交互。

界面也是儿童接触的最为直观的介质,在虚拟世界中的情感体验来源于生活中出现过的人和事情,儿童具有视觉敏锐的特性,容易在抽象的图表中辨识出人物和动物的图标。儿童认为"万物有灵",在想象中会把有趣的元素、曾经的生活经验以及内心的图式进行重组、融合。界面上不仅有物化的情感符号,也包含玩家的化身。与界面互动的过程实质是一个自我认知图式整合的过程,是"我我互动"的过程。游戏界面通过积分、排行榜等对玩家行为进行强化,界面语义承载具体情绪,玩家与界面的互动是玩家寻找自我形象的过程。在玩家与界面交互的过程中也需要将边界隐匿,使得玩家更直观地进行自我建构,积极探索知识。

儿童在自发的游戏中追求的是沉浸感而非竞争性,界面需要为儿童创设具有沉浸感的情境、角色表演互动的舞台情境、适合儿童的学习情境。剧院的舞台是演员展示自我、演绎故事的空间。舞台不仅是演员表演的场地,也是创设情境的场地,可以通过声光电的气氛烘托,渲染情绪和叙事。在游戏的设计过程中,游戏界面的处理也应该参照舞台创设情境的方法,通过游戏化的元素引发儿童兴趣,作为角色交互的重要信息补充。另外,界面是儿童数字化学习

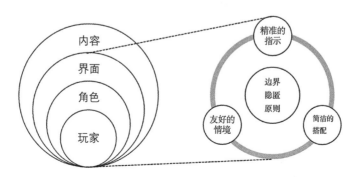

图 3.14 玩家—角色—界面交互边界隐匿原则及设计要点

的环境,需要有秩序感。游戏界面可以通过有趣的细节,帮助学龄前儿童保持注意力。用合理的色彩搭配和简约的按钮设置突出角色主体,帮助儿童专注于当前的知识情境,而不要因复杂的技术操作让儿童产生压力。

(一) 简洁的搭配

界面作为儿童与虚拟角色交互的舞台,通过延续生活中的行为以增强儿童的安全感。界面正如角色所在的表演舞台,演员对舞台越熟悉,越能驾轻就熟地表演。触屏媒介作为技术发展的新兴产物,需要与社会中其他的自然物建立更多的连接,从而给受众创作出充满安全感的情境。电子书中"翻页"的交互,模仿了儿童在实际生活中翻故事书的动作,这样不仅可以使界面更加亲切,也使得操作方式更加易懂。如"爱探险的朵拉"系列中的游戏《小星星的愿望》以故事书的形式呈现,儿童可以"翻开书页",聆听故事的发展,此外游戏单个界面上的配图也都是动态的,能更好地维持儿童的兴趣。

界面不仅是角色交互的舞台,还是儿童学习最直接的环境。界面不宜过于复杂,以免喧宾夺主。"少即是多"(less is more)的理念可以用在儿童游戏设计上,就像童话故事《小王子》的作者安托万・德・圣・埃克苏佩里所说,完美不是因为不能再添加任何东西,而是因为不能再减少任何东西。幼儿教育学家蒙台梭利说,儿童学习环境的重要性好比人类的头部,因此蒙氏幼儿教室应当简洁、有序,通过外在秩序感的传达,帮助儿童发展内在秩序感。同样,简洁、干净的界面有助于培养儿童在环境中获取信息的能力,也使得儿童终将环境内化成为自己认知图式的一部分。

(二) 精准的指令

1. 指令精准

学龄前儿童处在前运算阶段对图像敏感,但是文字认知能力弱,在界面设置时要避免使用过多文字,尽量使用清晰的语音指令,提升画面叙事能力,并且配上舒缓的语音提示和幽默的音效,帮助儿童认知。

2. 意义准确

知识具有情境性,教育游戏中每个符号和元素都被赋予了情境意义①,相互结合有助于玩家完成任务的特定方式,所以界面上的视觉符号需要意义准

---

① 詹姆斯・保罗・吉. 游戏改变学习:游戏素养、批判性思维与未来教育[M]. 孙静译. 上海:华东师范大学出版社,2019:86.

确。颜色可以作为角色交互的补充,传递最精准的信息。在色彩心理学中每种颜色都有不同的意义,例如,红色象征热情、蓝色使人安定、绿色表示和平等,此研究已经被纳入格式塔心理学。① 学龄前儿童从单纯的审美体验逐渐发展到情感联想的阶段,已经能够开始从基本色彩中体验到不同的情感,理解界面传递的指令的意义。

3. 游戏目标明确

儿童对一切新鲜的东西感兴趣,界面交互抓住了他们游戏化的心理,根据教育目标设置游戏目标,根据儿童认知的发展特点选取合适的游戏机制,有选择地将游戏的"积分奖励""沉浸""社交""探险闯关""及时反馈"等元素进行组合,通过游戏规则提升儿童解决问题的能力,根据最近发展区原则为儿童创设挑战。

(三) 友好的情境

第一,学龄前儿童的大运动能力发展显著,精细运动能力尚未发育完全,在界面中要避免使用过小、过多的交互按钮,避免儿童操作偏差带来的判断失误、自信减退。《无尽之刃》的制作总监唐纳德·马斯塔德说过,触屏游戏最好的设计理念是整个游戏只需要用一个手指来操作。例如,经典的游戏《水果忍者》《割绳子》。玩家一般只用 1—2 个手指进行操作,因此在设计中要简化流程,强调易用性,适当扩大界面的识别范围,或者让儿童使用"水平晃动"等方式使用平板,使用语音交互、体感交互等多模态的交互模式,避免因为操作复杂打击儿童的积极性,挫伤他们的自尊心。

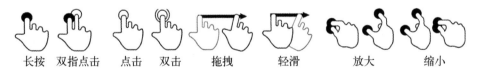

长按　双指点击　点击　双击　拖拽　轻滑　放大　缩小

图 3.15　儿童交互中常用的手势②

第二,家长普遍担心的就是儿童的视力问题。优秀的儿童教育游戏不应该单靠声光电吸引儿童的注意。鲜艳的色彩搭配虽然更容易吸引儿童的注意

---

① 宋建明. 色彩心理的学理、设计职业与实验[J]. 装饰,2020(4): 21—26.
② 方浩,张言林,周婷婷,等. 学龄前儿童教育类 App 交互设计研究[J]. 包装工程,2016,37(20): 113—117.

力,但是在实际观看屏幕的过程中儿童不喜欢眨眼,过于鲜亮的颜色会对他们造成不良影响。在经典的幼儿动画和幼儿绘本中,均以大色块方式对角色和背景进行颜色绘制,且使用的颜色少,避免儿童视觉疲劳;同时通过对角色描边等手法,以及符合儿童的审美心理和绘画方式,便于儿童识别,加深记忆。另外,色环上相近的颜色搭配让儿童难以区分,容易产生视觉疲劳;色环上相距120度夹角的颜色搭配对比强烈,容易刺眼;一般来说,色环上相距大于180度夹角、不超过4个颜色的搭配对儿童更友好。好的儿童游戏应该通过合理的颜色搭配、低饱和度的色彩等创造出既有审美享受又能保护视力的画面。以《都都数学》为例,游戏采用黄色、灰色和蓝绿色的配色,使得画面较为丰富,但又不至于刺激儿童双眼或者太过于杂乱。

图 3.16 经典学龄前儿童绘本、动画、教育游戏的色彩搭配

此外,友好的情境设计还有很多,比如避免出现操作不便、卡顿闪退、功能错误、非法退出等,或者利用新算法为儿童过滤掉不良信息,又或者通过技术手段实现深夜提醒、定时闹铃、亲子设备串联提醒、儿童上网验证和家长解锁机制等。这些都能为儿童和家长提供良好的交互体验。

四、角色—界面—知识交互的层创共生原则

"层创共生"一词原本来自层创进化理论,描述的是两个或者更多实体有意或者无意之间相互提供益处的方式。马古利斯在他的著作中指出,有机体

之间的交互是一种层创进化的属性。布兰达·劳雷尔在《人机交互与戏剧表演》中使用"层创共生"来描述用交互设计创设虚拟世界。① 其实这是系统性的方法，人机交互界面上的每一个元素、形式和内容都共同创造了虚拟世界，就像一个蚂蚁很渺小，但是一群蚂蚁能共同吞噬大象。教育游戏设计不只是建构良好的界面，也不是挪移线下课堂或者线下教学，而是创造一个易于获取认知的虚拟世界。

　　虚拟角色与知识之间的互动属于"物我互动"，交互目的是通过知识的输入，实现虚拟角色的智能化。玩家和知识之间也是"物我互动"，其目的是要让玩家实现对知识的同化、顺应到平衡，实现玩家的认知发展。皮亚杰认为，在儿童阶段自发学习是具有积极价值的，教育者需要为儿童提供主动探索的情境。维果茨基的社会文化观也强调了情境对学习的影响。一些情境认知理论家也指出，知识具有情境性，它不光来源于内心的图式，还是个人与社会或物理情境互动的产物。教育游戏的设计核心是达成教育目标，所以在设计中需要围绕既定的教育目标进行排兵布阵，统合游戏情境、角色功能与界面交互设计。以学龄前儿童为中心的设计，必须符合儿童的心理特点，从而达到愉快学习的目标。

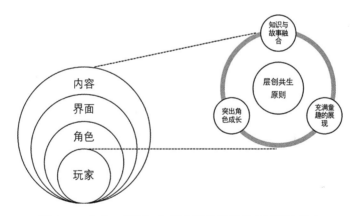

图 3.17　角色—界面—知识交互的层创共生原则和要点

（一）知识与故事融合
正如在杜威实验学校中学生兴趣成为课程的主要决定因素②，游戏中玩家

①　布兰达·劳雷尔. 人机交互与戏剧表演［M］. 赵利通译. 机械工业出版社，2014：150.
②　杜威. 学校与社会［M］. 赵祥麟，任钟印，吴志宏译. 北京：人民教育出版社，2005：14.

的兴趣也将成为知识学习效果的主要决定因素。儿童的认知可以通过具身的活动和离身的想象获得。联想是使儿童间接获知事物或回忆以前所观察的事物。儿童处于想象力发展的敏感期,故事对他们来说有无限的吸引力,能够将他们带入"魔法圈",让他们产生探索的兴趣。①

游戏故事和界面美学一样重要。如果说电影等影视艺术中的故事创作像是在串起珍珠项链,那么游戏中的故事创作就像是在编织"珍珠网",各个要素密切联系、相互关联,呈现出非线性的循环结构。② 很多成功的游戏,即使玩法简单,也有完整的游戏故事情节。《植物大战僵尸》中每个植物都有自己的故事脚本和技能,为了抵御僵尸的入侵,他们相互合作,化身为厉害的武器。从前期调研可知,94.6%的儿童喜欢虚拟的故事世界。作为第九艺术的游戏,实际是传统媒介的故事内容与新媒体平台的交互策略结合衍生出来的一种艺术形式,游戏叙事中要遵守原有的叙事语法,也要进行适当的叙事转换。综上,教育游戏中角色、界面与知识交互的目的是为儿童营造出有吸引力的虚拟世界。教育游戏归根结底是玩家获取知识的场所,不仅要满足儿童心理需要,还要传播文化。叙事的主题要与知识紧密联系。数字技术的发展能够极大限度地将抽象的事物具象化。数字媒体对知识的阐释可以娓娓道来,这对处在前运算阶段的儿童相对友好。中幼国际的未来教室,将8台投影仪置于长6米、宽6米、高2米的空间内,并且在墙面和地面安置屏幕,通过全息投影展现一颗稻米成长的故事,教会儿童珍惜劳动成果、珍惜粮食。其中在稻米成长的过程用动画播放,同时在庄稼生长进程的关键点设置了"浇水""除虫""收割"的游戏互动环节,让生活在城市里的儿童能够切实地感受到庄稼成熟的过程,了解庄稼生长的过程,培养儿童节约粮食的意识。

教育游戏作为儿童教育的一种手段,其最终的价值意蕴的归宿是文化的生成,这里的文化不仅仅是科学文化知识,还有人类普适性的真善美的品质,从而让儿童"知、情、意、行"协同发展。所以儿童教育游戏的主题需要聚焦于儿童的教育目标,通过故事的主题和教育内容的融合,实现儿童的主体愉悦、成功满足,从而建构更好的理想自我形象。对真善美的追求是对学龄前儿童进行德育教育的实施,也是对教育游戏中对单一知识追求的超越。另外,教育

① 皮亚杰. 皮亚杰教育论著选[M]. 卢濬译. 北京:人民教育出版社,1990:3—10.
② 杰西·谢尔. 游戏设计艺术[M]. 刘嘉俊等译. 北京:电子工业出版社,2016:330—332.

游戏中故事内容要与生活实际相关。比如，在教育游戏《Dragon Box》中学习到的数学知识是可以切实用到生活中的；儿童编程游戏《Scratch》《火花编程》等最终让儿童内化的是思维能力。

（二）突出角色成长

设计师要通过教育游戏为儿童建构理想自我的身份。教育游戏都应该富含知识性，无论讲的是为人处世的道理，如讲礼貌、爱干净、生活自理、团结合作等，还是艺术培训等技能型的内容，都是为了增加儿童的认知。教育游戏《小熊音乐》中设计了为打败"音魔"，需要儿童寻找音符、集齐能量、战胜魔王的故事。

对于学龄前儿童来说，概念是抽象的，需要用具体的形象进行物化。学龄前儿童是游戏的主体我（I），游戏中需要把客体我（Me）具体化，不仅是外形的具象化，还应该有获得的品质的具象化。创设成长性的主题，设置学习任务，实现教育功能，让儿童通过"答对题"得到"聪明"等正向反馈，获得成功感。教育游戏《开心熊宝乐园》中为了让儿童认识图形，设计了拯救弱者的故事，让儿童使用七巧板拼搭桥梁进行闯关，加深了儿童对形状的认知，提升了儿童的空间想象能力。该游戏的隐含意义就是通过掌握知识能帮助弱小的儿童，成为更好的自己。另外，游戏还应以儿童的视角为切入点，创设出儿童认同的角色，产生共鸣，在冲突和对立中显示出戏剧的张力。正如"英雄之旅"中"启程""启蒙""归来"的主题，在角色建构时要主次分明，如主体是主要形象，辅助者、反对者是次要形象。例如，在教育游戏《悟空识字》中引用了孙悟空大闹天宫的故事，并将其与认字的过程相联系。故事的起因是孙悟空没有受到公平的待遇，被骗做了弼马温，然后游戏世界的化身帮助他完成认字的任务，结果成功挑战权威，完成了"大闹天宫"的关卡，学到了新的知识。

（三）充满童趣的展现

教育家杜威指出，给儿童安排游戏、活动、任务，要从他们最熟悉的事情出发。首先，教育游戏中故事内容的发展需要从最真实的生活场景出发，符合角色的个性与身份。有专家指出，学龄前儿童使用电子设备单次不宜超过 15 分钟，因此除去游戏交互时长，教育游戏中叙事部分的时长只能有 5 分钟左右。根据此时长，研究者选择了学龄前儿童经典动画作品《芝麻街》《瑞琪宝宝》《贝贝生活日记》和《小猪佩奇》的前十集，进行教育主题和叙事方式的对比研究。《芝麻街》是美国的经典动画，屡获国际大奖；《瑞琪宝宝》是俄罗斯经典动画；

《贝贝生活日记》(又名《蓝色小考拉》)是法国夫妻共同创作油画风格的系列绘本,并由日本制作团队改编成电视动画;《小猪佩奇》是英国人创作团队制作的,在英国BBC电视台、中国中央电视台等播出。四部动画的内容和画面都备受学界、业界的称赞。教育游戏为一种融媒产物,需要从传统的艺术作品中汲取经验。

分析发现,学龄前儿童动画叙事内容贴近生活,从最普通的生活场景出发,逐步深入,阐明道理。比如,《奇瑞宝宝》中妞妞和文文起初不肯在一起玩,后来看见跷跷板才一起玩上了跷跷板,因为一个人不能玩跷跷板,所以选择合作。《贝贝生活日记》中贝贝想当爷爷的小帮手,而爷爷却在花园里睡午觉,于是贝贝决定一个人给动物们喂饲料,他给猫咪喂鱼、给鸡喂玉米、给狗喂肉、给兔子喂胡萝卜、给鸭子喂面包。这些情节看似日常,实际上是在向儿童普及知识,从最普通的生活场景切入,让儿童学到东西。即使是在动画电影《千与千寻》中也是从最生活化的"搬家"场景出发,进入儿童的想象世界。一般来讲,儿童教育游戏承载了许多新的知识,如果不是从最基础的生活场景出发,那么容易让儿童缺乏安全感。其实,维果斯基的最近发展区理论也告诉我们,在学习过程中要为儿童发展提供更合适的"支架",只有从最贴近儿童的场景出发,才能逐步引导儿童进行学习。教育游戏《猿编程》按照儿童的年龄特点为4—6岁儿童设置虚拟角色"萌萌",为8—12岁儿童设置虚拟角色"壮猿",让儿童以"游客"的身份开启中国旅行,通过动画片等引导儿童使用并学习编程知识,制作属于自己的地图。有故事情境的学习环境可以进一步提升儿童的学习兴趣。

儿童是富有想象力的群体,他们认为"万物有灵"。在《贝贝生活日记》第七集中,贝贝看见爸爸正在花园撒种子,种子很快就发芽并开花结果了,于是贝贝从兜里翻出了吃剩下的糖果,把它放在装满土壤的小花盆里给种上,期待结出更多的糖果。在《小猪佩奇》第十集中,佩奇和乔治到爷爷奶奶家玩,爷爷给佩奇一颗草莓种子,佩奇挖洞、种下种子、埋土、浇水;等两人再来爷爷家玩时,已经结出草莓了,乔治和佩奇十分开心;之后,乔治把自己的恐龙埋在了土里,想要结出更多的恐龙。前期调研结果显示,有意思的动画情节片段可以引起儿童的注意,因此我们在设计教育游戏故事化场景结构的时候,可以在需要强调的焦点中加入富有童趣的片段,加深儿童的记忆。

综上,教育游戏中角色—界面—知识交互要遵从层创共生原则,并且知识体系的设计应注意紧扣教育内容、打造完整结构、突出角色成长和充满童趣的展现。

本 章 小 结

本章在分析角色交互对学龄前儿童身份影响机理的基础上,进行了基于角色交互的学龄前儿童教育游戏设计策略的初探。旨在根据 3—6 岁学龄前儿童认知发展特点,探讨适合学龄前儿童教育游戏交互设计的策略和方案,为玩家创造一个符合内心图式、易于同化、方便交互的虚拟世界。

研究主要分成三个部分。一是承上启下推导了角色交互框架。秉承着从儿童传统自发游戏向数字世界迁移的逻辑:在现实世界中,儿童通过角色游戏直接将信息内化;在虚拟世界中,界面通过角色,有选择地进行知识的传播。所以,提取了知识、界面、角色和玩家四个元素,提出设计中要创造出具有"具身功能"的角色以及角色协同的交互系统。二是综述了国内外教育游戏设计的理念与现状,对部分优秀教育游戏个案进行了分析。角色设计作为串联游戏的动力、机制和组件的线索。游戏动力是游戏的核心价值观,与角色规范的设计相关;游戏机制是游戏和玩家的互动方式,培养了角色的思维方式;游戏组件是徽章、排行榜等美学元素,不同的组件强化了角色行为。三是根据游戏设计及游戏角色设计理论,定义了角色交互设计的四个原则:首先,注重以儿童为设计的中心原则,包括成人思维和儿童思维相融合的角色思维设计、学习与游戏的相融合的角色行为设计、教育游戏与传统游戏相融合的角色规范设计。其次,注重与角色交互的一致性原则,打造虚拟角色真实、真实角色虚拟的一致性的模式。再次,注重角色与界面交互的边界隐匿原则,交互中要通过简洁的搭配、精准的指令、友好的情境展示将其边界隐匿,使得角色和其他元素一体化地呈现,同时防止儿童因复杂操作产生认知负荷。最后,注重角色—界面—知识交互的层创共生原则,知识内容也需要根据儿童的思维模式进行故事化转化,通过寓教于乐的趣味化表达和故事突出角色成长,角色交互的目的是打造一个儿童沉浸式的学习情境。

本章的核心结论是定义了角色交互设计框架、角色交互模式及四个设计原则,为学龄前儿童教育游戏交互设计提供了新的思路。研究的创新点在于以下两个方面：

第一，目前市场上教育游戏中存在角色和知识传授"两张皮"的问题。国内外教育游戏研究重点是教育游戏的学习效果分析、界面设计策略、使用场景分析、适用学科研究、角色绘图方式，而较少将参与者定义成"玩家角色"，从角色交互角度进行理论框架的建构。但是，在传统游戏中没有角色和玩家之分，角色就是玩家，所以本章采用了现实世界和虚拟现实相观照的研究视角，论述中强调了角色与玩家一致性的设计。

第二，将儿童自发游戏机制与数字化思维结合。儿童在自发游戏"人我互动""我我互动""物我互动"，整合自我内心图式，获取认知。本章理论建构的过程中，以角色为切入点，串联了虚拟世界中"人我互动""我我互动""物我互动"的模式，并且提出了相应的设计原则和要点。

第四章 ——

基于角色交互的教育游戏设计策略再探

第四章
基于角色交互的教育游戏设计策略再探

本研究伊始，通过调研分析出，"教育成长动机""审美体验动机""感知易用性"是学龄前儿童家庭使用教育游戏的重要因素。上一章中，研究者围绕角色交互整合了游戏设计的各个元素，提出了符合易用性、审美性的设计原则。然而，寓教于乐是学龄前儿童家庭使用教育游戏的最显著动机，更是设计教育游戏的初心与归旨。儿童成长不仅需要被提供丰富的学习材料，给予自我整合内部图式的机遇；还需要被提供教育支架，从而促使思维发展到高级机制。上一章将角色交互与游戏整体的动力、机制、组件系统进行关联。本章的研究目标是从时间维度着重将角色交互和游戏的机制融合：探讨如何通过角色交互的设计持续调动儿童学习动机，在虚拟世界中达成教育目标；搭建基于角色交互的设计模型，促进儿童达到同化与顺应的平衡，形成新的认知图式。

第一节　角色交互与教育游戏机制的融合

一、学龄前儿童的认知图式

图式是教育研究的重要概念，在图式理论研究过程中，主要包括三个具有重大影响的阶段和思想流派，分别是康德的图式概念体系、皮亚杰的认知发展理论，以及现代认知心理学者的图式观。[①]

---

① 惠莹. 试论康德、皮亚杰和现代认知心理学的图式观[J]. 社会心理科学，2010(9)：5.

图式是从 schema 翻译而来的,该词具有模式、框架等意思。顾名思义,图式是指认知过程的模式,主要解释知识的获取和表征内化问题。康德作为理性主义先验论的代表,在《纯粹理性批判》中提出"图式"的概念。他继承了客观唯心主义先知柏拉图的观点,认为纯粹的理性先天存在于人脑中,用于认识后天感性经验,在先天理性和后天感性之间需要一个桥梁,这个桥梁必须兼具理智(抽象)和感性(具象)特性,也就是"先验图式"。

"固有的、先验的、不变的"——这是康德所认为的认知图式。与之不同,作为生物学家的皮亚杰认为,新生儿只有一些反射性的、简单的、孤立的先验图式,如吮吸图式、抓握图式,这些认知图式会随着婴儿对客观经验世界的探索而逐步联系起来,通过同化和顺应两种方式逐步形成更加高级且复杂的图式结构。除了简单动作图式到复杂动作图式的变化,皮亚杰还提出了外部动作图式向内部思维图式的变化规律,比如为抓到玩具而抓起床单,当婴儿为解决某个问题,将孤立的抓握动作图式组合起来时,不仅形成了较为复杂的动作图式,将孤立的单个抓握动作图式发展为连续的抓握动作,还将抓握动作图式内化为心理符号,在需要解决问题时多次调用这个心理符号,如此便完成了从初级的反射性运动图式到高级的反应性思维图式的转变。

现代认知心理学者对图式理论的发展在于,他们认为"图式"就是解释陈述性知识在记忆中如何被组织起来时所使用的概念,它是一个有组织、有内在联系的记忆结构,是人在某特定领域所拥有的,是基于类似事件的多次经验形成的,跟先天的、先验的无关。

其实,无论是哪一种的图式理论,所强调的都是对儿童认知体系的建构,如康德的图式理论研究了知识获取与搭建感性、知性之间的"桥梁"问题,认知发展论中的图式阐明了认知结构形成的先决条件,现代认知论中的图式则讨论了知识是如何与头脑中的表征相互联结、获取的。

聚焦到儿童教育领域,皮亚杰的"平衡说"中阐释了图式形成和更迭的过程。儿童的认知建构过程遵循着"旧图式—同化—顺应—新平衡"的轨迹,从而认知图式不断地更新。冲突是认知结构"重塑、变革、优化、改良"等系列新组织活动和发展的梁柱,有冲突,才会催生"同化""顺应",并进一步撬动起自我调节的"平衡"活动,将新的知识或者认知方法纳入新的图式。认知的获取也是在"平衡—不平衡—平衡"不断循环的过程中建构的。当新信息进入儿童已有图式时,意味着冲突出现,即产生不平衡,不平衡也是儿童发展的动机的主要来源①,这时图式便开始向同化、顺应、平衡活动,这些活动将不断扩展儿童的认知域。在儿童自发的游戏中,在"我我互动""人我互动""物我互动"中,儿童通过"旧图式—活动—新图式"方式发展认知。学龄前儿童教育游戏的设计要通过有目的的关卡设置和游戏的渐进方式,由易到难地推进,使儿童更好地掌握知识。

二、教育游戏的渐进机制概述

在自发游戏中,儿童往往为了获得愉快的体验,不断地改变游戏机制,使用不同的道具,编织着潜意识中的故事,追求游戏体验的沉浸感。在这一过程中,他们与外界互动、与他人互动、与自己的旧的认知图式进行互动,自发、缓慢地更新自己的认知图式,不断地被外界涵化,获取新的信息,发展着认知。数字游戏是通过游戏机制传递信息的媒介,游戏体验过程是非线性、可循环的过程。在游戏设计的 DMC 模型中,机制位于动力和组件之间,描述了游戏的目标,以及玩家完成这个目标的方法和流程。玩家的认知是随着游戏故事和难度变换的不同流程而逐步形成和发展的。一般来说,首先,游戏要向玩家传递明确的目标;其次,游戏要给予玩家一定程度的心智技能挑战,让玩家结合规则来思考应对策略,并且付之行动;再次,游戏根据玩家的行动给予反馈——提升难度或者给予恰当的指导;最后,玩家在不断的行为强化和动机维持的过程中接近游戏目标,传递既定的信息。

(一) 游戏的渐进机制

如有前文所述,根据不同的游戏目标和玩家特质,数字游戏有不同的传递信息的方式,即游戏的机制。其中,与游戏的推演进程相关的机制叫渐进机制(Progressive Mechanism)。常见的渐进机制可以分为三种:横向渐进、纵向渐进、双向渐进。横向渐进是指玩家将在游戏的推进过程中不断产生与此前所经历的游戏体验类型不同的新体验,例如,游戏《文明》在推进过程中不断向玩家呈现出不同类型的知识,所以玩家经历的游戏活动类型是不断变化的,玩家通过不同的活动领略到不同国家的风貌。学龄前阶段是儿童成长的敏感期,现在市场上很多教育游戏都是根据儿童认知发展水平和不同学习领域的特点而设计创作的。语言思维是人类掌握语言这种工具进行思维的一种心理

---

① 瓦兹沃思. 皮亚杰的认知和情感发展理论[M]. 徐梦秋,沈明明译. 厦门: 厦门大学出版社,1989:
23.

现象。以柏拉图为代表的"等同说"者认为语言和思维是合而为一、不可分离的，维果斯基提出"语言是思维的工具"。以语言输出为目的的游戏一般都会采用横向渐进的机制，例如，Duck Duck Moose 公司的系列绘本游戏 *Peek-a-Zoo*、*DDM Reading* 等，就是以横向渐进机制为主，提供多种阅读体验。

纵向渐进是玩家不断地深入进行同一种游戏行为体验，往往根据难度由难到易来设计建构整个游戏活动。《小鳄鱼洗澡》《割绳子》《洪恩识字》等都属于这种类型。以《割绳子》为例，该游戏玩家思考的就是如何让青蛙吃到糖果，随着游戏的推进，绳子的角度、糖果的位置发生变化，难度不断增加。再比如，在学龄前儿童教育《洪恩识字》中，玩家一开始学习的是汉字"一""二""三"，不断强化"横"的用法，当学到"十"的时候，玩家将解锁新技能"竖"，随后将"横"和"竖"的技能用在更难的任务中。尽管横向和纵向的游戏渐进方式有着彼此不同的逻辑，但是在一些游戏中也常常会混合使用这两种渐进方式，这便是双向渐进。在现代认知学习理论中，表征是核心概念，即通过感官和直觉感知客观环境信息后，在短时记忆或工作记忆中将其编码并存储到长时记忆中的编码符号或框架。绘画是表征形式之一，属于外部表征，是"头脑中形象"这一内部表征的向外转化，因此，表征性绘画不仅可以有效培养儿童的图形表征能力，还可以培养其造型表征、色彩表征和空间表征能力。比如，在游戏中从认识红色到认识三原色是纵向渐进，从认识色彩表征到认识空间表征是横向渐进。

（二）教育游戏的渐进机制

尽管为了调动玩家的持续使用动机，数字游戏也会通过增加难度和丰富内容变化等不同的方式，设定游戏机制，但是，作为育人为本的教育游戏更加在意细化知识传播结构，将知识体系与游戏机制相融合。不同于前人对外在动机的强调，建构主义的认知理论认为个体的内在动机是迭代认知的首要动机。比起外在奖励惩罚的强化，引起儿童内在新旧认知的差异、不协调与冲突可以更有效地激发儿童的好奇心和求知欲。皮亚杰曾提到"适度新颖原则"[①]，儿童的学习材料要符合其以往的认知图式，同时需要恰当、合适的新信息，这样才能调动动机、引发兴趣。太熟悉的信息，因司空见惯而不会引起学习者的注意；过于陌生的信息则会让儿童学习者缺乏安全感也不容易被重视。

---

① 颜世鹏. 他山之石　可以攻玉——改革美术教学中对"适度新颖原则"的再认识[J]. 兰州教育学院学报，1992(1)：33—36.

皮亚杰用"同化"和"顺应"区分了不同的认知方式,他将"顺应"定义为新图式形成的关键过程。维果斯基提出要搭建儿童支架才能走入最近发展区。布鲁姆沿袭了这种研究方法,按对知识理解的深入程度,将教育目标分为"识记、理解、应用、分析、评价、创建"六个层次。从识别记忆到理解知识,再进行知识应用,然后根据知识分析问题、进行评价,最终将知识重组形成新的理论体系,这也是细化了从旧的认知图式到新的认知图式形成的过程。冈特拉姆和肯尼教授认为,认知学习的每个阶段都需要不断维持学习动机、搭建学习支架。所以,他们结合布鲁纳的支架原理和 ARCS 理论模型,推导出了教育游戏设计 RETAIN 框架。ARCS 理论模型认为,教学设计的关键是持续学习者动机,其中注意力(Attention)、关联(Relevance)、信心(Confidence)和满意度(Satisfaction)是重要的动机指标。[①] 基于此,教育游戏设计 RETAIN 模型涵盖了六个变量:关联性(Relevance)、嵌入性(Embedding)、迁移性(Transfer)、适应性(Adaptation)、沉浸感(Immersion)、自然化(Naturalization)。[②] 模型强调了游戏设计中重要的沉浸元素,而这些沉浸元素也构成了学习的思维过程。从相关到嵌入、从迁移到适应、从沉浸到自然化,横向串联"创建了合理情境—游戏和学习相嵌—分解阶段性目标—推导到新的知识点—适应新的学习方式—学习成果向生活迁移"。该模型具体可分为五个过程:

其一是关联。太熟悉的信息难以引起玩家的注意,过于陌生的信息则会让玩家缺乏安全感。关联是指教学的内容应与个人认知发展需求和生活相贴近,不仅游戏内容要和玩家的认知图式相关,游戏内容的内在逻辑性和关卡之间也需要衔接顺畅。

其二是嵌入。教育游戏不应该是教育内容和游戏形式的简单嫁接,而应当是两者之间的有效融合。无论是经典的认知图式理论、布鲁姆认知结构论,还是数字游戏中不同的渐进方式,都在强调阶段性的渐进结构。教育游戏应将整个教育目标拆分,把知识内容化整为零,有逻辑性地嵌入不同的关卡,使得学习内容与游戏情境有效融解,既要保持游戏性,也要承载学习策略。

其三是迁移和适应。迁移是指教育游戏能使玩家习得举一反三的能力。

---

① Keller J. Development and Use of The ARCS Model of Instructional Design[J]. Journal of Instructional Development,1987,10(3):2-10.

② Robert F. Kenny, Glenda A. Gunter. Endogenous Fantasy-Based Serious Games: Intrinsic Motivation and Learning[J]. International Journal of Social Sciences,2007,2(1):8-13.

玩家遇到相似的新问题时，能够用新知识解决，成为知识的建构者。在教育游戏中，通过同化、顺应和平衡过程，使玩家的认知逐渐成熟，内化到自身的认知结构中，并不断加强并扩大。迁移使玩家成为知识的高效使用者。但是，当原本的认知图式不能直接进行迁移时，玩家需要适应新的认知方式，在不断的摸索中通过适应、学习将新知识纳入或迁移到已有认知结构中，进而实现同化与顺应的动态平衡。

其四是沉浸。教育游戏与娱乐游戏一样，仅有存在感或临场感是远远不够的，更需要带给玩家沉浸感。玩家在使用教育游戏时，能够筛选过滤掉非相关直觉，投入情境，享受沉浸感。但需要指出的是，这里的沉浸对应的是英文单词 Immersion，而著名的心流理论中的沉浸对应的是 Flow。笔者认为，虽然两者的表达方式不同，但追求的效果却是类似的。正如前文所言。通过对游戏中角色、界面、知识的统合设计，制造出对玩家富有吸引力的虚拟世界，带玩家走入"魔法圈"。基于此，能最大化玩家的学习效率，有助于达成深度学习。

其五是自然化。自然化是布鲁姆和约翰·斯威勒都关注的学习过程中的重要变量。自然化是学习过程不断重复、转化，形成认知的一个重要过程。就像延时模仿能力的形成一样，当刺激源远去，儿童调动以往认知进行模仿。在自发的儿童游戏中，儿童通过重复的某项操作，内化经验。教育游戏同样需要将知识整合、不断训练，同时富有变化，能吸引玩家重复操作，熟能生巧。最后，当教育游戏结束，学习内容也内化于心，可以被运用到新的场景中。

对于尚在认知形成阶段的儿童来说，自发地完成一个阶段进入下一个阶段是十分困难的，因此需要将角色交互融入教育游戏的渐进机制，为儿童搭建支架，见图 4.1。在传统教学中，教师与学生的良性互动可以促进教学的深度

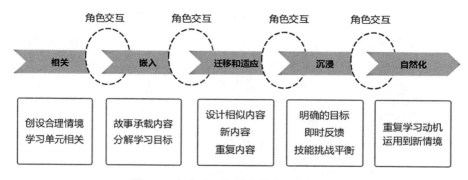

图 4.1　角色交互与教育游戏进程的融合

开展,提高教学效果。同样地,在教育游戏系统中也需要创设虚拟角色与虚拟化身的交互,通过角色与界面、角色与知识的交互,帮助玩家更好地与界面、玩家与知识交互,引导儿童进入下一个发展区。

三、角色交互与游戏机制的融合

由上文可知,教育游戏的推演进程是不断深入的学习过程,也是不断拓展知识面的过程,具有时间属性。游戏是非线性媒介,可以让玩家在反复体验中更新认知图式。成人有能力根据玩法说明和简洁的游戏符号掌握规则、攻克关卡、内化信息,但是3—6岁学龄前儿童尚未进入具体运算阶段,对规则游戏掌控能力弱,难以完全自发地进入下一个发展阶段,需要教育支架的帮助。所以,在游戏的进程中,需要将角色交互融入教育游戏的渐进机制,形成以玩家为主体、角色为主导的合作模式,为儿童搭建支架,也要遵守融合和平衡的规律。

(一)融合规律

融合是指教育游戏中角色交互的过程不能脱离知识的传播,玩家与角色进行"人我互动"的目的是达成玩家与知识的"物我互动",以及促成玩家在进行界面探索的过程中不断"我我互动"进而更新自我图式,所以角色交互要与知识的传播相互融合。在传统教学中,教师与学生的互动可以促进教学的深度开展,提高教学效果。虚拟世界中的角色也需要在游戏的推演中灵动地与玩家互动。

角色交互与游戏进程融合的程度对儿童的游戏兴趣和学习效果有着影响,以三款科学启蒙的教育游戏为例说明。

其一是《神奇的身体》。游戏中的主要虚拟角色是小狐狸和小男孩。通过不同的游戏展示和互动环节,帮助儿童了解并记忆身体各部位的名称及其功能,增强保护身体健康的意识。其中第一个环节是认识身体四肢,引导儿童将不同颜色的创可贴粘贴在不同部位,儿童触碰到相应位置后会有语音提示告知部位的名称。这款游戏虚拟角色和游戏推演进程、学习内容融入度较低,存在壁垒,虚拟角色的功能只相当于教科书上的示意图。

其二是《儿童牙科医生》(*Dentist Games for Kids*)。玩家扮演牙科医生,给虚拟角色刷牙、看牙和拔牙,但是当玩家清洁完虚拟角色的牙齿之后,虚拟角色并没有有礼貌地向玩家致谢。这款游戏虚拟角色没有很好地和玩家交互,不利于玩家养成良好的行为习惯。

其三是《阿 U 学科学》。其中阿 U 是线索人物,带玩家进入游戏场景,当玩家有困难时点击阿 U 头像,他就会答疑。在"疫苗的作用"关卡中首先设计了医生和小朋友共同存在的场景,同时解释疫苗的作用;之后,让玩家在组装注射器的过程中了解注射器的相关知识,当零件被挪动到正确位置时,会有对应的语音提示,如"芯杆""针筒""针头";接下来,在玩家点击注射器抽取药水时会形象地展示抽取的过程;然后,玩家可以点击酒精棉球涂抹小朋友的胳膊进行消毒;最后,在玩家点击注射器给小朋友注射疫苗时,语音会介绍人类如何与病毒作战等。总体来说,这款游戏的角色交互与游戏进程融入程度高,调动动画交互、语音描述等元素进行了多种形式的融合,同时刺激玩家的视觉、听觉等不同感官并且发起操作动作。以虚拟角色为中介,为玩家营造出在场感,也是一种设计者与玩家心灵融合的过程,同时可以消除儿童对打疫苗的畏惧情绪。在这个过程中,设计者为玩家营造出了一个具有较高接受度、信任感、沉浸感的虚拟世界。

(二)平衡规律

玩家的图式在不断地进行同化、顺应相平衡的循环过程,每次平衡之后玩家就会产生新的图式。游戏的角色体验帮助儿童从认知平衡到经历认知冲突,再达到平衡,从旧图式向新图式转变,在这种不断的平衡过程中便达成了知识传播的目的。

随着教育理念、教育技术的发展,学习者和教育者之间的相辅相成、互相激发已经成为不同教学方式的共同特征。随着教育游戏的发展和演进,学习的本质逐渐回归,人们更有能力、有技术条件来关注儿童的思维发展和能力提升,摆脱单纯的知识灌输、记忆。角色交互的过程不仅要为玩家搭建成长支架,还要给儿童留有自我探索的空间。玩家与角色的交往互动中,借助数字技术和虚拟空间,不仅能够在角色的引导下完成基本学习任务,还能通过不断探索、触碰、点击等行为,将自己的思考和思想传送到界面上,通过互看、互评、互动获得更多的思维角度和思想深度,进而形成本身即为设计者与玩家一体的状态。教育游戏《慕斯数学》(Moose Math)创设了数学小镇,玩法类似于模拟游戏,玩家进入小镇可以和不同虚拟角色交互,但前提是要使用数学知识。比如,玩家帮助麋鹿老板做果汁,前提是选对橙子的数量,做完之后麋鹿老板会更热情地与玩家互动,但并不急于邀请玩家"再来一次",此时,玩家也可以选择走出果汁店去看马戏团表演。其实，儿童传统的认知方式并没有改变，儿童喜欢重复化的事物，他们的游戏机制本就是小幅慢步渐进的。所以，角色交互要注重过程性的建构，需要遵守知识新旧图式的平衡规律，以及学习与探索行为的平衡规律，融合与平衡带动儿童从上一个阶段走向下一个新阶段。

第二节　教育游戏中角色交互的设计模型

据上文可知，角色交互框架中玩家、角色、界面和内容四个元素，彼此之间不是割裂的，在空间维度上要达成协同统一的层创共生结构，在时间维度上也将共同影响儿童认知图式新旧更迭的过程。角色交互与游戏机制相融合与平衡，可以不断维持、持续提升儿童的学习兴趣。本节将厘清虚拟角色、玩家化身、界面和知识的设计脉络，建构模型。

一、虚拟角色：搭建支架—创设情境—合作挑战—总结反馈

正如维果斯基提出的，教师应在儿童参与游戏的过程中，适时地对儿童进行指导。同理，在教育游戏中也需要具有指导功能的角色。在教学中，教师应通过搭建支架来为儿童建构最近发展区，以帮助儿童达成学习目标。其中分成四个步骤：首先搭建支架，其次让儿童进入情境，再次让儿童独自探索或者协同学习，最后进行效果评价。通过调动以往认知，逐渐为儿童搭建支架；通过导入新的知识，营造氛围并引导儿童进入情境；其间引导、指导儿童完成挑战；最后进行总结反馈。根据融合和平衡的规律，在游戏进程中，虚拟角色在每个阶段有不同的侧重点，见图 4.2。

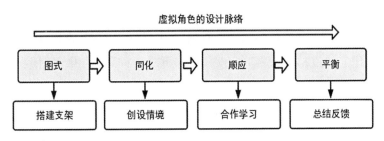

图 4.2　教育游戏中虚拟角色的设计脉络

（一）搭建支架激活认知图式

游戏角色带有原生的创造性和表演性，它的存在更倾向于是一种围绕技术和知识体系的创造。游戏角色不仅需要有外在的形象、动作和表情，还需要有内在的思想、逻辑、行为框架和表达路径。在上述元素构筑的基础上，有个性化风格的角色更便于识别和接纳。通过不同功能模块的着重设计，虚拟角色连接界面与知识，激活儿童的认知图谱。不断突出身体、思维模块，让角色形象、人格特质和技术逻辑与教育内容相融合。在游戏开始阶段，调动身体模块，使得角色具有灵性的生命体的特征，这在某种程度上与角色的个性特征刻画有关。角色将要执行怎样的行为，需要对从感知系统传来的消息加以分析后才能做出决定，而这个分析过程可以看作一个函数，自变量就是环境参数，返回值就是角色即将执行的行为代号。①

有研究显示，熟悉的、喜欢的虚拟角色可以引发儿童的学习兴趣，促进学习效果。《爱探险的朵拉》是教育游戏与动画结合的成功案例。《爱探险的朵拉》原是尼克公司的动画片，动画人物朵拉在 1992 年就开始陪伴当时的儿童成长。尼克公司主张"让儿童成为儿童"（Let kids be kids），坚持"以儿童为本、对父母友善"（Kid-first & Parent-friendly）的品牌态度。游戏中注重学龄前儿童喜欢的游戏环节，比如在朵拉探险的过程中设置了舞蹈表演等功能性游戏。此外，即使面对捣蛋鬼小狐狸，朵拉也会有礼貌地表达"请走开"；遇到困难时，朵拉会向屏幕前的小朋友求助，让儿童配合朵拉完成任务，这都有助于培养儿童的社会性。有评价认为，虽然《爱探险的朵拉》界面上没有儿童化身形象，但是儿童仿佛参与到了玩耍中。朵拉与儿童高质量的情感互动，提升了学龄前儿童的早期基本认知技能、数学感知能力等。有学者对 79 名儿童进行了跟踪测试，证明游戏中跟着朵拉做准社交互动，可以增加儿童在虚拟世界的学习效率。②

（二）创设情境优化知识体验

角色交互是儿童教育游戏中的核心活动，贯穿于关卡的渐进和解决问题的过程之中。通过角色交互，能够引发儿童思考问题，为儿童创造最近发展

---

① 叶长青，周朝阳. 从游戏角色建模层次看教育游戏的发展水平[J]. 现代教育技术，2017，27(6)：7.
② Calvert S L, Putnam M M, Aguiar N R, et al. Young Children's Mathematical Learning From Intelligent Characters[J]. Child Development, 2019(5)：1491-1508.

区。其间,虚拟角色也成为可以被模仿的对象。然而,教育游戏的角色交互既不同于线下游戏活动中同伴之间的自发交互,也不同于其他成人游戏中玩法主导的问题解决过程。角色交互如只停留在较低层次、无意义的交流中,难以达成教育目标。所以角色模块设计中要组合感应、反应模块,使角色行为表演与界面统一。感知模块相当于虚拟世界的感觉器官,应当不断调动,帮助玩家了解并不断刷新自己和其他参与者的周围情况、坐标位置、运动状态等信息。反应模块要根据角色脚本、应用程序、游戏规则等,给予玩家响应和反馈。一般来说,虚拟角色采用的是"刺激—反应"的行为模式。人工智能技术赋予角色更高级的、由知识信息和逻辑算法组成的行为规划器。角色基于此感知环境变化,利用算法进行行为选择、评估、调整,进化为更智能的角色。例如,"阿尔法狗"就拥有自主学习能力。

　　每个教育游戏按照教育目标、整体风格和具体内容设置了不同的角色,但是为了儿童更好地发展、建构最近发展区,每个角色的教育功能应该是恒定的。以《宝宝爱吃饭》《宝宝看医生》两款教育游戏为例,进行对比分析。《宝宝爱吃饭》将不爱吃饭的熊猫宝宝设置为主要角色,玩家形象在虚拟世界以"手型图"符号呈现,玩家负责为熊猫宝宝挑选食材和喂饭;《宝宝看医生》将熊猫医生设置为主要角色,熊猫医生每天的任务就是给病人看病,儿童在虚拟世界以"手型图"的方式呈现,为熊猫医生帮忙。虽然两款游戏选择了不同身份的虚拟角色,一个是受助的"被帮助者"、一个是施助的"帮助者",但是两者的教育功能都在于促进儿童对健康生活的理解。接下来,再比照分析一下两者的互动过程。《宝宝爱吃饭》从小熊猫吃饭哭闹的场景出发——调动儿童以往认知;再进入动画短片,科普儿童膳食均衡搭配的方法——导入新知识;小熊猫又开始哭闹——维持玩家的注意力;玩家配餐喂饭——合作完成挑战;小熊猫喜笑颜开,开始锻炼身体——给予玩家反馈,吃饱了才有力气玩。《宝宝看医生》从熊猫医生在办公室值班开始——调动儿童以往认知;镜头转移到医生办公室的场景,介绍医疗器材——导入新知识;病患大熊来了,不停地摸肚子——维持玩家的注意力;玩家协助选择不同的医疗器材,熊猫医生看病——合作完成挑战;大熊喜笑颜开,恢复健康——给予玩家反馈。故不同的教育游戏虽设置了不同身份的游戏角色,但角色在教育游戏每个阶段承载的教育功能应该是一样,从而达致更好的育人效果。

在教育游戏进程中,应尽量避免儿童认知负荷的产生。在教育过程中角色交互的目的主要是向儿童传递知识,具体应该体现在:一、交互的核心内容要与传递的知识内容保持一致;二、语言表达和认知是相关联的,将描述问题和解释原因相融合,力争使角色知识传播的过程和玩家接受的过程相平衡;三、防止教育游戏因缺乏易用性、异步交互、卡顿闪退、功能错误、非法退出等使玩家丧失兴趣。

(三)以"我与你"融合促进学习合作

约翰·哈蒂历时 15 年,对 52 637 项研究、数亿名学生与相关 800 多项元分析文献进行综合元分析,提取出了 138 个影响学业成就的因素,其中最大的影响因素就是教师。[①] 在教育游戏中,虚拟角色占据主导地位,其与玩家的互动模式在一定程度上类似于现实生活中的师生互动及同伴互动。有研究显示,儿童今天在合作中能做到的事情,以后也将能够独立地完成。因为儿童的高级心理过程和自我调节起源于和更有能力的伙伴的社会互动。[②]

所以,角色设计要贯穿情感模块,不断地增强玩家对虚拟角色的认同,从而拓展到对知识的认同。角色交互的核心是让玩家体验通过虚拟角色、虚拟化身感受到一致性的情感体验,更好地进入游戏的魔法圈。角色的情感模块仍是创作的重点环节。当代的认知学家们认为,情感对人的认知产生的过程非常重要,甚至可以与记忆、言语等过程相提并论,产生相互影响。人工智能之父马文·明斯基认为,机器只有靠模拟人类的情感,才能真正变得更加智能。美国教授罗莎琳·皮卡特的情感计算程序,为游戏角色的情感模块设计提供了借鉴。情感计算是通过收集用户的使用数据,识别用户的情感反应模式,模拟加工出虚拟角色的情感,并向用户传递,从而建立平等和谐的人机环境,将人机交互变为平等的人际对话。

"交互"用在教育领域更有一种教学相长的意味。自从 20 世纪 70 年代,瑞典学者巴斯最先关注到了远程教育中的交互现象。随后,瑞典学者霍姆伯格认为,通信机制通过实现师生交互,提供了更好的服务。北京师范大学陈丽教授认为,交互更强调过程属性、事物与行动的共存,个体学习者由原来的"学

---

① 尚俊杰. 未来教育重塑研究[M]. 上海:华东师范大学出版社,2019:2.
② 瑞内·范德维尔. 利维·维果斯基[M]. 郭冰译. 哈尔滨:黑龙江教育出版社,2017:77—78.

生"变为"主动探索者"。在她的教学交互层次塔中,底层是学习者与界面、系统的交互;中层是教学过程中师生之间、不同学生之间的交互,属于信息和资源的交互;顶层是概念的交互。① 陈教授将概念的交互定义为深度学习,这也是教育的目的,不但要知其然,还要知其所以然。在马丁·布伯提出的"我与你"哲学理想中,教育的目的不仅是知识的传播,更是强调一种精神的力量,经过蜕变与"你"相遇。在数字环境下"我与你"有了双层含义。一方面,"我与你"不同于"我与它"的自然分离,而是一种自然融合的状态。"你"可以是虚拟角色、界面、知识,只有在技术层面不断提升,"我与你"融合,才能打通我与外界、内容与环境、真实生命体和虚拟生命体之间的精神关联,从而促成学习和反思,构建新的知识图谱。另一方面,"你"可以是更好的自己。正如教学交互层次塔的顶层是学生新旧概念的交互,只有角色越发智能化,玩家与角色才能在精神层面相遇合作,产生心心相印的感觉,进一步促成玩家探索、思考和感悟,不断更新内在的自我图式,与更好的自己相遇,从而达到"我与你"的同步。② 只有"我—你"的自然融合才能更好地帮助玩家完成学习任务,并最终达成玩家认知图式的新旧更迭③。

（四）积极反馈达成教育目标

儿童在游戏中的水平往往高于日常水平,两者的差距形成了儿童的"最近发展区",让儿童将复杂的过程进行内化。进一步的研究显示,当儿童从一个发展阶段向下一个目标移动时,离他较近的那个目标更具有吸引力,而远离能力范围内的目标吸引力则较小。即当目标越来越接近时,目标的激励作用和吸引力也会逐渐增大。教育目标的设置也需要合理、清晰,给予玩家明确的反馈,指引玩家达成最终目标。在前运算阶段,儿童的兴趣主要集中在动作的物理结果上,比如儿童对某物做了一系列动作,然后物体发生了变化,于是这种变化被儿童理解。④ 以此类推,达成小目标之后的反馈非常重要。教育家孔子反对教师的机械灌输,提倡因材施教。在传统的教育中,教师起到了重要的作用,具体表现在观察儿童的行为,发现儿童的兴趣和图式,识别儿童的发展阶段,确认儿童喜欢的学习方式,为学习或可能出现的情况制订

① 陈丽. 远程学习的教学交互模型和教学交互层次塔[J]. 中国远程教育,2004(5):24—28,78.
② 滕春燕. 有意义游戏的幼儿教育构想[D]. 南京师范大学,2021:170—172.
③ 陈丽. 远程学习的教学交互模型和教学交互层次塔[J]. 中国远程教育,2004(5):24—28,78.
④ 朱家雄. 建构主义视野下的学前教育[M]. 上海:华东师范大学出版社,2009:12.

计划。① 但是在实际生活中，这一点是较难实现的。而在人工智能时代，教育游戏中的角色个性化和定制化的反馈机制和系统是相对容易做到的。学习分析已经成为教育技术及相关学科的研究热点。以虚拟角色为代表的智能化的教育游戏系统可提供精确的学习者画像。②

虚拟角色对玩家的学习与游戏反馈来源于游戏的评价系统。在即时反馈、形成评价的过程中，系统不断对玩家的交互情况、讨论偏好、反思与更正等学习和游戏行为进行详细的记录和智能化的分析，挖掘数据中蕴含的深层次信息。在快速变化的时代，不只需要"知其然"的浅层学习，还需要玩家充满好奇心、具有探索精神，达成独到见解"知其所以然"的深度学习。系统对学习风格、认知偏好以及相关能力水平的分析，是虚拟角色交互的重要参考依据。虚拟角色与系统界面之间的"我我互动"，促进了虚拟角色与玩家智能化的"人我互动"，并在一定程度上促进了学习者后续个性化学习的开展。

教育游戏的角色交互设计是根据学习知识、针对儿童特点进行设计和创造的，是通过分析、引导、思考、感悟在更大限度上帮助玩家理解所学知识、感受知识及其逻辑和思想的。学龄前儿童有自主选择模仿对象的能力，在教育游戏中与角色进行交互，也将影响儿童的发展方向。

二、玩家化身：角色期待—角色体验—角色认同—角色内化

角色交互设计是通过以角色为主导、玩家为主体的创作理念，实现玩家认知的发展，强调的是玩家在学习过程中的主动性。此时，不仅需要在虚拟角色的配合与协助下完成学习活动，还需要强化玩家的内在动机，让玩家自发地完成任务，建构自我图式。教育游戏的化身设计需要根据玩家的第一自我呈现镜像自我，形成化身认同，最终为玩家建构理想自我的积极形象。儿童在自发游戏时，因地制宜、不断探索，让教育在游戏中自然地发生，让儿童在游戏中成长。所以，在教育游戏设计过程中，对玩家身份建构的目标是满足玩家个体发展的基本需求。从玩家的第一自我特点出发，根据玩家个人发展需求和认知特点进行化身形象设计。角色体验的过程强调关系功能的建构，需要找到符合玩家的信息传播渠道和技术实现方式；通过镜像自我的呈现，转变被动接受

---

① Stella Louis, Clare Beswick, Sally Featherstone. 认识婴幼儿的游戏图式——图式背后的秘密[M]. 张晖, 范忆, 时萍译. 北京：中国轻工业出版社, 2019：105.
② 尚俊杰. 未来教育重塑研究[M]. 上海：华东师范大学出版社, 2019：101.

信息的同时增强主动的意识,要求自身的信息、知识和能力在深度与广度上有所拓展,提供给玩家足够的空间和时间达到同化与顺应的思维方式的平衡,从原有知识图式整合出新的知识图式。在交互时注重游戏角色与玩家的交流行为和情感,以达成同化、顺应、平衡的循环过程。之后,以靠近理想自我为设计方向,通过镜像呈现,达致化身认同。在整个游戏过程中不断进行"人我互动""物我互动""我我互动",不断地靠近理想自我。虽然对学龄前儿童来说,对自我和知识的感知可能是延时的,但是从设计者的角度来看,需要立足高远,提前做好规划。

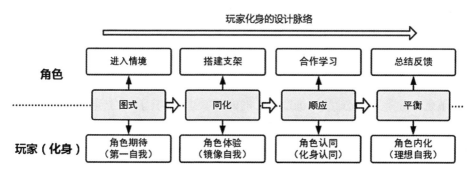

图 4.3　教育游戏中化身的设计脉络

（一）根据第一自我创设化身

要实现理想自我,首先得明确虚拟世界中"自我"的规定,让玩家认识这是自我,认可它能够代表自我。虚拟化身形象既要包括认同,也要包括动态的变化。对设计者来说,要明白为玩家建立积极身份,是个人发展在现实环境和虚拟环境中共同的目标。设计者可以充分利用条件设置降低实现目标的难度,比如在玩家完成一定的学习任务后,设置化身升级,不断地强化玩家的内在动机。此外,在形象实现方面,设计者可以为玩家设计"镜像自我""身体延伸""虚拟化身"等虚拟世界的呈现方式,让玩家相信自己是虚拟世界的一员。

在很多的教育游戏中虽然没有给儿童明确的化身形象,但是通过儿童熟悉的卡通人物,同样可以与儿童共鸣。各国著名的教育游戏都选用儿童熟悉的卡通人物作为游戏的主角。法国著名的纳唐出版集团旗下的"小企鹅乔比"系列绘本已连续发行了 17 年,乔比的形象也被运用到了动画片和教育游戏中。德国的教育游戏 Conni 系列则是以 Conni 作为线索人物对儿童进行基础认知的教育,有 *Conni Lesen*、*Conni ABC*、*Conni box* 等。

另一种方式是让儿童创造或选择和自己最像的形象。简化的卡通形象容易让人类认为这是自己,从而产生共鸣。美国教育游戏公司 Toca Boca 的设计理念是"抓住玩耍的力量",最大优势在于让儿童从自己的角度创造心爱的虚拟角色。在该公司开发的游戏《托尼生活世界》中,有 500 个虚拟角色可供玩家选择作为化身。创设化身不是目的,是方法和手段,是让玩家发现第一自我、观察自我行为的方式,只有在虚拟世界中找到存在感,才能激活儿童原有的认知图式。

(二)角色体验激发自我动机

在玩家进行角色体验时,为了更好地、具有创造性地把握知识,教育游戏往往利用认知学习理论将自我嵌入具有故事性、生动性的学习进程中。认知发展理论认为,内部动机是影响儿童学习与认知的关键,学习者自身原有的记忆、经验、动机和反应构成了一个完整的内部世界。[①] 教育游戏通过数字技术了解玩家除学习状态、学习进度之外的内部知识结构、学习习惯等内容。通过情境的设置,让学习环境更贴近易于接受玩家的状态,这不仅是教育游戏系统发展的方向,也是其本身的优势所在。教育游戏会对玩家的行为数据进行统计分析,在软件类、硬件类、虚拟类系统中会进一步对玩家初次登录的基本情况进行测试,并且对表情、语音、动作等渠道进行分析,从而完成个性化嵌入。界面与知识的呈现,则通过与虚拟化身的交互以及相关场景辅助设计来完成。例如,学龄前儿童都会经历对黑暗和独自就寝的恐惧,教育游戏《睡衣山姆》(*Pajama Sam: Lost and Found*)针对儿童这一心理,创造了虚拟化身山姆。山姆穿着睡衣、披着红色的毯子,前往衣橱背后的虚拟世界进行探险。他在探

图 4.4 教育游戏《睡衣山姆》界面截图

---

① 潘照团,陈加仓. 境脉课堂: 为生活而学习[N/OL]. 中国教师报: [2019-10-16]. http://paper. chinateacher. com. cn/zgjsb/html/2019-10/16/content_57.

险路上遇见了许多有趣的虚拟角色,要收集玩具避开危险,通过答题获得奖励。这样的游戏方式,一方面能增强儿童的内在体验动机,另一方面,最重要的是能对儿童正向引导,帮助儿童克服怕黑、难以独自就寝的恐惧心理。

儿童认知图式是不断内化外界的信息、不断调试和重构的。其实思维内化远比行动内化要难,杜威认为反思对学习认知有正向促进的作用,皮亚杰反对行为主义者的"刺激—反应"理论,他认为刺激只是影响儿童学习的一部分因素,儿童在感知运动阶段和前运算阶段,需要自我信息整合。对学习过程的反思有助于玩家对领域知识的深层理解。儿童整合认知图式的过程,也需要跳出活动本身,对活动过程和结果进行观察与思考,从而调动自我内在动机,更好地发展认知。对于儿童而言,过多的声光电的刺激,或者过于复杂的游戏关卡会导致玩家在反思和重新评价上的关注不足。所以,游戏中过高的交互频次以及过快的节奏都会导致喧宾夺主,弱化儿童的内在动机。

(三)情感贯穿达成化身认同

相比于传统的游戏,现在电子游戏中的游戏元素给予玩家更加强烈的刺激。通过积分、排行榜等对玩家的行为方式进行诱导;通过徽章等赋予玩家新的技能身份;通过任务变化、不断"打怪升级"这些具象化的视听符号,不断强化玩家的正向意识。但如果只是直接的从刺激到行为的模式,就缺乏了情感的贯穿或非积极的信息强化,会对玩家造成负面的影响。比如,《侠盗猎车手》融合了驾驶、格斗等视听元素,以及积分、徽章等游戏组件,将盗窃犯罪行为刻画得非常精彩。如若玩家不出门偷盗,留在家里当"沙发土豆",则享受不到视听刺激,也没有积分、排名等变化。这种强化玩家负面行为、倡导负向价值观的游戏设置应当尽量避免,因为儿童游戏中需要的是与玩家发展具有一致性的价值导向。

角色认同需要通过交流行为和情感化行为来实现。儿童在传统自发的游戏中,认同的形成和知识的接纳都是重复、逐步、小幅渐进的过程。所以在虚拟世界中通过行为交流、情感贯穿,角色交互的过程也需要回归自然状态。但难度主要在虚拟角色和玩家角色的生物学基础不同。若是想要实现不同角色之间深度交互,实现主体我对客体我的认同,还需要教育游戏的软硬件水平都更进一步提升。只有这样才能让玩家实现个体发展,建构积极的理想自我。现在市场上一种事半功倍的游戏是从成熟的儿童动画、绘本作品中进行改编,让原来的卡通形象变成新的教育游戏的主角,这种角色更容易使玩家产生情感认同。2021 年 10 月,STEAM 游戏平台上线了一款性格养成类的教育游戏《我的好友小猪佩奇》,这款游戏是由动画片《小猪佩奇》的制作团队和游戏公司一同制作。动画片《小猪佩奇》于 2004 年首播,在 2015 年登陆中国大陆后受到广大学龄前儿童家庭的欢迎以及教育工作者的认可。动画片中的小猪佩奇被设定为 4 岁女生,家里有爸爸妈妈和 2 岁的弟弟,一家四口都很友爱。每集故事 5 分钟,总是围绕幼儿的生活日常展开,在快乐的笑声中结束。在游戏《我的好友小猪佩奇》中,儿童可以通过角色扮演自由打造玩家化身形象,变身为小猪佩奇的好友,去小猪佩奇家做客,并和小猪佩奇一起探险。同时,游戏支持父母等多玩家参与。由于《小猪佩奇》的高知名度和玩家化身的多样化选择,易于让儿童产生对角色与游戏的认同,并且获得成长的效果。

（四）内化角色功能接近理想自我

角色认同的过程,其实也是玩家内化角色功能的过程。针对游戏角色功能的内化,游戏大师朱尔提到叙事和玩法是游戏机制设计的两个重点,这一说法也衍生出了两个不同重点的游戏:一是侧重玩法的游戏,二是侧重叙事的游戏。两种游戏中虽然游戏角色承担着不同的功能,但是在游戏过程中,甚至游戏结束后,都会有内化角色的功能。经典儿童游戏"老鹰捉小鸡"中本没有老鹰,是通过儿童的想象,在游戏中模仿老鹰的角色功能。我国国粹"中国象棋"和深受少年儿童喜爱的"陆军棋"是典型的规则游戏,即侧重玩法的游戏,但是其中每一个棋子(角色)都有对应的功能和角色行为,所有的棋子在一起就构成了完整的虚拟世界,让玩家很有代入感。每个棋子的功能构成了游戏的机制与策略,功能实现是游戏角色最重要的使命。

在数字游戏的语境下,通过视听符号将抽象的虚拟世界具象化。游戏角色通过具象化、符号化、审美化的呈现,让玩家产生代入感。不同的游戏中角色也承载着不同的功能,见表 4.1。在侧重叙事的游戏中,角色让玩家更容易获得情感体验,如反战题材游戏《勇敢的心》,通过设计角色化身经历的故事,让玩家切身体会到战争的罪恶,萌发对和平的向往。在侧重玩法的游戏中,角色可类比为鼠标等操作介质,角色功能让玩家更有动力去学习一类技能,如《超级马里奥》《星露谷集市》等注重玩法的游戏,通过既定的程序和马里奥等角色的表演,使玩家学会"跳跃"的技能。在叙事和玩法兼顾的游戏中,玩家享有沉浸"开放世界"的体验,同时学到技能和内化感受,如《塞尔达传说:旷野之息》就通过多元的角色功能达成了这一效果。

表 4.1　不同游戏中的角色功能

游戏的分类	案　　例	游戏目的	角色功能定位
重玩法	《超级马里奥》、棋类游戏	获取技能	工具
重叙事	《勇敢的心》、交互电影	获得感受	玩家、演员、编剧
两者兼顾	《塞尔达传说：旷野之息》	获得技能和感受	工具、玩家、演员、编剧

　　游戏是可以被非线性、反复体验的艺术形式。当玩家通过多次体验变成了"专家"时，角色本身难以再引发玩家兴趣，玩家将更注重规则挑战。例如，当新手在学习象棋时，注重体验每个角色（棋子）的不同功能，但是当玩家对棋子功能了如指掌了，那么他们追求的就是整体排兵布阵的体验，追求顺利通关。换言之，角色本身对玩家的吸引力已经抽离，而角色功能并未消失，固化在玩家的认知体系中，成为玩家内在认知的一部分。在建构主义学习理论中，往往会通过思考、活动、反馈、理解的反复循环来完成学习过程。根据儿童的认知特点，儿童对重复、小幅度渐进的游戏更加感兴趣。而为了实现认同，在设置教育游戏的虚拟角色功能与服务时，要有意识地设计关卡循环，将知识点重复。即使学习活动的环境和氛围变化再大，对玩家而言，完成学习活动并找到具有成效的最优途径，与内在的认知规律是分不开的。

　　在实现理想自我的目标中，也要对玩家进行反馈和建议。要有意识地将角色的功能、人格逻辑和知识紧密结合，角色不仅要在当下帮助玩家完成各种类型的关卡、学习活动，同时也要为玩家下一步的发展和路径提出合理的建议。挖掘并促进玩家优势的发展，使得玩家在完成游戏后，内化"聪明""勇敢"等品质，并且将这些优良品质向生活中迁移。

三、角色交互系统设计脉络

　　教育支架分为外部支架和内部支架两类。[①] 外部支架，也可理解为外部的学习支持系统，比如教育游戏中通过界面进行知识的呈现和相关信息的输入；而内部支架，主要是指利用玩家的认知规律为玩家提供拾级而上的台阶，帮助其获得知识、建构知识体系。

---

① 赵呈领，万力勇. Web2.0环境下的在线学习活动设计——活动理论与支架理论整合的视角[J]. 现代远距离教育，2013(6)：6.

（一）界面：调动动机—简单任务—复杂任务—游戏反馈

通过制造有趣的细节，帮助学龄前儿童保持注意力。界面是连接角色和学习内容的重要中介，一方面要符合儿童的认知心理，另一方面要做好信息传达。儿童的心理是游戏化的心理，对一切新鲜的东西感兴趣。在儿童教育游戏的设计中应根据教育目标设置游戏目标，根据儿童认知发展的特点选取合适的游戏方式，有选择地将"积分奖励""沉浸""社交""探险闯关""及时反馈"等游戏元素进行组合，通过游戏规则提升儿童解决问题的能力，根据最近发展区原则为儿童创设挑战的方式。

通过有节奏的游戏维持儿童的注意力，从调动游戏动机出发，先是简单的游戏挑战，逐渐升级为复杂的挑战，再进行整体的反馈，通过细节强化动机。除了自我内在动机，儿童的学习动力还来源于获得认可，所以界面要合理地对儿童进行反馈。界面应避免文字符号，而是通过语音提示，发出精确的指令。游戏可以在知识传播的重点处设置交互环节，增加儿童手眼并用的机会，以维持儿童的注意力，同时增强知识传播的效率。当然，也可以在界面设计中加入儿童金币值、徽章贴纸、升级化身等方式，以此来奖励儿童的进步，提升儿童的自我效能感，见图4.5。另外，界面系统需多从正面视角、用鼓励的方式向儿童反馈，在学习结束时需要对学习情况进行总结。

学龄前儿童的注意力最多能保持15分钟。界面中需要通过加入过场动画和形象化的知识点来解释体系，从而帮助儿童集中注意力，提升儿童的学习兴趣。人的信息获取有将近15%来自听觉，因此在鼓励儿童成功时可以配上掌声、喝彩声与号角声等音效。交互绘本游戏 Peek-A-Zoo 延续了纸质版绘本"捉迷藏"的形式，通过"找不同"的方式训练儿童的观察能力，并且在儿童触屏之后，通过特殊的音效和动画，给予儿童反馈，激发儿童进一步学习的动机。

（二）知识：产生愿望—拥有能力—实现目标—获得奖励

皮亚杰的认知发展理论中强调了身体在儿童获得认知中的重要性。现代认知学习理论家秉承其观点，认为人类的思维方式、对世界的认知方式也受到身体构造、神经结构、感官和运动系统的活动方式的影响。另外，具身认知的获取方式也可能是"离身的"，具身的形式既可能是人体运动，也可能基于想象。[①]

---

① 王辞晓. 具身设计：在感知运动循环动态平衡中发展思维——访美国具身认知领域著名专家多尔·亚伯拉罕森教授[J]. 现代远程教育研究，2019(2)：3—10.

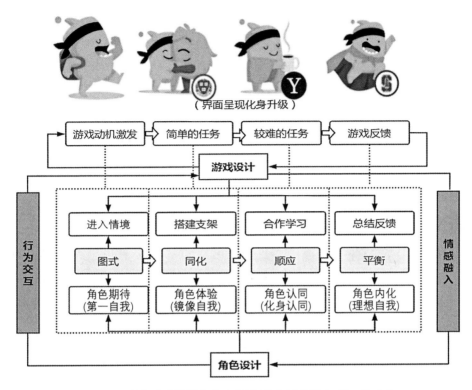

图 4.5 任务难度渐进与化身升级(化身形象取自 *ClassDojo*)

学龄前儿童对事物充满了好奇,教育游戏内容设计要依照故事化的原则,引导儿童完成从"角色期待"到"角色内化"的过程。中国故事讲究完整的结构,通常可以分为起(开端)、承(发展)、转(转折)、合(结局)四个部分。中国文学中经典的"起承转合"说法最早出现在元代,起是开头需要破题引入,承是书事说事,转是转折,合为结尾,言有尽而意无穷。如果将这一概念转化到游戏的内容设计中,那么可以分为"产生愿望""拥有能力""实现目标"和"获得奖励"四个阶段。具体来说,"产生愿望"是接受者因为外界因素要实现目标,拥有能力是从主体到客体改变的充要条件,若能实现从主体到客体改变的过程就可以获得奖励。一般来说,儿童对喜欢的事物有重复探索的动机,数字游戏是非线性的循环的叙事结构,所以无论是儿童的认知心理,还是游戏的结构都适合这种模式。

以《悟空识字》中的"大闹天宫"关卡为例,一开始儿童就因为要帮助孙悟空立下了挑战权威的目标(产生愿望);接下来,孙悟空作为知识的传授者一直给儿童灌输新的知识,帮助儿童获得识字的能力(拥有能力);然后,儿童在不断的练习中完成了帮孙悟空建马厩、放天马的任务,拥有并巩固了知识(实现目标);最后,儿童达成了帮助孙悟空挑战权威的目的,赢得奖章(获得奖励)。在整个游戏过程中,悟空扮演了老师的身份,先是搭建知识支架,让儿童产生角色期待;然后灌输知识带儿童走进知识情境,让儿童开始角色体验;接着共同完成知识,让儿童产生角色认同;最后对学习结果予以反馈,帮助儿童内化知识。教育游戏《悟空识字》截图,见图 4.6。

图 4.6 教育游戏《悟空识字》"大闹天宫"关卡内容分析

总之,知识内部的逻辑和体系为儿童提供内部的支架,促进儿童走向下一个发展阶段,而界面设置、化身升级等游戏化的手段为儿童提供成长的外部支架,将对儿童的奖励具象化地表达出来。外部和内部的教育支架相结合,进一步强化了动力,提升了学习的效率。知识学习和游戏进程相互融合,与玩家角色体验的过程相互融合,帮助儿童从认知平衡到经历认知冲突,再达到平衡,从旧图式向新图式转变。学习设计和游戏设计融合图,见图 4.7。

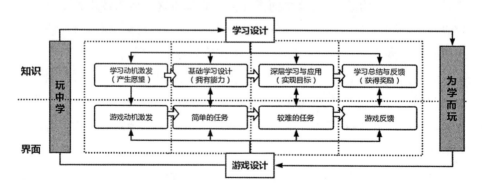

图 4.7 教育游戏中学习设计与游戏设计的关联模型

四、基于角色交互的教育游戏设计模型

研究者根据学龄前儿童的认知特点,从玩家、角色、界面和知识四个层次分析了教育游戏的创作脉络和要点,提出了玩家为中心原则、角色—玩家交互的一致性原则、玩家—角色—界面交互的边界隐匿原则、角色—界面—知识交互的层创共生原则。根据以上原则进行设计,可以为儿童打造一个易于认知的、充满沉浸感的虚拟世界。然而,具体设计教育游戏的过程,往往是根据既定的目标进行创作,分阶段进行游戏设计。研究者根据玩家在游戏过程中经历的四个阶段——角色期待、角色体验、角色认同、角色内化,推导并建构了基于角色交互的儿童教育游戏设计模型。模型中横纵串联了角色交互设计、游戏设计和内容设计,见图 4.8。

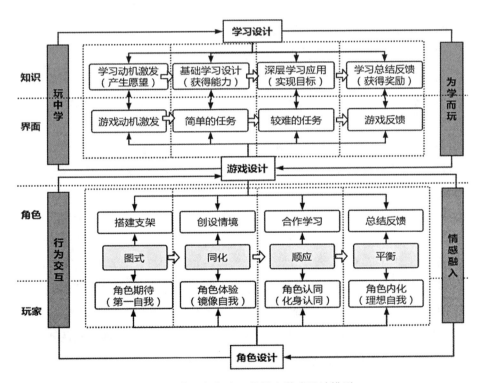

图 4.8　基于角色交互的教育游戏设计模型

模型从皮亚杰的认知图式"平衡说"出发,其目标方式是根据玩家的第一自我设置镜像自我,使得玩家在体验过程中形成化身自我认同,最终接近理想自我。这也体现了教育游戏为儿童建构积极身份的初衷。根据儿童认知的场依存

型的特点,虚拟角色的重要功能与作用被强调,建构了对应着虚拟角色承载教育功能属性的四个阶段,即搭建支架、创设情境、协作学习、效果评价。儿童的认知成长并不是外部刺激到行为内化的简单过程,还需要内部动机的强化。虚拟角色搭建教育支架,带玩家进入易于认知的虚拟世界,并进行协作学习。在游戏的体验中,儿童的好奇心充分被调动,增强自我效能,最后可以达到积极的教育目的。

因为角色、界面和知识处在层创共生的交互系统中,所以界面设计、知识的呈现方式等都要围绕儿童角色认知的特点创设一个协同度高的教育游戏。所以界面的设计对应着游戏的组件和游戏的机制,是游戏直观化的呈现;知识传播对应着游戏设计中的核心动力。两者都要突出角色的成长。所以角色的交互轨迹:期待—体验—认同—内化,分别对应着界面呈现的四个阶段——调动动机、简单关卡、复杂关卡、游戏反馈,以及知识传播的四个阶段——产生愿望、拥有能力、实现目标和获得奖励。

与此同时,耦合了角色交互框架各个元素的纵向内在联系,完整体现了玩家、角色、界面和知识在不同阶段的相互联系。第一阶段,教育游戏根据玩家第一自我的特点,启发儿童的审美期待,搭建支架激活儿童的认知图谱,激发游戏动机。第二阶段,背景知识的导入,儿童产生愿望,通过化身设计强化玩家内在动机,开始简单的游戏挑战和知识学习。这也是儿童进行角色体验从形成镜像自我到接近化身认同的过程,在这个过程中,游戏角色带玩家进入情境,为儿童形成镜像自我的语境,同时开始简单的游戏关卡,向儿童灌输知识。第三阶段,根据最近发展区原则,知识的难度逐渐增加,对应着更为复杂的关卡,突出角色的游戏故事也达到高潮,游戏角色和玩家一起攻克关卡。第四阶段,要对学习内容进行总结反馈,对儿童进行正向引导。这一阶段有两个重点:一是将知识迁移到生活之中,界面给予儿童反馈,一般来说教育游戏最后应该给儿童正向的反馈或是现实进步的,以激发儿童下一次学习的动机;二是对儿童取得的成就进行引导,让儿童取得的正向成就成为儿童自我认知图式的一部分,从而为儿童建构更积极的身份。

第三节　教育游戏中角色交互的实现路径

前文通过对模型中的纵向空间轴"环境—身体—心智与认知"的内化路

径,以及横向时间轴"角色期待—角色体验—角色认同—角色内化"的交互轨迹进行分析,进一步明确了交互目标、强化联系,形成了以游戏角色的为中心点的角色交互实现路径。

在教育游戏的角色交互实现路径中,玩家、角色、知识、界面处于四位一体的结构中。玩家的认知图式在同化、顺应相平衡的过程中不断迭代。根据玩家和角色一致性原则,角色交互需要达到自然融合,两者间不仅有交互行为还有情感共鸣。界面和玩家的交互需要遵循边界隐匿原则,旨在给玩家创造出易于体验的虚拟世界。游戏角色通过组合感应和反应功能模块,与界面协同对玩家的反应进行引导、反馈。游戏角色根据传播知识的内容,将身体模块和思维模块进行组合,自然地进行知识传播。最后的交互目标是玩家通过外部的虚拟身体(游戏角色)进入虚拟世界,获取认知。具体实现路径见图 4.9。

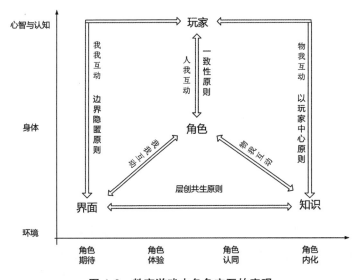

图 4.9　教育游戏中角色交互的实现

根据角色交互与教育内容渐进机制的融合和平衡规律,研究者明确了角色设计、游戏设计和学习设计的阶段性要点,建构了基于角色交互的教育游戏设计模型,并推演了教育游戏中角色交互的实现路径。其中,虚拟世界中的游戏角色处于玩家、界面和知识的中心点,这意味着角色是玩家与界面、玩家与知识交互的关键中介。根据整个研究的内容,知识不仅是指理性知识、自我认知,也包括了要教给儿童的认知事物的方式。

从虚拟世界中的角色出发,首先分析角色、界面和知识构成的小三角形。其一,角色与界面之间的互动属于"我我互动"场域,界面是虚拟角色根植的"土壤",需要根据界面整体的交互设计,组合角色的感知模块和反应模块,在整个交互过程中角色的形象个性和表演方式要与界面风格和反馈方式统一。其二,角色与知识之间属于"物我互动",交互的目的是教育性的传达,知识内容要突出角色成长。角色要根据传播的内容突出身体模块和反思模块,将角色的身份人格与知识属性相融合,使游戏角色得到智能化发展。其三,界面与知识共同构成了儿童的学习情境。两者之间需要动态调整各种交互状态和交互氛围,不断调动玩家的内在动机和外在动机。儿童认知图式的形成是从旧图式、同化、顺应到新平衡的过程,对应着界面呈现的四个阶段(调动动机—简单关卡—复杂关卡—游戏反馈),也对应着知识传播的四个阶段(产生愿望—拥有能力—实现目标—获得奖励)。总之,角色、界面和知识是虚拟世界中重要的元素,三者相互关联、各司其职,为玩家建构了层创共生、易于同化、充满知识的虚拟世界。

再从玩家的角度分析。其一,玩家的认知图式形成是同化、顺应、不断平衡的过程。玩家更容易被虚拟世界中的角色吸引,角色的设计要始终围绕儿童的认知发展特点进行,以个性化的形象构成游戏角色的外在表征,以身份人格涵养游戏角色的内在品质,以功能模块构造游戏角色的技术逻辑。同时,可根据玩家特定和传达知识的类型,为玩家设计"镜像自我""身体延伸""虚拟化身"等虚拟世界的呈现方式,让玩家相信自己是虚拟世界的一员,打造虚拟角色真实、真实角色虚拟的一致性"人我互动"模式。两者之间不仅有行为互动也存在情感共鸣,虚拟角色为玩家搭建支架激活认知图式,创设情境优化知识体验,以"我与你"融合促进学习合作,最后以积极反馈达成教育目标。儿童在自发游戏中因地制宜,不断探索。教育在游戏中生成,儿童在游戏中成长。所以,对玩家身份建构的目标是满足玩家个体发展的基本需求。根据玩家的第一自我设置化身,角色体验激发自我动机,情感贯穿达成化身认同,内化角色功能接近理想自我。玩家通过最直观地与虚拟角色交互,逐步对角色传达的信息形成认同。其二,从玩家出发与教育游戏界面的互动,或者玩家与自己在界面呈现的虚拟化身的互动,都属于"我我互动"。游戏(学习)行为是自我行为,因为归根结底学习是对能力的建构,是发现自我的潜能,其学习效果体现在从"旧图式"到"新图式"的转变。交互中要通过简洁的搭配、精准的指令和友好的情境展示将其边界隐匿,使得角色和其他元素一体化地呈现,同时防止因复杂操作对儿童产生认知负荷。其三,玩家和知识之间处在"物我互动",交互目的是对知识理解、迁移和自然化。知识内容需要根据儿童的思维模式进行故事化转化,运用寓教于乐的表达方式,在过程中时刻围绕教育目标展开,突出玩家的角色成长、童趣化的美学呈现,从而为儿童打造一个沉浸式的学习环境。在整个交互过程中,玩家不断地产生愿望、拥有能力,最后实现自我成长发展的目标,建构自我图式,获得奖励,强化合理的学习行为,最终将知识迁移到生活中。

本 章 小 结

上一章从纵向空间维度分析并指出,玩家、角色、界面、知识存在于四位一体的框架结构中,定义了创作原则和要点。本章重在从时间维度出发,归纳角色交互与游戏进程相融合的创作脉络。以皮亚杰的图式理论为起点,将角色交互与教育游戏的渐进机制融合,将角色交互设计、游戏设计和教育内容设计紧密联系,分阶段整合了儿童教育游戏的设计模型,即对应着角色功能属性的"搭建支架—创设情境—协作学习—效果评价"四个阶段,界面游戏机制的"动机激发—简单关卡—复杂关卡—游戏反馈"四个阶段,以及知识传播的"产生愿望—拥有能力—实现目标—获得奖励"四个阶段,耦合了纵向维度上玩家、角色、界面、知识四者结构的内在联系,完整体现了各元素在不同阶段的相互联系。

随之,提炼了教育游戏中角色交互的实现路径,玩家、界面和知识通过角色进行串联,形成四位一体的结构,重点阐述了遵循玩家和角色一致性原则,实现你和我的融合,指出交互不仅要有行为还要有情感共鸣。界面和玩家的交互需要遵循边界隐匿化原则,旨在给玩家创造出易于体验的虚拟世界。游戏角色通过组合感应功能模块、反应功能模块以及与界面协同,进而对玩家的反应进行引导、反馈,游戏角色根据传播知识的内容将身体模块和思维模块进行组合,以实现知识传播。

学术界已存在将角色作为影响学习者学习动机的元素进行研究,然而系统分析角色与玩家、界面和知识的依存关系的甚少。本研究将角色与游戏机制、教育进程相关联，根据为儿童建构最近发展区原则，分析了角色设计的脉络结构，并以此为起点建立设计模型，关联了角色设计、游戏设计和教育内容设计的横纵联系。此成果能够对学术界已有的研究进行补充。

下一章将对设计策略进行验证。

基于角色交互的教育游戏设计策略的验证

第五章
基于角色交互的教育游戏
设计策略的验证

本章将对前述理论框架进行验证。第一,基于角色交互策略进行教育游戏《二十四节气》创作实践,针对其游戏体验和教育效果开展测评实验,验证角色交互策略的可操作性和实效性;第二,研发了角色交互策略的验证编码方案,对目前市场上 65 款高下载量的教育游戏进行分析,验证角色交互策略的时效性;第三,在市场上同一类教育游戏中,选择契合、不契合于研究者设计理念的 3 组 6 款教育游戏进行对比实验和为期 8 周的跟踪实验,将其测试结果作为角色交互策略可推广性的依据;第四,归纳并总结出更加具有普适性的、易于推广的设计理念。

第一节　基于角色交互的教育游戏
创作与实验研究

为验证基于角色交互的教育游戏设计策略的可操作性和实效性,研究者依据角色交互的策略,创作了学龄前儿童教育游戏《二十四节气》,并且进入幼儿园、早期教育培训机构和学龄前儿童家庭进行效果测评。

一、教育游戏《二十四节气》的创作实践

二十节气是我国的文化瑰宝,蕴含着悠久的文化内涵、农耕知识、历史积淀,是中华民族悠久历史文化的重要组成部分,在 2016 年被列为世界非物质文化遗产。本次教育游戏的创作过程严格遵照前述的设计原则和要点进行。

整体创作思路见图 5.1。

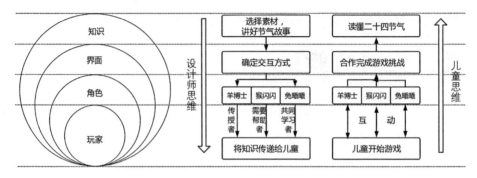

图 5.1 角色交互框架和《二十四节气》的设计思维

（一）遵循儿童中心原则,选取合适的创作素材

二十四节气蕴藏着丰厚的农耕习俗、民间传说、历史故事等人类智慧和文化教育素材,可以促进儿童人文意识的觉醒,深化对儿童的人文身份建构。二十四节气体现人们尊重自然、顺应自然的思想,且具有审美意识与创造力,学习二十四节气相关知识能够提高儿童对美的感知力与创造性,是重要美育资源。在传统的中华农业文化传习模式里,十分注重与同伴之间的协作,无形中强化了个体在生命发展过程中不可或缺的家庭教育与人际关系纽带,这有利于培养儿童的社会性。另外,如今世界通用的星期、月份等,只是计算时间的方法,而二十四节气各具特色,动手练习能够提高儿童的手、眼、脑协作能力与精细动手能力。综上,研究者选择二十四节气作为创作素材,以《3—6 儿童学习与发展指南》为创作依据,试图在游戏中不断提升儿童科学、健康、社交、艺术和语言五大领域的能力。

教育游戏《二十四节气》依据闯关游戏的模式进行,每个节气相当于地图上的一个关卡,当学完一整套游戏时便可以凑齐拼盘,获取知识之门的钥匙。游戏中设计了三个主要的虚拟角色和玩家化身。在每个节气关卡的用时约为 6—8 分钟,一般设置 4—5 个的子任务,子任务的难度依序由易到难。其中二十四节气的科学知识和文化典故以动画故事的形式向儿童展示,结合知识的重点穿插了拼图类益智游戏、角色扮演游戏、音乐游戏、体感交互游戏等,以调动儿童的兴趣;通过动画技术、触屏技术、AI 语音识别技术、体感交互技术调动儿童视知觉、体适能、触觉、想象力的协同参与,并对其行为做出反馈。

图 5.2　教育游戏《二十四节气》部分截图

表 5.1　《二十四节气》教育游戏设计要素列表

一级指标	二级指标	游 戏 设 计
学习者分析	认知水平	学龄前儿童处于前运算阶段,对知识的感知偏向于形象思维。儿童的读写能力有限,需要在界面上有语音提示
	操作能力	因为生理结构发育情况尚未成熟,精细运动的能力有限,常用的手势有点击、双击、拖拽、放大、缩小、滑动。另外,儿童粗大运动能力发育较为完善,可调动儿童全身运动
学习内容	学习内容	以二十四节气知识内容为主线,加入与节气相关的传统民间故事,结合幼儿教育中五大领域基本知识,并在游戏中充分调动儿童身体机能
游戏设计	游戏规则	游戏的框架使用闯关游戏的形式,玩家先是通过观看动画片进行学习,再答题获得星星奖励,每个节气相当于一个关卡,解锁每个关卡之后可以得到相应的节气拼图,最后解锁整个"节气拼盘表",并且获取开启知识大门的钥匙
	游戏故事	三个角色坐在印着二十四节气转盘的热气球和飞艇上飞来,落在了地球上,地球在不断转动,游戏场景也在变,意味着季节变换。每个节气的关卡都发生在一个故事的场景中,叙事从生活化的场景切入,叙事结构完整,又有童趣,符合人类对真善美追求的主题
	角色设计	有羊博士、兔曦曦、猴闪闪三个角色。羊博士象征着知识的权威,猴闪闪设定为幼儿园小班,兔曦曦设定为幼儿园大班
	游戏行为	触屏手势、体感交互、语音交互

（二）遵循一致性原则，创设游戏角色及其交互方式

教育游戏《二十四节气》使用角色交互策略，旨在为儿童创造出沉浸式的二十四节气知识场，并根据角色交互实现路径制定了交互目标，以突出玩家与虚拟角色、界面和知识体系的交互。角色交互实现路径见图5.3。

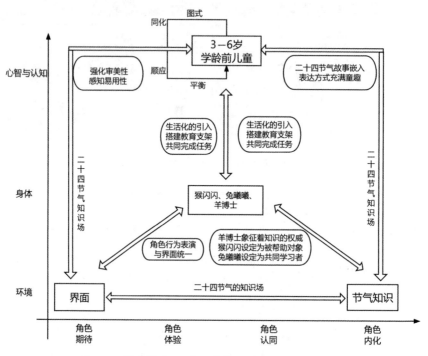

图5.3　教育游戏《二十四节气》角色交互的实现路径

首先，塑造鲜活的虚拟角色形象。以形象个性丰盈角色的外在表现，以身份人格涵养角色的内在品质。根据前期调研中50%的儿童喜欢动物角色的现象，创设了三个主要虚拟角色。羊博士是老师、长辈、知识权威，直接传授知识；猴闪闪是游戏中最小的角色，是需要帮助的对象；兔曦曦是学习的小伙伴，乐观、敏锐，和儿童一起学习。根据角色的身份，创设人格特质。羊博士体现了具有责任心、知识渊博等老师的共同人格，猴闪闪和兔曦曦体现了好学多问等学生的共同特质。为表现人物的个性特质，羊博士由有30年教龄的教师配音，语气温和，讲话慢条斯理，突出重点；猴闪闪由4岁的儿童进行配音，奶声奶气的语音营造了让儿童感到亲切逼真的情境。除此之外，每个节气都有一些次要的虚拟角色，如雷公（惊蛰）、农民伯伯（芒种、立秋）、仓颉（谷雨）、青蛙

（大暑）、戴胜鸟（谷雨）、熊妈妈（立冬）等，将抽象的节气转化为虚拟角色的具象表演。为给儿童明确地传递真善美，使得正义与邪恶的人物形象特征明显，正面角色的剪影都是圆形，反面角色的剪影多为三角形，方便儿童认知。如"洪魔"形象身穿披风，是典型的三角形构图法。整体来说，虚拟角色都在传递正能量。游戏中儿童通过虚拟化身、自我镜像和"手型图"的方式出现，让儿童意识到自己是虚拟世界中的一员。

图 5.4　教育游戏《二十四节气》部分截图

其次，以功能模块构造角色的技术逻辑，构成"我我互动""人我互动""物我互动"的知识场。一是突出身体模块和思维模块，角色行为方式围绕着知识的传播开展。以圆润的线条勾勒角色，真人配音的虚拟角色给儿童真实的代入感，形成与知识体系相融合的角色人格逻辑。二是感知模块和反应模块进行组合，构成虚拟角色的行为与界面相协同的表演方式。通过语音识别功能、多点触控功能让游戏角色感知到儿童的需求。以答题环节为例，如果儿童回答正确就予以表扬激励，答题错误则予以纠正并鼓励；如果儿童在答题环节中遇到困难，点击虚拟角色，系统就会给予提示；答题完毕，角色会跳一跳表示庆祝。三是贯穿情感模块，旨在达到"我与你"的认同。游戏中为儿童设置了虚拟化身和镜像呈现,让儿童更好地融入这个虚拟世界。虚拟角色作为线索人物推进故事发展和引导儿童进行任务挑战。整个游戏中答题环节以猴闪闪的提问为线索,让儿童体验到同伴合作的感觉,在获取认知的同时,将勇敢善良的品质内化。关卡结束之后,儿童的成长树会继续长高,强化儿童的成就感。

(三) 遵循边界隐匿原则,设置利于人机交互的良好界面

游戏设计中遵守着玩家—角色—界面交互的边界隐匿原则,构建人机互动的良好界面。

其一,界面干净整洁。画面的颜色选择依照"以儿童为本"的原则,选取低饱和度的颜色,大块填充,每个季节都有代表色,增加识别度。

其二,为降低儿童的认知负荷,界面按钮都用符号表示,鲜有文字出现,有文字的地方都配有语音提示。图标醒目,按钮可识别范围扩大到 1.5 倍,以增强儿童的自信心。信息架构见图 5.5。

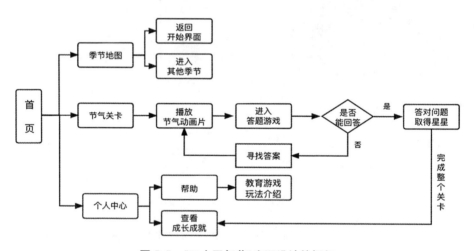

图 5.5 《二十四气节》交互设计的框架

其三,丰富交互模式,打造友好的交互情境,便于儿童操作,增加感知易用性。实践中运用了多点触控、语音识别、体感交互的技术,以方便儿童与界面交互。比如,儿童在霜降节气中跟着故事情节以不同的方式感受秋天:打开话筒,跟着羊博士念出"一场秋雨一场寒";打开摄像头,跟着兔曦曦和猴闪闪练习《山行》的手指舞;一边听朱博璋和凌霜侯的故事,一边点击屏幕数柿子;点触屏幕画秋天,再打开麦克风说出自己的创作理念。通过简易的操作流程,将学到的知识与内心原有的秋天的图式相融合,形成新的认知。

图5.6　教育游戏《二十四节气》关卡截图

（四）遵循层创共生原则，搭建与知识交互的脉络结构

　　根据儿童认知同化、顺应相平衡的规律，将角色交互策略与游戏的渐进机制相融合。每个节气知识以故事形式展示，从儿童常见的生活场景出发，其间穿插了民间故事和科学知识，具有童趣。如"立冬"这天，猴闪闪很沮丧，因为乌龟、小蛇和大熊都冬眠了，不能一起玩。兔曦曦前来安慰，告诉猴闪闪冬眠的常识，大熊从秋天起就开始疯狂地储存能量，要睡上好几个月。当猴闪闪感叹无聊的时候，羊博士告诉他冬天可以开展冰雪运动，这让猴闪闪很激动。最后首尾呼应，提示儿童可以将学习到的知识用在日常生活中。羊博士端来饺子，并叙述立冬吃饺子是中国人的传统。整个游戏过程通过益智游戏、体感交互游戏、韵律操等形式，将与立冬节气相关的知识串联起来。立冬游戏设计结构图见图5.7。

　　在整个游戏的过程中，虚拟角色为儿童搭建教育支架、创设情境，首先通过动画小片介绍了节气知识；再以知识大冒险的方式让儿童完成难度逐渐升级的挑战，其中主要涉及的知识有数字、空间、语言认知等；同时通过艺术创作、表演儿歌的方式调动儿童的积极情绪。以谷雨节气为例，情境设置十分自然，窗外传来布谷鸟的叫声，兔曦曦说布谷鸟听起来像是在提醒人们要播种了，羊博士说是因为谷雨到了。猴闪闪说谷雨这个名字很特别，羊博士便介绍了"谷雨"这个名字的由来：仓颉创造了文字，天神想奖励他，可他只要人们都能吃饱肚子，于是，天上下起了谷子雨。整个节气分四个环节进行。第一个环节，播放动画小片，调动儿童以往的认知：地上是绿色的，鸟叫声符合儿童对春天的认知。另外，动画环节还介绍了仓颉和"谷雨"名字的由来。第二个环节，用简单有趣的关卡引起儿童的兴趣，并巩固所学知识：点击屏幕，数一数谷子堆数量，完成布谷鸟的拼

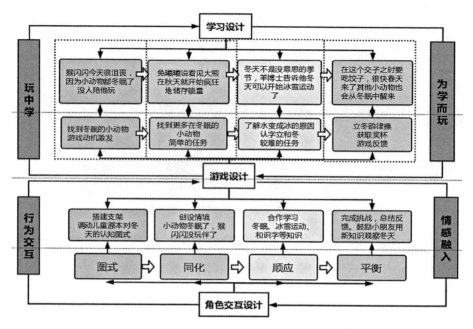

图 5.7 教育游戏《二十四节气》设计结构(以立冬为例)

图。第三个环节,逐步提升关卡的难度,用形象化的手段教儿童认识"谷雨"两个字。第四个环节,通过体感交互让儿童学习谷雨韵律操,在快乐的气氛中结束学习,并用成长树和语音提示给出学习反馈。其他节气关卡分析见表 5.2。

表 5.2 《二十四节气》部分节气的主要故事情节与游戏任务

节气	故事情节	游戏活动	学习活动
惊蛰	春雷响了,猴闪闪被吓到了,兔曦曦说那是代表春天来了,冬眠的小动物醒来了,杭州的小蛇醒来了,猴闪闪等一行去江南挖春笋了	1. 音乐游戏 2. 益智游戏 3. 专注力训练:找不同 4. 体感音乐游戏(惊蛰韵律操)	1. 了解惊蛰节气知识 2. 情绪识别 3. 数数、比多少 4. 画春天
谷雨	猴闪闪说"谷雨"的名字很特别,羊博士说是因为仓颉创造了文字,天神想奖励他,可他只要人们都能吃饱肚子。于是天上下起了谷子雨。谷雨时分,布谷鸟、戴胜鸟都出来了,牡丹花也开了,是一个鸟语花香的节气	1. 益智游戏(拼图) 2. 益智游戏(数数) 3. 体感音乐游戏(谷雨韵律操)	1. 了解谷雨节气的知识(名称由来、春暖花开) 2. 认知(戴胜鸟、布谷鸟) 3. 数的概念

续 表

节气	故 事 情 节	游 戏 活 动	学 习 活 动
芒种	芒种节气农民伯伯忙得不可开交,兔曦曦和猴闪闪也一起去帮忙,回来之后羊博士奖励他们侗族的美食,给他们讲了侗族英雄大战洪魔的故事和百家宴的由来	1. 益智游戏(比多少) 2. 角色扮演:帮助英雄打击洪魔 3. 益智游戏(拼图) 4. 体感音乐游戏(芒种韵律操)	1. 节气知识 2. 认知(水稻麦子) 3. 数数 4. 认字(芒种)
大暑	到了全年中最热的大暑节气,兔曦曦和猴闪闪都炎热难耐,羊博士说心静自然凉。大暑为秋收的铺垫。大暑晚上的萤火虫是一道美丽的风景。小伙伴们一起去找萤火虫	1. 益智游戏(选择) 2. AI语音交互类 3. 拼图 4. 体感音乐游戏(舞蹈萤火虫)	1. 了解大暑节气相关知识(温度、萤火虫) 2. 大小分类 3. 学习谚语 4. 萤火虫舞蹈
立秋	立秋的到来正像一把火,给大地铺上了很多色彩。猴闪闪等到农村给农民伯伯帮忙,突然下起了雨,羊博士说:"一场秋雨一场寒。"小伙伴们来到了室内,感受贴秋膘和啃秋的乐趣	1. 益智游戏(选择) 2. AI语音交互类 3. 描红 4. 填色游戏(画秋天)	1. 立秋节气相关知识(落叶、贴秋膘) 2. 学习谚语(一场秋雨一场寒) 3. 认字(秋) 4. 欣赏图片《啃秋》
白露	白露节气,兔曦曦在上学的路上遇见了大雁,他们都打包好了行李准备去南方过冬。大雁脚上都贴了五彩的标签,这是科学家为了记录他们的习性而特意设计的。南方的秋天也别有韵味	1. 益智游戏(选择) 2. 定点拼图(泡茶) 3. 角色扮演:雁南飞 4. 体感交互游戏(白露韵律操)	1. 白露节气相关知识(露水的形成、大雁南飞) 2. 数数、比多少 3. 认字(白、露)
霜降	传说天上有一个小仙女,是掌管霜雪的女神。每到霜降节气,女神就在天上弹琴。于是有了霜粉雪花,但实际上霜是露水凝结而成的。霜降是吃柿子的时候,柿子也被朱元璋封为"凌霜侯"	1. 益智游戏(选择) 2. 益智游戏(数数) 3. 填色游戏(树叶画) 4. 体感交互游戏(杜牧《山行》)	1. 白露节气相关知识(霜降和凌霜侯故事、霜的形成) 2. 数数 3. 儿歌杜牧《山行》
立冬	猴闪闪今天很沮丧,因为小伙伴们都冬眠了,没人陪他玩。兔曦曦说看见大熊从秋天就开始疯狂地储存能量。羊博士告诉他们,冬天可以开始冰雪运动了	1. 益智游戏(选择) 2. 做冰棍 3. 体感交互游戏(立冬韵律操)	1. 立冬节气相关知识(动物冬眠、大地结冰、吃饺子) 2. 认字(立、冬)

节　气	故　事　情　节	游　戏　活　动	学　习　活　动
冬至	在上学的路上,猴闪闪说今天很冷,被羊博士听见了。课堂上羊博士说冬至是北半球白昼最短一天,意味着隆冬时节的来临。冬至是吃饺子、元宵的快乐日子	1. 益智游戏(选择) 2. 定点拼图(包饺子) 3. 体感交互游戏(冬至韵律操)	1. 冬至节气相关知识(日照时间最短的一天、吃饺子、看祭天) 2. 学习谚语(冬至大如年)

总而言之,《二十四节气》创作从立意到细节都充满正能量,强调了对真善美的追求。以二十四节气的科学文化知识,凸显对真知的追求;通过从生活场景的切入、充满童趣的故事展现生活之美;通过对农民伯伯的感谢,体现对生命、对大自然的感恩,展现人性之善。

二、教育游戏《二十四节气》测评实验设计

为验证基于角色交互策略的实效性,以教育游戏《二十四节气》为案例,进行了测试实验。考虑到学龄前儿童教育游戏的双用户特点,本研究将对儿童及其身边重要他人(家长和老师)开展调研。首先,根据《二十四节气》的创作初衷和经典游戏测评量表等,设计本实验的测评量表和制定实验方案。然后,根据儿童、家长、老师的不同人群特点,分别开展测评。本实验将采用自然观察法和引谈法获取儿童体验评价的信息。同时,通过问卷调研法和深度访谈法获取家长、老师的评价信息。最后,分析实验数据,得出结论。

（一）测评实验量表设计

首先,对经典游戏测评模型和量表进行回顾,为保证实验数据可靠有效,能最大限度反映《二十四节气》教育游戏的设计情况及其设计框架的合理性。

吴建华教授等将教育游戏的测评分为三个部分:① 游戏性测评,主要包括游戏的故事、人物、道具和趣味;② 教育性测评,主要包括增强学习动机、提高学习兴趣、提升学习效率等;③ 实测任务,要求实验对象进行,考察知识的迁移能力。[①]

教育游戏最根本的属性是其教育属性,学习动机是教学中的重要因素。

---

① 吴建华,王静宇. 故事驱动的信息素质教育游戏研究[J]. 图书馆论坛,2017,37(1):26—32.

教授凯勒开发了激发和维持学习动机的 ARCS 模型,其中测量的指标包括注意力(Attention)、关联(Relevance)、信心(Confidence)和满意度(Satisfaction)。[①] 因其对动机描述的全面性常常被运用到教育测量中。

而教育游戏设计的 RETAIN 框架则较为全面,涵盖了对游戏性和教育性两个方面的考量。框架包括六个测量指标:① 相关性,教育游戏中创建了合理的情境,每个学习的小单元(或者关卡)中的关联性高;② 嵌入性,游戏故事可以承载学习内容,分解阶段性的学习目标;③ 迁移性,游戏设计考虑到知识迁移应用;④ 适应性,在教育游戏中从旧的知识推导到新的知识点,学习新知识的时候有相似性的内容进行铺垫,另外适当的重复加强记忆;⑤ 沉浸感,具有有趣的游戏性的体验;⑥ 自然化,有重复学习的动力,并能把知识运用到生活情境中。[②]

以上这些测评模型中,教育性包括学习动机、注意力、学习效果和评价等;游戏性包括游戏的沉浸性、乐趣、挑战等。其中嵌入性主要是衡量教育性和游戏性的衔接度,游戏性是保证儿童持续进行体验的关键元素,教育性是教育游戏创作的初衷。上述教育游戏的测评模型为本研究提供了思路,研究者整合 ARCS 模型和 RETAIN 模型,从教育游戏的游戏属性、教育功能设计和学习效果三个方面制定测评量表,见表 5.3-1。

表 5.3-1　实验测量变量类型、来源列表

变　量		测　度　变　量
游戏属性评价	注意力	A1 内容和互动让儿童保持注意力。 A2 开头能有吸引儿童的东西。 A3 界面漂亮。
	沉浸感	I1 游戏中的主人公猴闪闪、兔曦曦、羊博士各有特色,讨人喜欢。 I2 游戏中嵌入的必要的语音提示等提升了功能设计合理性,很好地解决了儿童的困惑。 I3 答题获取拼图、收集星星等,让儿童获得成就感。 I4 儿童非常愿意在游戏中帮助猴闪闪完成任务。

---

① Keller J. Development and Use of The ARCS Model of Instructional Design[J]. Journal of Instructional Development, 1987, 10(3): 2-10.

② 杨玲玲. 基于 RETAIN 模型的教育游戏设计与开发[D]. 天津师范大学, 2012: 39.

续　表

变　量		测　度　变　量
教育功能实现	相关性	R1 游戏中学习的知识与儿童的实际生活相关,传递了传统文化的知识。 R2 锻炼儿童五大领域(科学、健康、语言、艺术、社交)能力。 R3 游戏任务交互与故事情节叙事结合得顺畅。
	嵌入性	E1 游戏设置猴闪闪、兔曦曦、羊博士的故事主题,让人非常喜欢。 E2 在知识大冒险、眼力大考验、汉字真好玩、韵律操等环节中学习与游戏内容契合。
	适应性、迁移性	AT1 通过教育游戏,呈现二十四节气故事,使得知识更易理解。 AT2 此游戏可以当成学习的工具,且相比传统学习方式有一定的吸引力。
学习效果	满意度、信心	S1 利用"二十四节气"来学习,增加了儿童学习兴趣。 S2 学完之后觉得自己很聪明且有收获。
	自然化	N1 以后还想继续使用这个游戏。 N2 学到了什么本领?

(二) 测评实验方法选择

教育游戏的体验感受分为三个维度：一是主观体验,需要玩家用言语表达；二是外部表现,可以通过观察玩家的面部表情和动作姿态得出；三是玩家的生理反应,紧张到出汗等。考虑到学龄前儿童的特殊性,无法用语言将所有的感受准确表达,所以选择对儿童进行自然观察和引导访谈。另外,根据前期调研,学龄前儿童的教育游戏具有双用户的特征,所以有必要对儿童身边的重要他人进行调研。为模拟现实的使用场景,测试时需要家长或老师对儿童的使用行为进行旁观,并填写调查问卷。综上,对儿童与老师、家长进行有针对性的实验,见表5.3-2。

表5.3-2　测试内容与方案

变　量	测度内容	儿　童	老师和家长
注意力	A1	观察	—
	A2	观察	—
	A3	引谈	

变　量	测度内容	儿　童	老师和家长
沉浸感	I1	引谈	问卷
	I2	观察	问卷
	I3	观察、引谈	问卷
	I4	观察、引谈	问卷
相关性	R1	引谈	问卷
	R2	—	问卷
嵌入性	E1	观察、引谈	问卷
	E2	—	问卷
适应性、迁移性	AT1	引谈	问卷
	AT2	引谈	问卷
满意度、信心	S1	观察、引谈	问卷
	S2	引谈	—
自然化	N1	引谈	—
	N2	引谈	—

（三）测评实验实施概况

研究者于 2021 年 10 月至 2022 年 1 月陆续开展实验，总共招募了 40 名幼儿、28 名教师和 28 名家长进行游戏测评。测评主要分为三个步骤：

第一，研究者走入南京市江宁区兴宁幼儿园、南京市严师高徒艺术教育培训中心等园所，指导儿童进行教育游戏体验。为保证儿童不会在有陌生人的场合感到不适，实验期间老师或家长在场。在兴宁幼儿园实验时，地点选在幼儿园的图书室，其间由主班老师陪伴。严师高徒艺术教育培训中心实验时家长在现场。被测幼儿整体情况详见表 5.3。儿童智力、视力、听力水平正常，能清楚表达自己的感知。儿童测试期间全程录像，研究者观察并记录儿童体验时的配合程度、情绪状态、专注度等。在体验结束之后对儿童喜欢哪个角色、喜欢哪个环节、是否喜欢界面风格和故事等进行访谈。

表 5.4　实验儿童基本信息频率分析表($n=40$)

类　别	内　容	频　率	百分比	累计百分比
性别	男	18	45	45
	女	22	55	100
班级	小班	12	30	30
	中班	12	30	40
	大班	16	40	100
年龄	3—4 岁	12	30	30
	4—5 岁	4	10	40
	5—6 岁	18	45	85
	6—7 岁	6	15	100

图 5.8　教育游戏《二十四节气》部分测评

　　第二,在儿童进行体验时邀请幼儿教师或在场家长进行旁观,并且填写问卷。同时,研究者在幼儿园测试时,用视频记录儿童测评全过程,并将教育游戏展示视频样本和儿童操作视频发给不在场的家长,请家长填写问卷。家长和老师的问卷内容相同,问卷采用里克特五级量表的方式,1—5分别代表从"非常不同意"到"非常同意"。

第三,选择愿意沟通的老师和家长进行访谈。

三、测评实验结果分析及讨论

(一) 学龄前儿童测试情况

1.《二十四节气》游戏性体验

儿童进行测试的平均用时在7分钟,其间表现出较为积极的情绪,游戏操作顺畅,基本能完成任务,回答研究者最后的提问。

一方面,研究者在现场会根据每个儿童的表现对他们的情绪状态、关注度进行观察和评分。从现场的情况看来,60%的儿童非常专注,30%的儿童比较专注,10%的儿童专注度一般。总之,除了个别小班的儿童中途挪挪凳子,其余儿童的专注度、配合度都较高。根据前文经典观察框架,儿童的使用状态仍然是观察重点,主要根据儿童的面部表情,用心理测量表将儿童的状态划分为:愤怒、生气、不开心、专注、高兴、兴奋、期待7个等级,依次编码1—7[1],见图5.9。

| 1愤怒 | 2生气 | 3不开心 | 4专注 | 5高兴 | 6兴奋 | 7期待 |

图5.9 儿童游戏测试中情绪体验层次评判

另一方面,在儿童体验时研究者全程录像。离开现场之后,挨个根据儿童的表现进行编码,按照0、0—1分钟、1—2分钟、2—3分钟、3—4分钟、4—5分钟、5—6分钟、6—7分钟8个阶段,以观察量表的评分原则进行评分。根据编码绘制情绪曲线,见表5.5。

---

[1] 鲁艺,汤宏伟. 学龄前儿童益智游戏中的情感体验研究[J]. 包装工程,2018,39(10):106—110.

表 5.5　儿童情绪状态编码表

被测	0 min	1 min	2 min	3 min	4 min	5 min	6 min	7 min
1 号	6	4	5	4	6	4	6	3
2 号	4	3	4	4	4	5	4	7
3 号	5	4	4	5	5	5	4	6
4 号	5	4	4	5	5	6	4	6
5 号	6	6	4	4	6	5	4	6
6 号	4	4	4	3	4	6	4	4
7 号	5	4	4	5	4	5	5	5
8 号	5	4	4	4	4	4	4	4
9 号	3	4	4	4	5	5	4	4
10 号	5	4	4	3	5	6	6	4
11 号	6	4.5	5	4.5	6	4.5	6	3.5
12 号	4	3	4	4	4.5	5	4	7
13 号	5	4	4.5	5	5	5	4	6
14 号	5	4	4	5	5	6	4	6
15 号	6	6	4	4	7	5	4	6
16 号	5	4	4	3	4	6	4	4
17 号	5	4	4	5	4.5	5	5	5
18 号	5	4	4	4	4	4	4	4
19 号	3	4	4	4	5	5	4	4
20 号	5	4	5	4	5	4	4.5	5
21 号	6	4	5	4	6	4	6	3
22 号	4	3	4	4	4	5	4	7
23 号	5	4	4	5	5	5	4	6
24 号	5	4	4	5	5	6	4	6
25 号	6	6	4	4	6	5	4	6
26 号	4	4	4	3	4	6	4	4
27 号	5	4	4	5	4	5	5	5
28 号	5	4	4	4	4	4	4	4

续　表

被测	0 min	1 min	2 min	3 min	4 min	5 min	6 min	7 min
29 号	3	4	4	4	5	5	4	4
30 号	5	4	4	3	5	6	6	4
31 号	6	4	5	4	6	4	6	3
32 号	4	3	4	4	4	5	4	7
33 号	5	4	4	5	5	5	4	6
34 号	5	4	4	5	5	6	4	6
35 号	6	6	4	4	6	5	4	6
36 号	4	4	4	3	4	6	4	4
37 号	5	4	4	5	4	5	5	5
38 号	5	4	4	4	4	4	4	4
39 号	3	4	4	4	5	5	4	4
40 号	5	4	4	3	5	6	6	4

根据编码表可知,儿童在游戏体验的过程中表现出较为积极的情绪。其中有三种比较典型的情绪波动情况,见图 5.10 和 5.11。一是波浪型,如 1 号情绪起伏比较大;二是平稳专注型,如 8 号、10 号比较平稳;三是慢热型,前面平稳,后面兴奋。从平均分来看,情绪体验呈"两头高,中间平"的趋势。根据

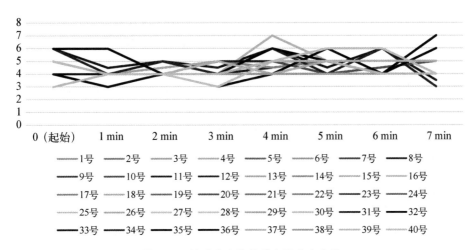

图 5.10　被试儿童情绪状态量表个人值

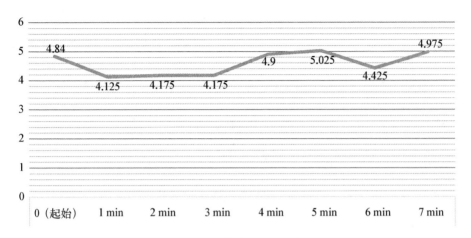

图 5.11 被试儿童情绪状态量表平均值

量表平均分分析，儿童在教育游戏最开始时、与虚拟角色互动时、快要结束（拿到奖杯）时情绪状态较为兴奋；在学习新知识、观看动画片时平均情绪数值在4.125—4.975，处于较为专注的状态。整体来看，儿童没有表现出过于兴奋或生气的状态，且在教育游戏的动画讲解部分注意力比较集中，这有利于儿童获取知识。

儿童对游戏角色的设置等给予了积极评价。儿童更喜欢和自己有某种关联的游戏角色，如属羊的儿童最爱游戏中的羊博士、属猴的儿童更喜欢虚拟人物猴闪闪。每当儿童在答题环节中获得奖励时都会露出得意的微笑，4号儿童在体验过程中一直在数星星。所有参加测试的儿童都表示愿意帮助猴闪闪答题。90%的儿童对界面构图给予积极评价，词汇量较为丰富的大班的3号儿童说出了界面漂亮的原因，如色彩搭配好。儿童对特别的音效感兴趣，在"谷雨"关卡中，当鸟发出布谷的叫声时，儿童也会跟着学鸟儿叫。此外，儿童有和游戏角色互动的意识。例如，在"立冬"关卡，当羊博士介绍说"立"字像不像一个小孩站在冰上玩时，中大班的小朋友都很认真地点头说"是"。

2. 教育效果评价

儿童喜欢故事，能抓住故事最核心的点，如在寒露节气大雁要南飞。从测试结果可以看出，各年龄段的儿童兴趣点明显不同，小班儿童喜欢游戏中的动画故事，中班和大班的儿童喜欢交互部分。男、女生的兴趣点也有所差异，比如相比观看知识动画故事,男生对交互部分显示出更大的兴趣。在"芒种"关卡中有英雄大战洪魔的环节,需要儿童点击屏幕帮助大英雄打怪兽。14号儿童告诉研究者,最喜欢的是打怪兽的环节,并且能清楚地说出因为怪兽是洪水变成的。参加测评的儿童在经过游戏测试后表示自己学到了本领,他们认为自己学完变得更聪明了。当游戏结束之后,儿童普遍表示想继续进行学习,但当被问及学到了什么时,儿童的回答因人而异。小班儿童只会说我学到了跳舞(节气韵律操)、我学到了一个动画片。中班儿童会说我学到了"霜降""冬至"。大班儿童则说得更加具体,如大暑比小暑还要热;白露是白色的露珠,而不是白鹭鸟;在冬天青蛙、乌龟、熊要冬眠,而猴闪闪不冬眠。可见儿童对贴近生活的知识更加感兴趣。

当儿童被问及什么印象最深时,最常得到的答案是"小动物",见图5.12。这也从一个侧面说明,通过虚拟角色进行知识传播的方式最令儿童印象深刻。由角色交互切入,可以将儿童带入沉浸式的学习内容,通过与虚拟动物角色互动可以学到更多的知识。

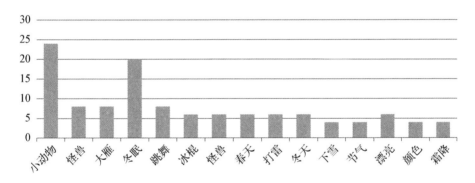

图5.12 被测儿童学到的内容词频分析

（一）家长和老师的评价反馈情况

因为学龄前儿童认知水平和表达水平有限,本次实验中,研究者还针对《二十四节气》的教育性和游戏性面向家长和教育工作者发放问卷和进行深度访谈。在本次实证研究中,有28名教育工作者和28名家长参与了问卷调研,共计56人次。首先,使用SPSS 19软件对问卷的信效度进行分析,量表的Cronbach's Alpha系数为0.954,KMO为0.789,信度与效度均大于0.7,表明该数据信度与效度良好。

表 5.6　量表信效度分析

指标	Cronbach's Alpha	KMO 值	巴特球形值
数值	0.954	0.789	701.971

对问卷进行描述性统计可知,各题项平均分在 4.5 分以上,教育游戏接受度良好,见表 5.7。其中,I3、I2、E1、AT2、I1 和 S1 分数较高,说明参与者认同游戏虚拟角色的形象设计和交互设计、叙事情节安排、关卡设置,获得了较好的体验。接着,对教师组和家长被试在进行同质性检验。分析结果显示,两组在不同变量及维度上均不存在显著差异,表明家长和教师群体对教育游戏《二十四节气》的整体评价较为一致。

表 5.7　调研问卷描述性统计

维度	题项	题项均值±标准差	维度均值±标准差	组内差异性检验				
				家长群体	教师群体	F	Sig.	df
沉浸感	I1	4.7±0.49	4.7±0.47	4.77±0.49	4.70±0.46	0.163	0.688	54
	I2	4.7±0.52						
	I3	4.7±0.49						
	I4	4.6±0.58						
相关性	R1	4.7±0.5	4.6±0.47	4.64±0.51	4.65±0.43	1.72	0.195	54
	R2	4.59±0.6						
	R3	4.6±0.55						
嵌入性	E1	4.7±0.44	4.73±0.42	4.78±0.37	4.67±0.46	2.203	0.144	54
	E2	4.7±0.53						
适应-迁移	AT1	4.7±0.53	4.74±0.45	4.80±0.39	4.68±0.49	5.022	0.029	54
	AT2	4.7±0.47						
学习效果	S1	4.75±0.51	4.75±0.51	4.82±0.39	4.68±0.61	5.087	0.028	54

计算每个维度所有项目数据的平均值,并且对所有维度进行相关性分析,如表 5.8 所示。由问卷的相关性分析可知,各变量之间相关性良好,各变量之

间联系紧密。结果显示，由角色交互策略营造的沉浸感、知识和角色故事的相关性和嵌入性，以及由角色交互脉络和游戏机制融合产生的适应和学习迁移等现象，与最后的学习效果呈现显著的正相关。

表 5.8　问卷各变量相关性分析

	沉浸感	相关性	嵌入性	适应-迁移	学习效果
沉浸感	1	.766**	.834**	.840**	.770**
相关性	.766**	1	.738**	.816**	.761**
嵌入性	.834**	.738**	1	.795**	.704**
适应-迁移	.840**	.816**	.795**	1	.822**
学习效果	.770**	.761**	.704**	.822**	1

注：** P<0.01（双侧）上显著相关。

另外，为使得研究引向纵深，克服问卷的局限性，使得验证更加客观，研究者还对 11 名学龄前儿童家长和幼儿教育工作者进行了深入访谈。被访谈人信息见表 5.9。

表 5.9　访谈对象信息

访谈对象	性　别	身　份	被访谈人信息	儿童信息
P1	女	教师	20 年教龄	
P2	女	教师	3 年教龄	
P3	女	教师	5 年教龄	
P4	女	教师	14 年教龄	
P5	女	教师	2 年教龄	
P6	女	家长	保险经理	女，61 个月
P7	女	家长	事业单位	男，71 个月
P8	女	家长	记者	女，65 个月
P9	女	家长	行政工作	男，58 个月
P10	男	家长	公务员	女，63 个月
P11	女	家长	自由职业	女，69 个月

前文中从儿童现场的反馈看来,基于角色交互理念设计的学龄前儿童教育游戏《二十四节气》满足了审美性和易用性的原则,给儿童带来了较强的体验感,儿童也能通过体验的过程获得知识。对老师和家长的访谈重点是游戏是否能满足他们的教育需求,并从用户需求的角度出发,挖掘优化设计的方案。所以,访谈围绕着设计策略和教育效果等方面进行,具体分为被访谈人信息、角色交互设计、玩家与角色和界面的互动、角色故事设计、教育效果及持续使用意愿进行访谈,访谈内容详见表 5.10。

表 5.10 《二十四节气》的访谈提纲

访 谈 内 容	访 谈 问 题
基本信息	1. 家长的年龄、性别和职业。 2. 儿童的年龄、性别。
角色交互	1. 虚拟动物角色设计是否美观? 2. 虚拟动物角色性格个性是否亲近小朋友? 3. 虚拟角色等是否能够给儿童起到榜样作用?
玩家—角色—界面交互	1. 角色和界面反馈的星星能否让儿童获得成就感? 2. 界面审美风格是否符合儿童认知特点? 3. 界面反馈是流程,儿童能顺利完成操作吗?
角色—界面—知识交互	1. 角色故事是否与知识点衔接紧密且融合度高? 2. 故事讲述是否从儿童视角出发,符合儿童的教育需求?
教育效果	1. 游戏整体是否以儿童为中心,符合儿童的认知发展特点? 2. 游戏是否和儿童生活之间的高质量联系?
其他	1. 是否愿意让孩子持续使用这教育游戏? 2. 还有什么对《二十四节气》意见的补充?

1. 基于角色交互的设计评价

首先,从角色的交互设计来看,教师和家长比较认可角色的交互设计。一方面,在问卷调查中,家长和教师的评分体现了他们对游戏角色的认可度较高,其中老师 $I1=4.75$ 和家长 $I1=4.83$。另一方面,在访谈的过程中,他们同样给出了积极的反馈。家长 P7 说,三个小动物都特别可爱,尤其是配音非常有特色,很有真实感。教师 P3 认为这几个角色的出彩之处不仅是外形生动,还在于角色行动贴近儿童生活,可以给儿童起到示范作用。家长 P6 说,孩子体验游戏的过程比看动画片还要认真。教师 P11 也表示小孩喜欢游戏中的角色，喜欢就是有作用的。教师 P1 认为学龄前儿童需要"短频快"的机制，例如，游戏里面的小猴子以及其他角色互动很频繁，这样可以保持儿童的注意力。

其次，教师和家长对教育游戏中儿童与界面的互动给予了正面评价。调查问卷中对界面交互的得分如下：教师 I2＝4.78、I3＝4.86，家长 I2＝4.82、I3＝4.75。在访谈中，教师 P5 认为《二十四节气》比较符合儿童的认知特点，她之前看到有些美术软件是一笔一画教儿童的，而《二十四节气》中的"霜降"关卡做得很自然，让儿童用树叶自由涂鸦，这样可以更好地激发儿童的想象力。教师 P4 认为界面美观，角色和界面反馈的星星能让儿童获得成就感。家长 P8 的女儿有较多的使用教育游戏的经历，她说女儿不喜欢中规中矩地上课，而喜欢游戏化的学习方式，但是家长 P8 同时表示了自己对儿童沉迷游戏现象的担忧，表示不接受过于游戏化的软件。她认为《二十四节气》游戏化的程度比较适中。家长 P11 认为教育游戏整体的界面交互比较顺畅，尤其是认字游戏闯关也会比较有意思。

最后，教师和家长认可角色的故事设计。一方面，问卷结果显示，家长和教师的评分中围绕虚拟角色的故事和游戏设置的得分较高，其中老师 E1＝4.77，家长 E1＝4.82。另一方面，在访谈的过程中，他们同样给出了积极的反馈。家长 P7 认为《二十四节气》最大的亮点是有故事性，能建立儿童的兴趣，让儿童边学边玩。家长 P6 认为故事内容丰富，对孩子培养有很大帮助，很吸引孩子。教师 P1 认为节气故事的讲述从儿童视角出发，符合儿童的教育需求。

2. 对教育效果的评价

首先，从访谈的情况看来，《二十四节气》能对儿童的认知发展起到积极作用。教师 P2 说，《二十四节气》的主题很高远，其实就应该是这样，儿童教育的目标一定要高大上，儿童教育效果往往是滞后的，不能立竿见影，有时候他们的外在表现和内在能力是不相符的，对他们来说教育是润物细无声的。教师 P1 同样认为，《二十四节气》选材很好，外国有星期，我们有节气，节气中包含了很多知识点。家长 P10 认为，通过游戏可以把二十四节气重新学习一遍，学到了传统文化。家长 P6 认为，《二十四节气》会起到一定的教育效果，孩子喜欢玩，喜欢卡通角色，喜欢就是有作用的。

其次，从问卷量表中的设计理念、游戏体验感和教育效果的相关性分析同样可以佐证基于角色交互策略设计《二十四节气》的教育效果。相关性分析能够显示不同维度之间的关联程度，见表5.11。

表5.11 游戏设计理念和教育效果相关分析

项 目	平均值	标准差	I1	E1	I4	S1	R1
游戏中猴闪闪、兔曦曦、羊博士各有特色，讨人喜欢（I1）	1.29	0.46	1				
游戏设置猴闪闪、兔曦曦、羊博士的关于冬眠、神话等故事主题，让人非常喜欢（E1）	1.32	0.48	0.92**	1			
儿童非常愿意在游戏中帮助猴闪闪完成任务（I4）	1.39	0.63	0.75**	0.68**	1		
《二十四节气》提升了儿童学习兴趣（S1）	1.32	0.61	0.85**	0.78**	0.91**	1	
学到了传统文化知识（R1）	1.29	0.46	0.82**	0.75**	0.75**	0.85**	1

注：* $P<0.05$（双侧）上显著相关。
　　** $P<0.01$（双侧）上显著相关。

数据分析结果显示，角色设计、故事设计与学习兴趣、教育效果等具有显著的正向相关性。也就是说适合的虚拟角色、引人入胜的角色故事，可以调动儿童的学习热情，从而起到一定的教育效果。其中，角色设计与角色故事、角色设计和调动儿童的学习兴趣的相关性较为显著。

3. 持续使用意愿

接受深度访谈的家长支持儿童持续使用《二十四节气》。支持的理由有两类：第一类家长表示尊重儿童的选择，如P7认为兴趣是最好的老师，儿童喜欢就会有教育效果；第二类家长认为《二十四节气》本身能达到一定的教育效果。此外，还有部分老师和家长提出了优化建议。教师P4指出，即使是在学龄前，不同年龄段儿童的认知特点也不一样，兴趣点有所不同，建议按年龄段设计任务。家长P8建议进行体系性的开发，并借鉴国外分级绘本的形式。家长P9对教育游戏的内容给予了正面评价，并建议做成绘本让儿童反复读，她认为好的线上内容需要向线下转化，儿童不能一直对着屏幕。同时，在调查问卷中家长和老师们也对《二十四节气》的创作提出了建议，如提升游戏的美术精致度、增加与自然的互动等。

四、创作实践与测评实验的结论及反思

教育游戏《二十四节气》的创作实践和实验分析表明：其一，根据角色交互策略创作的学龄前儿童教育游戏得到了儿童、家长和教师的认可；其二，实验测评数据显示，教育游戏《二十四节气》的创作还有可以提升的地方。

（一）角色交互策略的验证情况

基于角色交互的设计策略受到了普遍认同，大致分为四点：

1. 儿童喜欢通过与虚拟角色互动的形式进行学习

虚拟角色是学龄前儿童的审美对象，儿童思维是万物有灵的，在虚拟世界中，与角色互动可以让儿童感受到与生活互动的贴近性。学习中儿童通过故事代入游戏角色的内心世界，对角色产生认同，并与游戏角色一起参与挑战，从而进一步建构内心的自我图式。根据对儿童现场反应的观察和引谈，儿童印象最深的也是虚拟角色。

2. 角色交互在教育游戏中的实现路径得到了认可

在《二十四节气》的设计中，研究者拟定通过优化角色的行为、情感、反应等模块，创建"人我互动""我我互动""物我互动"的场域。在现场测评环节中，儿童喜欢与虚拟的动物角色进行"人我互动"。同时，界面操作流畅，儿童通过自如地与界面进行互动，降低认知负荷，将新学到的知识与原有的自我图式进行整合。在引谈环节，儿童表示喜欢界面，教师和家长也均对界面美观、语言提示和反馈功能等给予了积极评价。

3. 基于角色交互的脉络结构和模型得到了认可

根据儿童现场的情绪曲线，儿童平均得分在 4.125—4.975，说明儿童参与游戏的过程处于专注和高兴的情绪状态之间，这是适合学习的状态，也从侧面说明游戏故事具有较强的吸引力。同时，家长和教师也给予了游戏内容及脉络结构正向评价。

4. 教育游戏回归育人本真的理念被验证

从量表的相关性分析、现场观察和深度访谈中，可以发现，教育游戏的

游戏体验对其教育功能的实现有着直接的影响。当游戏具备良好的游戏体验时,玩家将更加集中注意力。当角色设计符合儿童的审美标准时,儿童更愿意与虚拟角色互动,从而主动地学习与思考,并产生进行反复游戏的动机。于是,教育效果便在游戏中潜移默化地产生,这是教育游戏回归育人本真的体现。

总而言之,在本轮实验中,基于角色交互的设计框架、设计原则和教育游戏设计模型开发的教育游戏受到了普遍认同。

(二) 基于角色交互的实践反思

从游戏测评结果看,还有三个可以优化的部分。

1. 根据儿童具体年龄细化教育内容

从现场观察和引谈的情况以及情绪曲线可以看出,3—4 岁、4—5 岁、5—6 岁的儿童关注重点有所不同,与游戏角色之间的互动和共情能力差异较大。在回答"学到了什么"之类的问题时,小班儿童只能笼统回答诗歌、画画等。而大班儿童善于描述细节,例如,18 号小朋友回答在冬天青蛙、乌龟、熊要冬眠,猴闪闪不冬眠。9 号虽然玩游戏的过程中不如其他小朋友兴奋,但是结束后说自己学会了写"立"字,知道了温度低,果汁会变成冰棍。另外,在整个游戏的过程中,中大班与托小班儿童的情绪曲线差别不大,回答访谈问题时,67% 的小班儿童最喜欢动画环节。现在在市场上也有很多教育游戏是定位在 3—6 岁的,从实验中发现,教育游戏开发需要细分成学龄前初期、学龄前中期、学龄前晚期,针对不同年龄段的小朋友给予不同的侧重点,调整动画和游戏的时长比例。

2. 增加游戏的随机性,提升儿童学习动机

中国二十四节气的知识和故事涵盖范围很广、内涵很丰富,知识点记忆需要时间。从现场的回答情况来看,没有儿童在一次体验之后就能说出游戏中传达的所有知识点,所以在游戏的创作过程中,需要增加随机性的游戏元素,如每次选择之后界面的反馈和语音指令有所不同,或是相同难度的游戏任务出现的顺序不同,吸引儿童反复尝试,更好地掌握知识点;或者如被测家长所建议的,创作纸质绘本配合儿童学习,让线上学习向现实中迁移。

3. 加强知识和游戏的衔接

由家长和老师反馈可见,知识与游戏的相关性、嵌入性、迁移性还有待加

强,这是教育游戏设计中非常重要的问题。这次实验的反馈中有家长建议,"可以结合户外的实地观察"。在游戏设计的过程中需要根据每个时代的特点、儿童的成长环境和年龄段选择更合适的教育途径,在以后的游戏设计中除了基于触屏平台,还可以基于 AR、VR 等多模态交互的环境进行知识传播。

教育游戏《二十四节气》的创作实践与测评为验证角色交互的策略以及优化、迭代设计方案,提供了实践依据。另外,在后续研究中,还可以对更多的样本采取进一步研究,削弱研究过程中的局限性,获取更加全面、科学、客观的研究结果,为学龄前儿童教育游戏设计提供更为详尽的设计指导。

第二节 教育游戏中角色交互
策略的可推广性研究

前文阐述了根据基于角色交互的教育游戏策略进行了教育游戏《二十四节气》的创作实践,并且在幼儿园等实践环境中验证了该策略的实效性。本节将对市场上现有的学龄前儿童教育游戏产品进行比较研究实验,验证同类产品中符合角色交互框架的游戏是否更能成为学龄前儿童家庭的满意之选,从而进一步验证角色交互框架的可推广性。

研究实验过程总体设计如下:首先,研究者根据"角色交互"框架创建一个编码方案,用有序数代码(0—3)来表示教育游戏和角色交互框架中每个原则的契合度。其次,对 65 款热门的学龄前儿童教育游戏进行内容分析,并进行编码,以了解市场上高下载量的教育游戏与角色交互策略的契合程度,验证角色交互策略的时效性。再次,根据编码结果,找出适合作为实证工具的教育游戏,寻找同一类别中契合和不契合角色交互框架的游戏进行对比和跟踪实验。最后,讨论符合角色交互框架的教育游戏是否更容易被学龄前儿童家庭选择。

一、编码方案研发与实证工具的选择

为了在市场上众多的教育游戏中选出适合作为实证工具的教育游戏,研究者将根据角色交互策略的四个原则制定编码方案,并采用该方案对 65 款教育游戏进行测评,根据分数的高低判断某款教育游戏是否契合角色交互策略。最后,选择出适合作为实证工具的教育游戏。

(一)适用于角色交互策略的编码方案

为了根据"角色交互"框架基础创建一个编码方案,研究者结合角色交互的四个原则、儿童数字应用评分清单,以及其他评价方法,拟定了一套编码方案①②③。通过有序数代码(0—3)来表示教育游戏和角色交互框架中每个原则的契合度。其中 0 和 1 表示契合程度较低,2 和 3 表示契合程度较高。在编码过程中,研究者尽量避免不同原则之间有信息重复的内容。

1. 以玩家为中心原则(原则一)

以玩家为中心原则是指在儿童教育游戏设计过程中,要遵照学龄前儿童的生理发展特点和认知发展特点,设置适合学龄前儿童学习认知的环境,合理使用交互技术,从而促进儿童的发展,引导儿童构建新的知识图式。

据此,建立了以下的评分标准:一方面,如果教育游戏的活动没有明确的学习目标、与儿童的生活经历无关,或者是不符合教育部推出的《3—6 岁儿童学习与发展指南》,对于学龄前儿童来说难度过大,则计为 0 分。如 *Baby Phone* 提示简单地敲击数字和动物按钮来听钢琴声或幼儿歌曲,学习目标不明确;《洪恩拼音》等教育游戏教授拼音内容,超出学龄前儿童所需掌握的范围,不利于儿童的可持续性发展。另一方面,计 3 分的教育游戏应该是符合儿童的认知发展和心理需求的,游戏与儿童的生活紧密相关,学习到的经验可以被使用在现实生活中。宝宝巴士旗下的游戏《假日旅行》偏重于教导儿童安全出门的策略技能,如"出门时,必须留在父母的视线范围内"。这个教育游戏中的活动不仅基于与学龄前儿童生活相关的经历,而且以游戏的形式呈现,促使儿童在现实生活中使用这些经验。介于两者直接的游戏将被计为 1 分或者 2 分,具体的评分方案见表 5.12 - 1。

---

① Meyer M., Zosh J. M., Mclaren C., et al. How educational are "educational" apps for young children? App store content analysis using the Four Pillars of Learning framework[J]. Journal of Children and Media,2021(2):1 - 23.

② 宋莉娜,方芳. 从美国获奖儿童教育 App 看其体系化评价机制——以 Common sense 评选的教育类 App 为例[J]. 陕西学前师范学院学报,2015,31(3):12—16.

③ Luke C. Jackson;Joanne O'Mara;Julianne Moss;Alun C. Jackson. Analysing digital educational games with the Games as Action, Games as Text framework[J]. Computers & Education,2022, Vol. 183:1 - 11.

表 5.12 - 1　以玩家为中心原则的评分量表

分　数	描　述
0	没有以儿童为中心： 教育游戏的活动与儿童的生活经历无关，也没有学习目标； 学习的内容不符合《3—6 岁儿童学习与发展指南》，对于学龄前儿童来说难度太大
1	学习目标与儿童生活息息相关，但活动的设计和学习目标呈现并不能促进有意义的学习
2	教育游戏活动超越了死记硬背和重复的内容，并提供了在数字环境下进行有意义学习的机会；然而，教育游戏中并没有提示儿童在生活中如何使用这些知识
3	原则目标被完成： 活动基于有意义的学习经验，这些经验对儿童来说在现实生活中很容易做到； 游戏和儿童生活之间存在高质量的联系； 教育游戏中提供了丰富的内容

2. 玩家—角色交互一致性原则（原则二）

角色的交互设计一致性原则是重要的设计原则，虚拟角色或玩家化身是带领玩家进入虚拟世界学习的关键变量，玩家与虚拟角色之间的情感连接也是决定学习效果的重要依据。另外，设计师需要创造与儿童在现实生活中一致的虚拟角色，从而为儿童建构积极的自我形象。

根据一致性原则，研究者设计了以下的评分标准：第一，有悖于角色交互框架的基本原则，没有虚拟角色或者虚拟化身；或者虽有虚拟角色形象，但从不说话也没有动作，只是作为标志出现，计 0 分。第二，如果教育游戏中虚拟角色和玩家之间建立了微弱的准社会关系，或者有过多的游戏化特性而分散了玩家社会交互特性的注意力，计 1 分。如在《儿童牙医游戏》中，当儿童清洁完牙齿后，虚拟角色脸上干净了，但没有谢谢儿童或是其他反馈。第三，教育游戏角色有与玩家建立高质量的社会关系的机会，比如当虚拟角色能理解儿童的行为，并做出反应时，计 2 分。如在《托卡厨房怪兽》中，虚拟怪兽会对儿童制作的食品做出面部表情和发出噪声，明确地表现出自己的喜好，这会让儿童学会考虑别人的感受，做更好的美食以和怪兽建立起更牢固的情感链接。最后，如果在教育游戏中玩家有建立起高质量社会关系的机会，并且能够让玩

家有将虚拟世界的社会关系一起转移到现实世界的想法,则可计 3 分。例如,
PBS Kids Games 有很多有意义的家庭成员互动的机会,通过图案多协作和
多人游戏提升儿童能力。此维度的评分方案见 5.12 - 2。

表 5.12 - 2　玩家—角色交互设计一致性原则的评分量表

分　数	描　　　述
0	没有达到角色交互的目的: 教育游戏中没有虚拟角色或者玩家化身; 教育游戏中不提供与角色交互的机会
1	过于游戏化从而削弱人际互动; 教育游戏角色发展弱的准社会关系的潜力
2	教育游戏中角色能高质量地与玩家进行互动,建立情感链接
3	目标完成: 教育游戏中角色能高质量的与玩家进行互动,建立情感链接; 教育游戏中为多个儿童(父母、兄弟姐妹)提供了可以轮流参与或多点触摸输入的机会,从而促进在现实生活中的亲子互动

3. 玩家—角色—界面交互的边界隐匿原则(原则三)

界面是儿童数字化学习的重要环境。一方面,需要用合理的色彩搭配、简约的按钮设置,突出角色主体,帮助儿童专注于当前的知识情境,而不因复杂的技术操作产生压力。另一方面,作为角色交互的重要补充,界面需要通过一些游戏化的细节设计增加整个学习过程的趣味性,以不断调动儿童的学习动机。有研究显示,教育材料中有太多的干扰与儿童的学习成果呈负相关。儿童的认知负荷过重,会抑制其信息处理的能力。在设计的过程中,设计师往往不会考虑到广告介入的问题。但是在实际的评估过程中,用户还是遇到了很多广告嵌入的儿童教育游戏,广告的多少直接影响到儿童的学习效果。所以,广告干扰被纳入评判标准。

基于此,研究者设计了这样的评分标准:第一,技术卡顿、过多的广告干扰、有很多分散玩家注意力的反馈或者是不合时宜的游戏化,计 0 分。如《蜡笔小新之小帮手大作战》技术卡顿,影响儿童继续学习;*Baby Panda Home Safety* 的弹出式广告经常会中断用户在游戏中的行为。第二,如果有过多的分散玩家注意力的交互,则计 1 分。例如,《小熊音乐》中互动环节很多,但无

法突出课程主线。第三,没有过多广告或者太多的交互,计 2 分。如《甜蜜宝贝女儿日托中心》,儿童在一个简单的烹饪活动中每走一步就能赚到硬币和星星,并听到"嚓嚓"的声音。第四,没有广告,只在需要强调的知识点处设置合理的交互,游戏化是围绕着学习目标,为了强化玩家的学习动机而设计的,计 3 分。如 *Funexpected Math*,整个游戏的画风简约优美,提供了不同国家的风情画面,没有任何广告,并会在玩家回答问题之后给予有趣的反馈;象征着正确答案的符号(不是文字)会在屏幕上滑动,界面整体的交互效果与虚拟角色小猴子的表演配合相得益彰,整个游戏过程中没有提供多余的交互。综上,研究者根据玩家—角色—界面边界隐匿原则的简洁的创作要点进行了编码。评分方案见 5.12 - 3。

表 5.12 - 3　玩家—角色—界面交互的边界隐匿原则的评分量表

分数	描　　述			
	界面风格	广告干扰	界面指令	游戏情境
0	界面较为复杂,亮度高,不适合学龄前儿童观看	弹出广告打断了游戏的过程。(例如,拼图进程中插入广告,而不是完成之后。)有针对成人的广告插入	指令不清晰,儿童每个动作都有反馈	设计游戏功能完全是为了娱乐用途,与学习无关
1	界面简洁,观感舒适	1—3 种破坏性广告(包括弹出式广告、横幅广告、隐藏广告,应用内购买等)	在游戏进程中和结束时有很多的反馈	太多的游戏环节,以至于分散玩家的注意力
2	界面简洁,观感舒适	只允许应用内购买广告。如果角色促进应用内购买,原则二将获得 0 分	点评反馈只在游戏最后。1 个奖励目标给提供了 4—5 类反馈	(没有 2 分)
3	界面简洁,观感舒适	没有任何广告	点评反馈只在游戏最后。1 个奖励目标提供了 4—5 类反馈	游戏环节是为了强调学习的重点

注:在本原则中,教育游戏只有同时满足在 4 个类别(界面风格、广告干扰、界面指令、游戏情境)的标准,才能获得既定得分。每个标准都是 3 分,才能最终得到 3 分。例如,评估一款教育游戏时,只有 4 个标准都满足 3 分,才能获得 3 分,如果其中有条件不能满足,需要向低分值移动类别,直到满足所有 4 个标准,才能获得相应得分。

4. 角色—界面—知识交互的层创共生原则(原则四)

教育游戏的设计主旨是达成教育目标,层创共生原则就是强调了角色交互、界面设计、知识内容三位一体,围绕儿童教育目标,为儿童创造出有知识价值、易于理解的"魔法圈"。突破二维的界面限制,带儿童进入一个多维度的交互场域,顺利完成学习任务。内容传达要突出儿童角色成长,与游戏化元素相得益彰,调动儿童的好奇心和想象力,激发儿童的学习兴趣。内容根据儿童认知图式的同化、顺应相平衡的原理,由易到难,从生活中常见点出发,留给儿童可以自由探索和实践的部分,并不只是将知识用勺子喂给儿童。

基于此,研究者提出了如下评分方案:其一,如果教育游戏中知识点只是机械地展示,玩家只要不停地点击屏幕,活动就可以继续,则计 0 分。如《益智涂鸦画画——教育画画游戏》是根据屏幕指示,一步一步描红。其二,如果教育游戏的设计只像是设计练习册,则计 1 分。例如,《都都数学》中有很多的数学知识,包括数的感知、简单运算等,但是每个知识点之间缺少关联性,不利于系统培养儿童的逻辑思维。其三,游戏活动在一定程度上可以引导儿童解决问题,但是游戏情节和知识内容有待进一步融合,计 2 分。如《小熊音乐》中设计了儿童通过完整学习打败音魔的故事架构,但是核心内容是乐理知识点,这和整体的故事构架并没有逻辑关联,同时游戏的在叙事设计中没有更巧妙地讲故事和融合知识,有时甚至会有些生拉硬套。其四,如果内容和教学目标紧密结合,那么教育游戏将计 3 分。以《乐高得宝世界》(Lego DUPLO Town)为例,游戏给儿童提供了具有灵活性的挑战,要求儿童独立思考来设计属于自己的虚拟建筑,而不是照本宣科。如果一个建筑部件被放置在界限之外,它将不会弹回最近的位置,相反,它将返回到碎片库,儿童必须弄清楚为什么建筑没有按照预期建成。评分方案见 5.12 - 4。

表 5.12 - 4　玩家—角色—界面—知识交互的层创共生原则的评分量表

分　数	描　　述
0	未能达成设计目标; 教育游戏全程都如在看动画片,可以轻松完成; 教育游戏只是引发儿童针对屏幕上的刺激,进行动作反应,如点击屏幕使页面前进

分　数	描　　述
1	活动具有一定的学习目标,但在结构上是生硬或重复的: 教育游戏训练技能,感觉就像一本在线练习册。教育活动并没有能让儿童进入游戏世界的"魔法圈"; 教育游戏中每个知识点有独立的游戏故事场景,知识点之间的内在逻辑并不连贯,强制从一个学习活动进入下一个学习活动
2	活动有学习目标,有一定的灵活性,或可以引导儿童主动解决问题: 游戏活动具有一定程度的挑战,比如,让玩家主动按照程序中的指示或叙述来完成学习目标; 游戏活动具有一定程度的挑战,但完成任务的选择可能受到限制,可能会挫伤儿童学习的积极性
3	设计目标得到满足: 角色、界面、游戏与主体学习目标紧密交织在一起; 整个内容能调动玩家的好奇心,并逐步提供更多的挑战; 整体内容有脉络层次,儿童可能需要遵循几个步骤;然而,这些步骤并不是用勺子喂给儿童的,暗示是微妙或适当递进的

(二) 数款教育游戏样本评估

在确定编码方案后,2022 年 3 月 7—10 日,研究者开始对研究样本进行筛选,样本来源一是苹果商店(Apple Store)儿童教育游戏排行榜中的前 50;二是谷歌商店(Google Pay)儿童教育游戏排行榜中的前 50;三是在前期访谈中家长、老师等经常提到的学龄前儿童最常使用的教育游戏。去重之后,共计样本 65 个。

研究者尽量选择免费的教育游戏,或者有免费试用版的教育游戏。在选择时着重排除了下述类型的应用:其一,旧版本的教育游戏(选择 *Farming Simulator* 18 而不是 *Farming Simulator* 16);其二,不用在家庭场景的教育游戏(例如,*ClassDojo* 使用于课堂场景);其三,排名靠前教育游戏中有多个是同一个开发者开发的,为保证样本的多样化,研究者决定只编制同一开发者排名前三的教育游戏的代码。在选择完要分析的样本之后,由研究者对每个教育游戏体验至少 20 分钟,并根据角色交互的四个原则赋值 0—3,其中 0 和 1 代表较低分,不符合研究者的设计理念;2 和 3 代表较高分,符合研究者的创作理念。评分结果见 5.13。同时,研究者还记录了每个教育游戏的得分缘由,以佐证给出的分数。

表 5.13 部分教育游戏评分列示意——基于与角色交互框架的契合程度

教育游戏名称	原则一	原则二	原则三	原则四	总得分
语言学习类					
洪恩识字	2	2	2	3	9
洪恩拼音	1	1	2	3	7
熊猫博士识字	2	1	2	1	6
毛豆爱古诗	1	1	1	3	6
布布阅读	2	1	2	2	7
叫叫儿童阅读平台	2	2	2	3	9
KaDa 故事	2	0	0	3	5
Endless Reader	2	2	2	2	8
Teach Your Moster to Read	2	3	2	2	9
Duck Duck Mouse——BusHD	2	0	2	3	7
小小优趣	2	0	1	2	5
洪恩 ABC	2	1	2	3	8
Starfall ABC	2	0	2	1	5
斑马	2	1	2	2	7
思维学习类					
Funexpected Math	2	2	3	1	8
Duck Duck Mouse Math	2	2	2	2	8
都都数学	2	1	2	1	6
Endless 123	2	1	2	1	6
Starfall. com	3	1	2	1	7
PBS Kids Games	2	2	2	2	8
悟空数学	2	2	2	2	8
Number Blocks	2	2	2	3	9
洪恩思维	2	3	3	3	11
火花思维	2	3	2	3	10
CODE KARTS+	1	1	1	0	3
编程类					
核桃编程	1	2	2	2	7
SCRATCH Jr.	1	3	2	0	6

续 表

教育游戏名称	原则一	原则二	原则三	原则四	总得分
猿编程启蒙	2	3	3	2	10
火花编程	2	3	3	3	11
基础认知					
熊猫博士看世界	2	2	2	3	9
洪恩十万问——越看越聪明	2	2	3	3	10
阿 U 学科学	2	2	2	2	8
PB Shapes	1	0	2	0	3
PB Colors	1	0	3	0	4
我们的身体	2	2	2	2	8
Bimi Boo	2	2	1	1	6
小猪佩奇：Polly Parrot	1	2	1	1	5
宝宝巴士快乐启蒙	2	3	1	1	7
KHAN AC KIDS	2	2	1	1	6
模拟类					
Toca Life：World	1	2	2	1	6
米加小镇：公寓益智教育	1	2	2	1	6
熊猫博士小镇	1	2	2	1	6
熊猫宝宝逛超市	1	1	1	1	4
贝贝小公主上学游戏	1	1	1	1	4
托卡厨房怪兽（厨房类）	1	2	2	1	6
奇妙甜品站（厨房类）	1	2	1	3	7
小猪佩奇打扫教室：打扫卫生游戏	1	1	0	1	3
尤雅世界	1	2	2	1	6
动画欢乐园（假想游戏）	1	1	1	2	5
我的朋友小猪佩奇	1	3	1	3	8
Fluvsies 超有爱的小毛球	1	2	2	1	6
My Sweet Baby	1	2	1	2	6
Children's Doctor Dentist	1	1	1	1	4

续　表

教育游戏名称	原则一	原则二	原则三	原则四	总得分
艺术类					
益智涂鸦画画——教育画画游戏	1	0	1	0	2
儿童游戏：3—6 岁少儿画画涂色学习软件	1	0	2	1	4
音乐壳	2	1	2	2	7
小熊音乐	1	2	1	3	8
颜色神奇点	2	2	1	3	9
其他类					
Sesame You	1	2	2	1	6
躲猫猫	1	0	1	0	2
乐高得宝火车	1	2	2	2	7
Kiddopia 儿童乐园	1	1	1	1	4
蜡笔小新之小帮手大作战	0	0	0	0	0
儿童乐园——儿童游戏	1	1	1	0	3
Baby Phone	0	0	0	0	0

（三）数据分析与讨论

1. 教育游戏样本概况

在对每款游戏进行分析之后，研究者进行了数据统计工作。量表在 Cronbachh's Alpha 系数为 0.669，KMO 为 0.605，信度与效度均大于 0.6，处于较为可信的置信区间。研究者计算了角色交互框架每个原则得分的平均值，以及四个原则得分相加以计算总体设计得分。所有被测评的教育游戏中四个原则的平均分分别为 1.49、1.51、1.66、1.63，总平均分为 6.32。教育游戏描述性统计分析情况见表 5.14。

表 5.14　教育游戏评分概况——基于与角色交互框架的契合程度

	样本量	极小值	极大值	均　值	标准差
原则一	65	0	3	1.49	.590
原则二	65	0	3	1.51	.921

续　表

	样本量	极小值	极大值	均　值	标准差
原则三	65	0	3	1.66	.735
原则四	65	0	3	1.63	1.024
总得分	65	0	11	6.32	2.386

2. 与角色交互策略的契合程度

总的来说,大多数来自谷歌商店、苹果商店和家长们推荐的热门儿童教育游戏四个原则编码总分集中在 6—8 分的水平,详见图 5.13。对于所有的原则来说,0 分或 1 分是偏离角色交互的预期设计特性,而 2 分或 3 分反映的是符合角色交互策略的预期设计特性。因此在评判一个教育游戏样本整体是否符合设计策略时,研究者选择 4 分作为分界线,当一个教育游戏总分小于等于 4 的时候,表明它在大多数设计原则上得分小于等于 1 分,所以认为它不符合角色交互框架。其中,14 个样本(占 21.5%)得分在较低的质量范围(≤ 4);21 个样本(占 32.3%)总分较高(≥8),表明这些应用程序更加契合角色交互的策略。得分最高的是 11 分,分别是《洪恩思维》和《火花编程》。25 个样本(占 53.9%)总分居中,在 5—7 分之间,说明这些游戏比较符合角色交互策略原则,但是还有提升的余地。

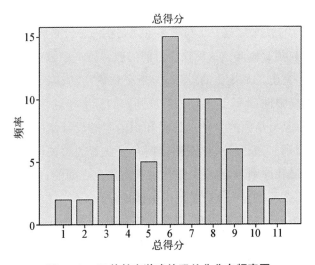

图 5.13　65 款教育游戏编码总分分布频率图

3. 各原则之间的相关性分析

原则一(以玩家为中心原则)和原则二(玩家—角色交互一致性原则)、原则三(玩家—界面—角色交互的边界隐匿原则)、原则四(角色—界面—知识交互的层创共生原则)之间存在显著的相关性,也就是说明教育游戏设计中角色、界面和内容之间融合得越好,整体教育游戏的教育功能越显著。原则三与原则四中度相关,这两个原则分别关注了界面和内容设计两个相对独立的方面。原则二与原则三、原则四显著相关,说明角色作为一个关键要素连接了界面和内容的设计。对四个原则的相关性分析,也从另一个侧面佐证了四个原则编码方案的合理性。原则之间的相关性分析见表5.15。

表 5.15　原则之间相关性分析

	原则一	原则二	原则三	原则四
原则一	1	.252*	.463**	.461**
原则二	.252*	1	.373**	.384**
原则三	.463**	.373**	1	.226
原则四	.461**	.384**	.226	1

注: * 在 0.05 水平(双侧)上显著相关。
　　** 在 .01 水平(双侧)上显著相关。

另外,结合维度编码的平均值、标准差和相关性的分析,有三点新发现。其一,65款流行的教育游戏中原则三和原则四获得了较高的分数,但是原则一和原则二的分数相对较低。这反映了目前的教育游戏中缺乏高质量的角色互动的嵌入,更多突出了游戏化的设计,但是在角色互动、亲子互动等人际互动方面有一定的局限性。其二,原则二和原则四的标准差的数值较大,说明在现有的案例中,玩家与角色的互动设计和知识内容的设计水平差异比较大。其三,原则一和原则二、原则三、原则四之间存在显著的相关性,换言之,如果进一步提升原则二和原则四,也就是强化玩家与角色之间的自然交互、知识内容的巧妙设计,那么可以提升教育游戏的整体评分。

由数据分析的情况可推导出以下三点。第一,各原则评分维度相关性合理,编码方案可以体现出角色交互情况和游戏教育性之间的关联。第二,现有的热门学龄前儿童教育游戏与角色交互策略契合度较高,从一定程度上佐证了角色交互策略的时效性。第三,如果进一步强化玩家与角色之间的自然交互和知识内容的巧妙设计,就可以提升教育游戏的整体质量。

(四) 对比实验的样本确定

为验证教育游戏中使用角色交互策略的游戏体验和教育功能,研究者在上述 65 个研究样本中选择适合作为实验工具的教育游戏。不同学科领域的教育游戏学习方式差异较大,研究者以逻辑思维类、艺术类和语言类为例,选择了 3 组 6 款教育游戏进行实验。实证工具选择情况见图 5.16。其中有逻辑思维类的教育游戏《都都数学》和《洪恩思维》,有艺术类的教育游戏《益智涂鸦画画——教育画画游戏》和《颜色神奇点》,还有语言学习类的 *Endless Reader* 和 *Starfall ABCs*。在这些游戏中,《颜色神奇点》、《洪恩思维》、*Endless Reader* 符合角色交互框架的设计理念,相比之下《益智涂鸦画画——教育画画游戏》、《都都数学》、*Starfall ABCs* 与角色交互设计框架理念相差较大。

表 5.16　实证工具选择一览

		较为契合角色交互框架	不太契合角色交互框架
A 组	思维类	洪恩思维	都都数学
B 组	艺术类	颜色神奇点	益智涂鸦画画——教育画画游戏
C 组	语言类	*Endless Reader*	*Starfall ABCs*

需要指出的是,在选择的过程中,研究者秉承着以儿童为中心的原则,选择的教育游戏都是在业界和评分网站上评价较好的游戏,没有过多的广告打断儿童的学习,且都有免费试用版,可以方便地进行测试。每组游戏学习的内容大体相近,排除了学习内容带来的差异。每组游戏之间最大的差别在于与研究者角色交互设计理念的相似程度。

A 组中《都都数学》和《洪恩思维》内容都是针对 2—8 岁儿童,进行逻辑思维训练和数学启蒙学习的教育游戏,皆可直接在手机端使用。两款游戏都由杰出的团队研发,《都都数学》由国外团队研发,有中文版配音,而《洪恩思维》则由天津洪恩完美未来教育科技有限公司研发。两款教育游戏的品质都较高,区别在于和角色交互理念的契合程度,《都都数学》没有虚拟角色,使用的学习机制是完全游戏化的机制;《洪恩思维》中不仅有虚拟角色闪电、彩虹等,还有儿童的虚拟化身形象。每个知识点都融入了故事性,设计理念更加契合研究者的角色交互策略。

图 5.14-1　A组教育游戏截图

注:左为《洪恩思维》,右为《都都数学》。

B组中《颜色神奇点》《益智涂鸦画画——教育画画游戏》两款游戏都偏重于对儿童艺术审美的培养。《颜色神奇点》以故事化的形式通过色彩小人红、黄、蓝之间的探险互动及合作画出紫色、橙色等角色,最后再一起创造出彩虹。《益智涂鸦画画——教育画画游戏》将平板电脑变成一个画板,儿童可以跟着屏幕指令作画或者自行涂鸦,没有角色也没有故事,但是可以不受限制地创作。总体而言,《颜色神奇点》的设计理念更加契合研究者的角色交互策略。

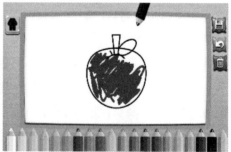

图 5.14-2　B组教育游戏截图

注:左为《颜色神奇点》,右为《益智涂鸦画画——教育画画游戏》。

C组中 *Endless Reader* 和 *Starfall ABCs* 都是国外著名团队开发的语言类启蒙教育游戏,两款教育游戏内容相似,都是对儿童进行语音教学,且由易到难。其中的不同之处是,*Endless Reader* 有一系列怪物形状的虚拟角色,通过过场动画、有趣的音效等方式为学习活动串场;而 *Starfall ABCs* 虽然也面向学龄前儿童,通过语音及趣味动画的方式来循序渐进地进行阅读(发音)教学,但是没有固定的角色,知识点之间的关联也缺乏故事化的串联。另,两款游戏均有免费的试用版。总体而言,*Endless Reader* 的设计理念更加契合研究者的角色交互策略。

图 5.14 - 3　C 组教育游戏截图

注:左为 *Endless Reader*,右为 *Starfall ABCs*。

为验证角色交互策略在教育游戏中应用价值,实证工具选好之后,研究者分别进行了对比实验和跟踪调研。第一,邀请被试儿童同时使用两款教育游戏,选择出他们在单次体验中更加喜欢的教育游戏,以验证不同设计策略的体验感。第二,将被试儿童分为实验组和对照组,进行 8 周的干预,干预前后对儿童进行测试,了解不同游戏的教育效果。

二、对比测试与游戏性验证

研究者于 2022 年 3 月 11 日—17 日进行对比实验,重点走访了南京市江宁区 25 户学龄前儿童家庭。共计 33 名学龄前儿童,儿童的平均月龄在 54 个月。其中 10 名学龄前儿童参加 A 组教育游戏测试,12 名学龄前儿童参加 B 组教育游戏测试,11 名学龄前儿童参加 C 组教育游戏测试。测试过程中,研究者依然按照 RETAIN 框架,对学龄前儿童进行观察引谈,并且对家长进行访谈。最终,让研究对象在两款游戏中选出更偏好的游戏。访谈提纲见表 5.17。

表 5.17　对比实验的访谈提纲

访谈内容	访 谈 问 题
基本信息	1. 儿童的年龄、性别。 2. 教育游戏使用经历。
教育功能	1. 小朋友,你刚才学了什么? 2. 学到了什么?
游戏性	1. 小朋友,你觉得刚才的教育游戏好玩吗? 2. 有什么地方印象深刻?
体验比较	1. 刚才体验的游戏中更喜欢哪一款? 为什么? 以后想要继续玩吗? 2. 为什么不喜欢另一款游戏?
家长补充	1. 在刚才儿童体验的两款游戏之中,您更喜欢哪一款游戏? 2. 您的选择和孩子是否一样? 您支持孩子的选择吗? 3. 会让孩子持续使用这款教育游戏吗?

在实验过程中,如果学龄前儿童家庭恰好使用过其中的一个或两个游戏,就请儿童顺着自己的学习进度继续学习;如果儿童没有进行过学习,就请儿童从头开始体验,每款游戏体验不超过 7 分钟,两款游戏共计 15 分钟。从现场测评的结果看来,契合角色交互框架的教育游戏受到更多人的偏爱,测评情况见表 5.18。

表 5.18　现场测评结果

游戏组别	体验人数	体 验 偏 好		
		契合角色交互框架	不契合角色交互框架	中 立
A 组	10	8	0	2
B 组	12	6	4	2
C 组	11	6	4	1

研究者在现场对儿童和家长的访谈情况,也佐证了角色交互框架的实效性。

10 名儿童参与 A 组测试。其中 8 名表示喜欢《洪恩思维》,大多数儿童表示因为看过动画片《宇宙护卫队》,喜欢卡通角色彩虹、闪电和风暴。还有儿童

图 5.15　部分学龄前儿童教育游戏学习干预过程图片

注：摄于儿童家庭环境。

说游戏中的小仙女就像自己，小仙女取得成绩就会笑，得到星星就会出现亮光等。有 2 名儿童喜欢《都都数学》，因为有很多的关卡，能赢得很多的金币。在询问家长时，几乎所有家长都表示儿童有使用教育游戏的经历，他们认为现在线上学习是一种新常态，但是需要提升学习效率，而寓教于乐可以提高学习效率。问及家长对教育游戏设计策略的选择，有的家长表示基本会尊重儿童的想法，无论是故事化还是游戏化，儿童喜欢最重要，如果儿童愿意玩，他们就愿意付费。但是有的家长说接受不了太多的游戏化，有故事、有情节、有学习目标是更重要的，因为儿童缺乏判断力，所以家长们会提前把关，加以选择。家长更希望儿童选择《洪恩思维》，因为该游戏通过角色和故事串联模式，使得知识更成体系。

12 名儿童参与 B 组测试。其中，6 名儿童喜欢《颜色神奇点》，4 名儿童喜欢《益智涂鸦画画——教育画画游戏》，2 名儿童表示都喜欢。喜欢《色彩神奇点》的儿童认为角色表演生动，剧情有趣，可以用弹弓帮助色彩小人过河，可以带着色彩小人在彩虹上玩滑滑梯，可以拔萝卜和捉老鼠，点击屏幕就有互动。但是从测试的效果来看，《色彩神奇点》似乎会耗费更长的测试时间，尤其是在刚开始的时候儿童会花很长时间探索如何和屏幕互动。所以，在第 7 分钟时，很多儿童甚至没有进入色彩知识的学习环境。儿童偏好《益智涂鸦画画——教育画画游戏》的原因是可以随意涂鸦。但在测试的过程中发现年龄较大的儿童并不喜欢跟着老师描红，而喜欢自由涂鸦，尝试不同的颜色和笔刷效果来丰富自己的画面。更多的家长倾向于使用《色彩神奇点》进行艺术启蒙，因为这个教育游戏看似是在和卡通角色小红、小蓝、小黄玩耍，但实际上可以学到知识。《益智涂鸦画画——教育画画游戏》虽然也可以画画，但可替代性较强。有家长认为，在这类游戏中看不到数字技术的优势，儿童可以在纸上画，虽然收拾起来麻烦一点，但是至少相对保护孩子的眼睛，也方便留存。

11 名儿童参与 C 组测试。6 名儿童喜欢 *Endless Reader*，4 名儿童喜欢 *Starfall ABCs*，1 名儿童表示都喜欢。儿童喜欢 *Endless Reader* 的原因是小怪物角色很可爱，眼睛一直在转，点击屏幕会出现声音。儿童喜欢 *Starfall ABCs* 的原因是教学短视频中出现了可爱的动物，儿歌也好听，如说到 P 这个字母时，展示了粉色小猪，视频中还有老师解释单词，游戏场景和课堂环境很像。不喜欢这款游戏的儿童表示，内容太枯燥，没有人一起玩。家长指出，如果是长期学习的话，*Endless Reader* 比 *Starfall ABCs* 更合适，因为 *Starfall ABCs* 虽然也很好，但其互动太少，家长表示儿童会根据互动的多少给产品定义：互动较少的产品会被儿童定义成"学"或"课"，互动较多的产品则会被儿童定义为"玩"。儿童需要通过"玩"，来增强学习动机。

从单次对比体验的结果来看，更多的学龄前儿童家庭认为基于角色交互框架的教育游戏更容易被接受。接下来，研究者还将对此类教育游戏的教育性进行跟踪测评。

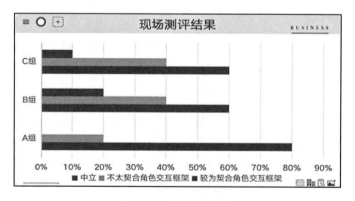

图 5.16　现场测评结果

三、跟踪测试与教育性验证

在上一轮的测试中，要求参加测试的儿童同时体验两款内容相似、设计策略与风格迥异的教育游戏，并且选择单次体验中更有趣味性的游戏。在这一轮的测试中，为持续探析契合和不契合角色交互策略的教育游戏的教育效果，研究者选择了两款逻辑思维类游戏《洪恩思维》和《都都数学》进行对比跟踪实验。其中《洪恩思维》为较为符合角色交互策略的教育游戏;《都都数学》是以玩法交互为主导,不太符合角色交互策略的教育游戏。研究者随机选择了两组学龄前儿童参与教育游戏的使用环节,并记录两组儿童在使用教育游戏前后数感能力的变化情况。整个实验过程持续 8 周。

（一）量表选择与干预过程

1. 量表选择

3—4 岁的幼儿主要依靠头脑中的表象和具体实物的联想展开思维;5—6 岁的儿童的形象思维占主导地位,刚出现抽象逻辑思维。学龄前儿童的数学认知主要表现为数学意识的感性具象的形式。数感是指对数运算和数关系的理解,让儿童将数学原理与程序联系起来。儿童早期的数字感知能力,对以后的数学学习轨迹具有重要意义[①]。本次研究的量表采用了乔丹和格鲁廷的量表《数感测查工具》[②],此量表共 33 题,分为 7 个维度,分别是数数(3 题)、数的比较(4 题)、简单运算(9 题)、数概念(4 题)、数字读写(4 题)、数字运算(6 题)和数字事实(3 题)。量表题项设置合理,所含维度较为广泛,具有一定的代表性。学龄前儿童的注意力一般维持在 15 分钟左右,而此次开展测试的时间约为 6 分钟。故,此量表适用于本次测试。量表采用 0—1 计分,正确得 1 分,错误得 0 分,总分越高,说明能力越强。

2. 实验流程

2022 年 3 月 16 日,研究者在南京市外国语学校方山幼儿园中班选取 80 位儿童被试。其中,女童 42 人,男童 38 人。这些被试随机平分为对照组和实验组,即每组各 40 人,在教育游戏干预前后,分别对实验组和对照组进行数感能力测试。该测试采用的是成人与儿童一对一的测试方法。由研究者和幼儿园教师共同担任测试者角色,每个儿童测试的时间约为 6 分钟。

实验组使用符合角色交互的教育游戏《洪恩思维》进行干预,对照组使用

---

① Jordan N C, Glutting J, Ramineni C, et al. Validating a Number Sense Screening Tool for Use in Kindergarten and First Grade: Prediction of Mathematics Proficiency in Third Grade[J]. School Psychology Review, 2010, 39(2): 181 - 195.

② Jordan N C, Glutting J, Ramineni C. A Number Sense Assessment Tool for Identifying Children at Risk for Mathematical Difficulties [J]. In A. Dowker (Ed.), Mathematical difficulties: Psychology and inter-vention. San Diego, CA: Academic Press, 2008: 45 - 58.

不符合角色交互的教育游戏《都都数学》进行干预,单次干预时间约为 10 分钟,干预在家庭环境中实施。实验周期为 2022 年 3 月 17 日至 5 月 18 日,共 8 周。

干预结束后对所有被试进行后测,测试材料和程序与前阶段一致。由于干预时间长达 8 周,前测和后测尽量都由同一人与同一幼儿进行,以确保评分的一致性。

图 5.17　研究者进入现场评估儿童数感能力

注:摄于南京外国语学校方山幼儿园绘本室。

(二) 数据分析与实验结果

统计数据运用 SPSS 19 对所得的数据进行分析,数据分析重点:一是检验量表的信效度;二是分析两组得分前测的差异性,以检验分组的合理性和干预前后能力的变化;三是分析不同创作策略的教育游戏对幼儿数感能力影响。

对量表内部一致性信度 Cronbach's α 分析结果显示,无论是前测还是后测,所有维度的 Cronbach's α 系数在 0.716—0.905 之间,全部超过 0.7。因此,该量表具有良好的内部一致性,见表 5.19。

两组儿童的数感能力为连续性变量且符合正态分布,采用(平均数±标准差)对两个时间点的数感能力进行描述统计,见表 5.20。在测试前,对照组和实验组儿童的感数能力分别为 16.38、16.50,干预后对照组和实验组儿童的感数能力分别为 18.83 和 20.58。实验组整体成绩高于对照组,两组成绩变化趋势见图 5.20。

表 5.19　量表信效度分析

维　度	题　数	T1		T2	
		维度 α 系数	总 α 系数	维度 α 系数	总 α 系数
数数	3	0.716		0.787	
数的比较	4	0.841		0.834	
简单运算	9	0.899		0.903	
数概念	4	0.778	0.899	0.847	0.891
数字读写	4	0.822		0.839	
数字运算	6	0.905		0.874	
数字事实	3	0.885		0.805	

表 5.20　数感能力的描述统计

时间	组别	个案数	平均值	标准差	峰　度	偏　度
T1	对照组	40	16.38	8.02	−0.61	0.02
	实验组	40	16.50	8.10	−0.67	0.00
T2	对照组	40	18.83	7.17	−0.66	0.10
	实验组	40	20.58	4.91	0.12	−0.96

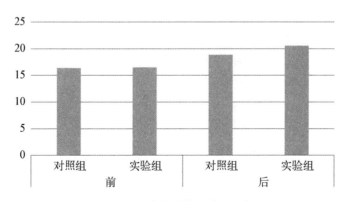

图 5.18　儿童数感能力对比示意图

根据统计结果可知,在 T1 时间点上,实验组和对照组差异非常小,但是在

T2 时间点上,实验组有所领先。进一步对各个子维度进行描述统计,其结果与总维度分数类似,见表 5.21。

表 5.21 数感能力子维度描述统计(M±SD)

时间	组别	数数	数的比较	简单运算	数概念	数字读写	数字运算	数字事实
T1	对照组	1.48±1.20	1.95±1.66	4.45±3.31	2.03±1.56	1.88±1.62	3.15±2.49	1.45±1.36
	实验组	1.50±1.22	2.05±1.66	4.48±3.39	1.98±1.56	1.98±1.62	3.00±2.49	1.53±1.36
T2	对照组	1.73±1.24	2.25±1.63	5.13±3.46	2.28±1.62	2.33±1.49	3.38±2.36	1.75±1.26
	实验组	2.43±0.98	3.25±1.24	5.25±2.39	2.25±1.30	3.13±1.49	3.93±1.69	2.35±1.05

对两组被试在前测(时间点 T1)中的表现进行同质性检验。分析结果显示,在前测中,对照组和实验组在数感能力及其各个子维度上均不存在显著差异,两组被试同质,表明随机分组合理。

表 5.22 前测的独立样本 t 检验

变 量	对照组	实验组	t	df	P
T1_数数	1.48±1.20	1.50±1.22	−0.092	78	0.927
T1_数的比较	1.95±1.66	2.05±1.66	−0.269	78	0.789
T1_简单运算	4.45±3.31	4.48±3.39	−0.033	78	0.973
T1_数概念	2.03±1.56	1.98±1.56	0.143	78	0.886
T1_数字读写	1.88±1.62	1.98±1.62	−0.276	78	0.784
T1_数字运算	3.15±2.49	3.00±2.49	0.270	78	0.788
T1_数字事实	1.45±1.36	1.53±1.36	−0.247	78	0.806
T1_数感能力	16.38±8.02	16.50±8.10	−0.069	78	0.945

对后测(T2 时间点)数据进行独立样本 t 检验。分析结果显示,经过干预

后,实验组的数感能力的各个子内容得分均高于对照组。因此,本研究所施行的干预可能是有效果的。

表 5.23　后测的独立样本 t 检验

变　量	对照组	实验组	t	df	P
T2_数数	1.73 ± 1.24	2.43 ± 0.98	-2.796	78	0.007
T2_数的比较	2.25 ± 1.63	2.25 ± 1.24	-3.094	78	0.003
T2_简单运算	5.13 ± 3.46	5.25 ± 2.39	-3.195	78	0.002
T2_数概念	2.28 ± 1.62	2.25 ± 1.30	-2.976	78	0.004
T2_数字读写	2.33 ± 1.49	3.13 ± 1.49	-2.401	78	0.019
T2_数字运算	3.38 ± 2.36	3.93 ± 1.69	-3.380	78	0.001
T2_数字事实	1.75 ± 1.26	2.35 ± 1.05	-2.317	78	0.023
T2_数感能力	18.83 ± 7.17	20.58 ± 4.91	-5.640	78	0.000

同时考虑前后测的时间效应,以及对照组和实验组的干预处理效应,对数感能力总分进行重复测量的方差分析。主体间效应检验结果显示,对照组及实验组的干预设置具有显著效应($F=6.992$,$p=0.010$,偏 $\eta^2=0.082$),说明实验干预有效。主体间方差分析见表 5.24。

表 5.24　主体间对比检验 1

源	III 类平方和	自由度	均　　方	F	P	偏 η^2
截距	61 269.756	1.000	61 269.756	690.754	0.000	0.899
组	620.156	1.000	620.156	6.992	0.010	0.082
误差	6 918.588	78.000	88.700			

主体内效应检验结果显示,时间具有显著效应($F=111.611$,$P<0.001$,偏 $\eta^2=0.589$),说明随着时间增加,被试的数感能力趋于上升。此外,时间和对照组/实验组的干预设置产生了显著的交互效应($F=41.365$,$P<0.001$,偏 $\eta^2=0.347$),表明不同组之间随着时间增加,其数感能力变化并不一致,见图 5.25。

表 5.25　主体内对比检验 2

源	III 类平方和	自由度	均　方	F	P	偏 η^2
时间	1 568.756	1.0	1 568.756	111.611	0.000	0.589
时间 * 组别	581.406	1.0	581.406	41.365	0.000	0.347
误差（时间）	1 096.338	78.0	14.056			

综上，本轮实验通过选取两款教育目相近的游戏进行对照，验证了基于角色交互设计的数学游戏在培养儿童数感能力上略胜一筹。研究结果从一个侧面佐证了角色交互策略的教育性，但是由于本次测试时间间隔较短，再加上受到疫情的影响，儿童均在家庭环境中完成学习干预，测试者无法确保儿童的学习效率。同时，不排除家长和教师使用其他教学手段对儿童的数学能力进行干预，所以实验也存在一定的误差。今后，亦可通过扩大样本量、延长实验周期等方式，克服实验的局限性。

四、实证研究的结论

在本轮实证中，研究者首先根据基于角色交互的学龄前儿童教育游戏设计策略创建了一个编码方案。第一步，对 65 款学龄前儿童家庭所热衷的教育游戏进行内容分析。第二步，寻找同一类别中教学内容和质量相当的教育游戏进行对比测试，同一组别中两款教育游戏的最大差别在于与角色交互框架的契合程度。据此找出了适合作为实证工具的 3 组 6 款教育游戏。第三步，观察儿童被试的体验过程，记录他们的使用偏好并访谈其中缘由。第四步，选取逻辑思维类的儿童教育游戏在幼儿园大班中开展分类实验，实验组的儿童使用契合角色交互框架的教育游戏，对照组儿童使用不契合角色交互框架的教育游戏。在干预前后分别对儿童的数感能力进行测试。

研究结果显示，第一，从对下载平台中 65 款高分学龄前教育游戏的编码情况来看，其中编码平均值为 6.33 分，只有 14 款游戏评分在 4 分及以下（4 分是研究者选取是否契合角色交互框架的临界点），21 款教育游戏评分在 8 分及以上，说明高下载量的教育游戏已经萌发了使用角色交互进行知识传播的意识。第二，从单次体验的结果看，不论是语言学习类、逻辑思维类还是艺术类，较多的儿童和家长认为契合角色交互框架的教育游戏有更好的体验感，验证了该策略的游戏性。第三,在为期 8 周的跟踪实验中,两组儿童的数感能力都有所进步,实验组儿童数感能力上升数值较高,验证了该策略的教育性。

综上,从三个阶段的实证可知,基于角色交互的学龄前儿童教育游戏无论是在体验性与教育性都优于其他类型教育游戏,具有一定的可推广性,可以应用在大部分学科类型的教育游戏中。在之后的研究中,可通过扩大样本量、延长实验周期等方式减少抽样误差,克服实验的局限性。

第三节 学龄前儿童教育游戏的设计启示

目前,我国在大力推进数字化教育强国建设,数字化教育、混合式教学不仅要应用新技术,还正在走向新形态。技术的发展不仅给人类的生活带来便利,也给人类的思维方式、心智模式与认知结构带来改变。美国幼儿协会(NAYEC)在 *Let's Do the Computer Story Again* 中指出,应该给儿童提供获取技术的积极工具以探索实践。教育、技术、美学等正在快速交叉融合、驱动创新,学科之间的边际也正日益模糊,人类对待新常态,需要重启认知。

游戏对成长中儿童的影响是精神、知识和形式"三位一体"的,游戏关照着儿童身心的和谐成长。学龄前儿童个体生命的健康成长是融媒体时代设计教育游戏的初心与归旨。游戏设计要立足于儿童的实际需求,并将真善美贯穿于设计的全过程。"真"是追求科学之真、回归教育本真,引导儿童探索真理,通过角色符号,使儿童体验真实存在感与身份的主体性,体会到真情实感;"善"是追求人性之善,追求伦理上的合理性,达致人类文明的进一步发展;"美"是指游戏的内容要符合学龄前儿童的审美,通达角色美、氛围美、形式美、内容美、思想美的各个层面。

一、定义角色符号回归育人本真

教育性始终是学龄前儿童家庭对教育游戏的第一诉求。儿童借助角色符号进入虚拟世界,通过与虚拟角色的互动、启迪、认知,在虚拟世界中求取真知。正因如此,需要为儿童提供真知,助力儿童茁壮成长。学龄前儿童正处于思维能力形成的关键期,处于形象思维发展向抽象思维发展的转化期,理解并遵行游戏规则能在儿童逻辑发展处构建新的知识体系,让知识生长点延展出新的结构,彰显出人类思维的内在逻辑之美。

（一）尊重规律,用现代教育理论的指导游戏设计

本研究中提出了角色交互回归育人本真的教育游戏创作理念。其中育人本真指的是教育要不忘初心,合乎规律,在尊重生命本态的前提下,追求真善美。在让儿童在了解做人基本道理的同时保留探索精神。为儿童搭建支架,让教育在游戏中自然地发生。儿童阶段是生命的开端、是"扣上第一粒扣子"的人生起步阶段。游戏化学习是儿童的学习的重要方式,游戏中包含了许多人类智慧,有无畏艰难的挑战、愉悦的体验、物我两忘的精神,有目标、有方法、有规则等。学龄前儿童在游戏中得到的不仅有娱乐,更有精神上感受到的生活真谛。同时,游戏中也培养了儿童的学习品质,帮助儿童逐步养成积极主动、认真专注、不怕困难、敢于探究和尝试、乐于想象和创造等良好品质。设计创作出精品教育游戏,让儿童在玩中学、为学而玩,让游戏过程成为教育过程,让儿童在游戏活动中生成新的知识,找到新的生长点。总之,教育游戏的主旨是教育,设计需回归育人本真。

在产品研发过程中,加强不同行业人员之间的交流,建立游戏策划者、技术实现者、设计师与一线幼儿教育者、学龄前家长、教育专家、心理专家、数字媒体研究者之间的沟通机制,聆听专家意见和建议,反思产品本身及各个研发环节是否契合游戏的本质、育人的本真,使设计的教育游戏以及其他儿童数字化产品契合现代教育理论,帮助儿童健康成长。

（二）巧设角色,达到"我与你"平等的心灵交互

在儿童教育游戏中,角色是模拟的"实体",通过角色确定儿童"活生生"的"真"的身份,让儿童自身"为学而玩",这也是儿童成长的必然要求。角色是学龄前儿童的重要审美对象,而游戏又有别于其他艺术形式,具有强交互性,通过与游戏角色交互可以让儿童身临其境地进入虚拟世界,促使儿童更好地进行学习。儿童的学习方式有别于成人,儿童在模仿与扮演中经历同化、顺应、平衡的认知阶段。学龄前儿童教育游戏中的角色应该被赋予贴切的形象、丰满的人格和适合的身份,角色要承担起"支架"的功能,在与儿童的交互中帮助儿童认知,也帮助儿童建立起从期待到内化、从第一自我到理想自我的角色轨迹。

魔力小孩系列教育游戏《绿幕精灵》使用抠像技术,让儿童在奇幻场景中发挥想象力,录制属于自己的舞台剧。中国传媒大学参研的中小学人工智能

素质教育服务平台研发与创新应用示范项目,实现了 AI 动作捕捉技术,操作简便,锻炼了儿童的语言表达能力和想象力,更是通过技术手段增加了儿童的自我效能感,激发了儿童探索动画编程知识的兴趣。有学者说,在未来元宇宙语境下会出现很多的虚拟人,无论是人工智能信息助手,还是虚拟的人,抑或是人人都有自己的化身,虚拟世界为人类的生存拓宽了新空间,也是人们展示自我的舞台。

图 5.19　虚拟化身在教育游戏中应用

注:图片源于《绿幕精灵》使用场景,中小学人工智能素质教育服务平台研发与创新应用示范项目研发过程截图、元宇宙教育概念图。

　　对儿童来讲,教育游戏不应该是冷冰冰的符号世界,而应该是充满真情的时空。设计者要为儿童建构一个令其感到真实存在的虚拟世界,让儿童感受到真知、真谛和真情,通过与虚拟角色的互动,通过界面精准的情感传达,确定自我的时空存在,追求自己在游戏中的可控性,也就是让儿童处在真实的生命状态,而不是陷入浩瀚缥缈的虚幻世界,任由信息符号进入"乱花渐欲迷人眼"的状态。同时,游戏角色设置要围绕儿童的特征,使虚拟角色的形象、人格和技术逻辑符合儿童的审美期待。在虚拟世界中,角色交互不仅指的是游戏角色与儿童的行为交互、功能交互,还是身份交互、信息与知识聚合、角色与儿童的情感共鸣。最后达到"我与你"心灵的交互,从人机交互到平等的人际对话。

二、设计角色互动观照生活之实

　　随着媒介的发展,新的游戏方式搭建起学龄前儿童与周遭世界相关联的信息渠道,纵然儿童在虚拟世界中的游戏符号再生动写实,终究是人类智慧抽象的表现,所以还要重视儿童在虚拟世界中有可能偏离生活的情况。教育游戏中趣味化的角色交互是激发和维持儿童学习动机的关键,充满乐趣的角色交互可以让儿童在教育游戏中建立更加正向的积极自我镜像,从而与生活保持一致性。故角色互动要观照生活之实。

（一）重视实践，开发满足儿童成长需求产品

做好一款教育游戏要立足于实践，只有通过多角度、多方式的调研，才能挖掘出具有创作价值的内容。学龄前儿童教育游戏具有双用户的特性，诚然这类软件的实际使用者是学龄前儿童，但实际的付费者是家长，家长和儿童共同决定教育游戏的最终使用情况。所以，不仅要观察儿童的喜好，也要调研家长的痛点。

研究者调研发现，当前在教育游戏研发过程中对"测试"环节还不够重视，有的工作人员表示工作量很大，连内容都靠竞稿，无暇测试。其实，一款好的游戏，从原型研发到定型，测试环节是必不可少的。观察儿童的使用行为、倾听儿童对产品的意见，是获得第一手信息的最具针对性的途径。据报道，Duck Duck Moose 团队成功的秘诀就是大量的测试与观察。依据儿童在行为和语言上的反馈，不断对迭代与优化游戏，可以同时保证教育游戏的品质和效用。

帮助儿童解决生活中的问题与难题是教育游戏的初心，故要防止游戏增加儿童的认知负荷，促成学习成果自然地、自发地从线上向线下迁移。德国的教育游戏 *Kixi* 通过与小猫 Kixi 的互动小故事让儿童建立自信，学会爱自己也爱别人，学会如何面对成长中的困难；德国的另一款教育游戏 *Schlaf Gut Waldtiere* 则专注于为儿童讲睡前故事；英国教育游戏 *Be Food Smart* 帮助儿童进行体重控制；日本教育游戏 *Fun! Katakana* 用游戏化的手段普及日语教育；澳大利亚安全教育游戏《蠢蠢的死法》（*Dumb Ways To Die*）则致力于对儿童进行安全教育，让儿童帮助虚拟角色选择在保质期以内的药品，帮助虚拟角色按照红绿灯指示过马路。

（二）回归现实，促进线上成果不断向实际生活迁移

学龄前儿童在成长中不断地建构自我图式，游戏世界中获得的经验也可以向生活中迁移转化，反之亦然。虚拟世界里的具象符号来源于生活，在现实生活中，有其"物化"。教育游戏的意义在于让儿童更加爱生活，而不是与真实世界产生隔阂。这意味着教育游戏亟待回归"互动"本质，在游戏中促进儿童与他人互动、与自然互动、与自我互动，增进学龄前儿童与他人、与社会、与自然的亲密联系。《家务，你说了算》（*You Rule Chores*）是一款提升儿童做家务积极性的教育游戏，游戏有不同的角色化身可供选择，如小粉猫、警察、科学家等。家长在软件上设定某项家务劳动的分值，儿童在现实世界中完成家务后，

虚拟世界中的角色也会有奖励。《宝宝爱吃饭》则是一款培养儿童吃蔬菜习惯的教育游戏,儿童在现实世界中吃了蔬菜后,他在虚拟世界中种植的植物也会相应长高,因而效果更胜于学科教学。还有的教育游戏已经被用于对自闭症、听障儿童的干预治疗中。综上,教育游戏可以让学龄前儿童学会通过多渠道、多感官的方式,去感受人、社会以及自然的奥秘,陶冶情操,生发出对生命的敬畏之感、对自然的崇敬之意。

图 5.20 数字虚拟角色游戏在听障儿童干预治疗中运用

三、创设角色游戏凸显童趣之美

学龄前儿童认为凡是运动中的物体都是有生命的和有意识的,他们对万物充满好奇心,因此布鲁纳把好奇心作为促进幼儿学习的最基本的内在动机。只有通过游戏和有童趣的表达与互动,才能不断强化儿童的好奇心,才能不断地促进学习效果。另外,对于学龄前儿童来说,角色是虚拟世界中的重要审美意象,在内容设置中贯穿美育教育。不仅需要外形美,还需要内在人格美,只有从形式到内容的美育,才能以美正心、以美养心、以美暖心、以美润心,真正发挥媒介的育人功效。

(一)寓教于乐,促进儿童认知发展

寓教于乐是古罗马诗人贺拉斯提出的,他认为诗歌的魅力不光在于优美的词藻和铿锵的节奏,还是在于其劝喻功能。[①] 中国美学家李渔提出,需要充分利用戏剧艺术直观性、典型性、形象性的特点,融合娱乐性和教育性,春风化

---

① 亚里士多德,贺拉斯,罗念生. 诗学,诗艺:诗艺[M]. 北京:人民文学出版社,1962:16—28.

雨地使人达到更高尚的境界。[①]

对学龄前儿童来说,游戏是需要被珍视的、有独特价值的基本活动,游戏可以让儿童保持好奇心与学习兴趣。[②] 教育的生长点就是兴趣取代命令。好的游戏可以让儿童在游戏的虚拟世界中进行角色交互,从而助力儿童成长。游戏就是按照既定的规则完成一项任务,同时依据认知学习理论,游戏规则客观约束着玩家主观认同的形成,就像角色认同是在角色观念和角色规范的共同作用下确立的。思考是人与动物最大的不同,儿童在一定的体系范围内,发挥自己的创造性,生成出新知识、生长出新智慧、涵养了性格,完成教育过程,谓之为美。即在规则中学习让儿童得到满足和愉悦的心理体验,感受到强烈的审美体验。在灌输知识的过程中设置故事化、游戏化的环节,通过交互设计、情感化设计、即时反馈等机制,寓教于乐。通过美育培养儿童的审美素养,让儿童按照美的规律去学习在某种意义上也是教育的最高指向。

(二) 化情为趣,塑造儿童审美人格

"趣"是中华美学精神中的一个重要范畴,不只是趣味还有化情为趣的意思。有童趣的角色不仅能将儿童带入故事,满足儿童的自我体验,让儿童享受故事,还能促进学习效果。游戏角色是有意味的艺术符号。其夸张的造型和幽默的表演,不仅折射出角色个体的人格特质,也是民族文化的审美象征。《二十四节气》中将善与恶的品质化身为具象的角色,如英雄与洪魔的对立,又如用朱元璋和"凌霜侯"的故事说明要崇尚对生命、对大自然的感恩。

童趣的形式并不意味着肤浅的内容,同样可以寄托深邃的思考。如《二十四节气》中猴闪闪在芒种时"种糖果"的尝试,在大暑时与萤火虫共舞,在立冬时会因小伙伴冬眠而失落,这都是对事物本质、情感本性、生活本源等的探索。合理的游戏设计不但可以营造充满童趣的学习情境,还可以传播我国传统文化,提高学龄前儿童的审美旨趣。

游戏被称为第九艺术,是对传统艺术形式的沿袭与超越。新的艺术形式的出现,并不是简单的替代,而是"迭代"和"优化"。游戏中集齐了文学艺术、电影等视听艺术的内容,试图达到一加一大于二的效果。如教育游戏 *Presto Bingo Shape* 中所有的插图均由艺术家乔伊斯·海斯贝斯供稿。游戏的画面

---

① 叶朗. 中国美学史大纲[M]. 上海:上海人民出版社,1985:418.
② 新华社. 中共中央国务院关于学前教育深化改革规范发展的若干意见[J]. 基础教育参考,2019(1):1.

之美在于营造一种审美意境,屏幕打通了虚实之间的屏障,儿童在游戏中不断移情、与虚拟人共情,不断升华审美体验,逐步提升感受美、表现美的情趣和能力。

四、突出角色成长达致人性之善

在人类的轴心时代,孔子就曾对真善美进行考量。他以韶乐为例,认为韶乐不仅有美的形式,而且符合道德要求。《论语·八佾》中有相关的记载:"子谓《韶》:'尽美矣,又尽善也。'谓《武》:'尽美矣,未尽善也。'"可见,在孔子看来,艺术必须符合道德要求,包含道德要求才能引起美感。[①] 善是美的前提和归宿,美最终以善为目的。善是指人对外部现实的合目的性要求的实现,是人所安排的合理的文化秩序。学龄前儿童处在角色互动的启动期,需要对自我秩序、社会秩序和自然秩序进行认知,因此好的教育游戏设计要向美向善。

(一) 人文为体,设计围绕塑造儿童的积极身份

游戏故事是角色成长的语境,故事通过生活化的讲述、完整的结构、正能量的价值观,加之充满童趣的表述,让学龄前儿童感受到角色成长带来的成就感,引导儿童更好地追寻理想,建构更好的学习者身份,达成对自我秩序的认知。儿童在数字游戏中与角色交互,形成了"期待—体验—认同—内化"的角色轨迹,逐渐从第一自我转向镜像自我,进而升华化身自我,最后接近理想自我。这更需要媒介从业人员秉承"以儿童为中心"的原则,根据儿童的认知发展规律建构游戏。在游戏中创设虚拟化身或者镜像呈现,能让儿童在进入虚拟世界时更好地探索知识。游戏通过传递好的知识,讲述好的故事,设计好的互动,能让儿童内心得到成长的力量。儿童故事需要具有上升的主题,通过及时反馈、化身升级、积累奖章等机制强化儿童积极的行为。

学习过程实质上是儿童自我建构的过程,通过获取知识在其内心形成新的图式,以用于下一次的知识获取。儿童还要成为积极的发现者、大胆的探索者、不知疲倦的人、永不满足的学习者、天才语言的掌握者、卓有成就的创造者和角色扮演者,学龄前儿童教育游戏应满足儿童的成长需求。

---

① 叶朗. 中国美学史大纲[M]. 上海:上海人民出版社,1985:40—41.

（二）技术赋能,赋权儿童全面发展

学龄前儿童需要自适应性教育游戏。这是指教育游戏以学龄前儿童为主体,跟踪儿童的游戏过程,根据儿童的反馈调节游戏与学习的进度,从而维持调动儿童学习的动机,提升知识传播的效率,并且提出优化下一步学习体验的方案。但是在当下的教育游戏中,演示型资源占比大,且常是传统游戏资源的"搬家"。其实随着社会文明水平的不断提升,在融媒体时代,5G赋权、数据分析技术创新、计算建模研究改良、大数据算法更新、神经模拟技术升级、元宇宙概念出世,虚拟社会角色、网络文化社区等已经成为影响当代社会文化的重要因素。媒介技术不仅要保证教育游戏必要的使用需求,还需要力争弥补传统教育的短板,构建出新生态,衍生出新规律。通过学习者活动跟踪、学习者画像、学习者情绪建模、需求预测、学习分析、数据挖掘、教学策略改变、个性化学习定制和定点推送,为不同人群提供更为有效的媒介内容,弥补教育资源分布不均的问题。

图 5.21　角色交互模式在桌面平板、早教机器人设计中的应用

另外,运用技术手段规避教育游戏使用中的感知风险性。如加入护眼模式,控制使用时长,向线下迁移传播内容。教育部办公厅关于印发《2022 年全国综合防控儿童青少年近视重点工作计划》的通知中指出,要注重儿童用眼健康的问题,幼儿园教师开展保教时要主动控制使用电视、投影等设备的使用时间。① 所以,教育游戏不应该只有线上内容,还应为家长和儿童提供可打印的线下学习素材;不仅要通过技术手段的实现深夜提醒、定时闹铃、亲子设备串

---

① 中华人民共和国教育部政府门户. 教育部办公厅关于印发《2022 年全国综合防控儿童青少年近视重点工作计划》的通知[EB/OL]. (2022 - 3 - 31)[2022 - 4 - 23]. http://www. moe. gov. cn/srcsite/A17/moe_943/s3285/202204/t20220418_619060. html.

联提醒、儿童上网验证和家长解锁机制等,还要树立信息把关意识,利用新算法做好文化的筛子,主动为儿童过滤掉不良信息,利用科技算法对用户行为、使用评价、点击次数、使用时长等零散原始的信息进行数据分析,有目的地对儿童进行思想指导和行为控制,并防止儿童沉溺于虚拟世界,甚至迷失自我。

学龄前儿童在迅速地成长,犹如干涸的海绵一般,不断地吸收知识。数字原住民更需要良好的教育素材,游戏设计师等媒介从业者需要理解学龄前儿童、关心学龄前儿童、扶持学龄前儿童,尽可能满足学龄前儿童成长的需要。尊重儿童教育的规律,以儿童生命的发展、审美境界的提升、生命价值的体现为行动归宿。帮助儿童构建在我我互动、人我互动、物我互动中的内心生长秩序。另外,还要正向利用儿童的认知特点,始终将社会利益放置于首位,处理好教育和技术全方位融合的问题,技术赋能游戏促进儿童成长。

(三) 不断创新,为民族复兴而创作

2022 年版《义务教育课程方案》提出了义务教育的培养目标,要在坚定理想信念、厚植爱国主义情怀、加强品德修养、增强知识见识、培养奋斗精神、增强综合素质上下功夫,使学生有理想、有本领、有担当,培养德智体美劳全面发展的社会主义建设者和接班人。[①] 这是我国教育方针、教育目标的最新阐述。教育的根本任务是立德树人,教育游戏设计者要明确教育责任,清楚受教育者的培养目标,在掌握儿童的生理、心理成长规律的相关知识后,调动融媒体技术手段进行设计创作。设计是改革,也是创新,灵感思维不断被调动,是原创性的或超越性的认知活动。[②]

教育游戏作为一种综合的艺术形式,集动画、音频、视频、游戏等于一体,它不仅综合了各种艺术门类的表现方式,还集合了各种艺术形式教育功能的优势。每个国家都有独具特色的教育游戏,日本有日语教学游戏 *Japanese Alphabet Letter*、*Fun! Katakana*,美国有 *Endless ABC*,德国有 *Conni Box* 等。中国也有不少优秀的儿童教育游戏已经漂洋过海,在国际上受到好评,如以中国熊猫为 IP 的《宝宝巴士》、魔力小孩系列《魔力小孩识字》等。这些儿童

---

① 中华人民共和国教育部政府门户. 教育部关于印发义务教育课程方案和课程标准(2022 年版)的通知[EB/OL]. (2022 - 4 - 21)[2022 - 5 - 23]. http://www.moe.gov.cn/srcsite/A17/moe_943/s3285/202204/t20220418_619060.html.

② 高一平. 设计的本质是存在与演化——关于设计本质的探讨[J]. 自然辩证法研究 1997(7): 43—45.

游戏已经不只是学习的工具,也是国家文化的传播使者。因为文化习惯和版权问题等,研究者在实证的过程中观察到国外流行的教育游戏并不一定适用于国内的学龄前儿童家庭,在测评中《二十四节气》得到了家长的认可,所以还需要国内的设计者不断地创新,创作出有中国特色、适合中国儿童、传播中华民族文化的教育游戏。相关从业者应当积极探索网络空间儿童教育的新途径、新方法,增强知识性、趣味性和时代性,建立起新的思想、价值和理论体系,打破学科之间的壁垒,让儿童在虚拟世界中探寻事物的发展规律,并通过游戏与他人建立合理的关系,帮助学龄前儿童实现对自身与社会关系秩序的认识。

综上,随着新时代的到来,教育与技术的融合、线上与线下的融合、真实世界和虚拟世界的融合需要专业生态重构。教育游戏发展要赓续网络强国重任,对未成年人加强数字关怀,以角色代入确定自我之真,以角色互动观照生活之实,以角色游戏凸显童趣之美、以角色成长达致人性之善。只有这样才能让"童年回归",为儿童成长保驾护航。

本 章 小 结

本章聚焦于对角色交互框架的验证与归纳。

首先,根据角色交互的儿童教育游戏设计框架、模型和原则,进行了学龄前儿童教育游戏《二十四节气》的创作实践,并且针对学龄前儿童、家长、教师等开展了测评实验,不仅通过拟定实验方案对儿童进行了观察和编码,还对家长和教师进行了深度访谈及问卷调查。总共 96 人参与到实验环节。实验数据表明,基于角色交互策略设计的教育游戏《二十四节气》受到了儿童、家长和教师群体的认可,验证了第三、第四章中的设计理论。

然后,本章中进一步细化了角色交互四个原则的编码维度,并对市场上 65 款教育游戏进行编码。一方面,分析现有的优质学龄前儿童教育游戏是否契合角色交互策略。另一方面,在其中筛选出同一学科类别中质量相当、契合和不契合研究者设计理念的 3 组 6 款教育游戏,进行对比与跟踪测评实验。研究结果表明,市场高下载量的教育游戏中已经出现了使用角色交互策略进行知识设计的案例。

再者,进行 3 组 6 款教育游戏的对比实验和为期 8 周的跟踪实验。结果表明,研究者的设计理念受到了大部分学龄前儿童和家长的欢迎,教育游戏中角色交互的实现情况,将直接影响儿童对教育游戏的接受程度。当教育游戏中缺乏角色交互时,儿童会感到晦涩、枯燥、乏味,从而放弃游戏、中断学习。在不同学科领域中角色交互策略的适用性,也意味着研究者的设计理念具有一定的可推广性。

最后,进一步提炼出学龄前儿童教育游戏中的价值内核和产业启示。"真、实、美、善"是设计学龄前儿童教育游戏核心价值的四个关键字。即角色代入确定自我之真、角色互动观照生活之实、角色游戏凸显童趣之美、角色成长达致人性之善。

本章创新点在于通过多种实验方法分别验证了角色交互策略在教育游戏中使用的可操作性、实效性、时效性和可推广性。结果表明,角色交互策略可用在大多数学科类型的学龄前儿童教育游戏中,此类基于角色交互策略设计的教育游戏无论是在体验性还是在教育性上都优于其他类型的教育游戏。在之后的研究中,可通过扩大样本量、延长实验周期等方式减少抽样误差,克服实验的局限性。

研究结语与展望

研究结语与展望

    本研究旨在基于媒介融合时代背景，反思"数字原住民"的教育问题，探索问题解决途径。研究者基于 3—6 岁学龄前儿童的认知特点，以角色交互为切入点，探讨适合学龄前儿童的教育游戏设计策略和方案。研究整体按照"实然""应然""可然"的逻辑思路。首先，通过定性与定量相结合的方法调研当下学龄前儿童教育游戏的文化现状，反思并剖析出了学龄前儿童教育游戏角色交互主体缺失、缺乏数字媒介逻辑等问题。其次，从儿童、游戏与角色关系层面进行理论探析，分析了角色交互对儿童发展的影响机理。再次，在理论建构基础上探讨了设计策略，定义了基于角色交互的学龄前儿童教育游戏设计框架和设计原则，厘清了设计脉络，构建了教育游戏设计模型。从次，通过教育游戏《二十四节气》的创作实践与观察实验，对 65 款热门教育游戏的分析，以及对 3 组 6 款典型案例的对比实验和为期 8 周的跟踪实验，验证了学龄前儿童教育游戏的理论框架和设计方案。最后，对学龄前儿童教育游戏创作和实验感悟进行了归纳、总结和升华。

    研究结果表明，教育游戏中角色交互的实现情况，将直接影响儿童对教育游戏的接受程度。当教育游戏中缺乏角色交互时，儿童会感到晦涩、枯燥、乏味，从而放弃游戏、中断学习。相反，如果教育游戏具备良好的角色交互体验，儿童会主动参与游戏与学习，并反复体验。这样，教育游戏才能达到培养儿童学习兴趣、帮助儿童掌握知识、涵养儿童人格的目的。本次研究提出的游戏中角色交互实现策略和基于角色交互的游戏设计模型，能够有效为儿童建构最近发展区，同时营造良好的游戏性体验。

第一节 研 究 结 论

第一，回归育人本真的角色交互创作理念，以及角色交互的坐标系的建构。

儿童游戏的过程与结果都对儿童的经验和行为具有强化作用，教育游戏的本质是为了让学龄前儿童从被动的知识接受者转变为主动的建构者，培养儿童顺应时代变迁的适应能力和独立的精神。数字化的教育游戏也需回归育人本真。儿童在角色游戏中不断了解自我、他人与外在世界，并且在大脑中形成新的图式。故研究者以角色交互切入点，以此探索创造优质学龄前儿童教育游戏的理论框架与实践方案。

研究者提出将角色作为连接儿童心理世界和虚拟世界的连接点和媒介，建构了横纵相关的角色交互坐标系：在空间维度上整合"环境—身体—心智与认知"的内化路径，虚拟世界中通过具身功能的角色，将物理环境信息传递到玩家的心智与认知层面；在时间维度上整合"角色期待—角色体验—角色认同—角色内化"的交互轨迹，提出从"第一自我"到"镜像自我"，再到"化身认同"，最终塑造"理想自我"的创作思路。在虚拟世界中构建出具身功能的角色，协同角色与虚拟世界其他元素之间的关系，使玩家实现"我我互动""人我互动""物我互动"，创设具有真实感、沉浸感、灵动性的体验，达成教育目标。角色交互不仅是游戏角色与玩家的行为交互、功能交互，还是身份交互、角色与信息聚合、角色与玩家的情感共鸣，最后达到"我与你"心灵的交互，平等的人际对话。

现存的学术研究多为对教育游戏的宏观探索，如适用学科、搭建情境、学习者动机和效果分析，但是较少提取教育游戏某一元素，进行聚焦且系统的研究。本研究从学龄前儿童认知特点出发，思考了角色交互的本质，并建构了角色交互的坐标系。

第二，玩家、角色、界面、知识四位一体的角色交互框架，以及角色交互在教育游戏中的实现路径。

在现实世界中，儿童通过角色游戏直接将信息内化。在虚拟世界中，界面通过角色有选择地进行知识传播。本文提取了知识、界面、角色和玩家四个元素。设计中最重要的是创造出具有具身功能的角色,以及由知识和界面构成的角色交互系统。首先,角色的设计需要依据儿童的认知图式、符合儿童的审美需求。设计者的成人思维要试着贴近儿童思维,定义学习与游戏相融合的角色行为,设计教育游戏与传统游戏相融合的角色规范,以个性化、简洁的形象构成游戏角色的外在表征,以主要特质、中心特质、次要特质构成游戏角色的人格品质,以功能模块构造游戏角色的技术逻辑。其次,设计时需要考虑角色与玩家的交互,打造出"虚拟角色真实,真实角色(玩家)虚拟"关联统一的"人我互动"模式,让玩家在虚拟世界体验到与现实生活一致的、积极的自我镜像。再次,角色与界面之间的互动属于"我我互动"场域,交互中要通过简洁搭配、精准指令、友好情境的呈现将其边界隐匿,使得角色和其他元素一体化地呈现。界面也是角色根植的"土壤",需将角色的感应和反应模块进行组合,实现角色的行为表演与界面风格统一。最后,角色与知识之间属于"物我互动",需要突出角色的身体模块和思维模块来传递知识。知识具有情境性,要根据儿童的思维模式进行故事化转化。故事突出角色成长,寓教于乐的表达,从而为儿童打造一个沉浸式的学习环境。角色、界面和知识三者遵守层创共生的原则,共同为儿童打造符合认知图式的虚拟世界。从而,儿童通过与角色直观的"人我互动",逐步与知识"物我互动",实现对信息的获取、理解和掌握。另外,儿童在反复与界面交互的过程中,实际上在不断发现自我,实现对知识的同化、顺应和平衡,实现从"旧图式"到"新图式"的"我我互动"过程。

目前,学术界已存在将角色作为影响学习者学习动机的元素进行研究,然而系统分析角色与玩家、界面和知识之间依存关系的甚少。由于学龄前儿童处于前运算阶段,不适宜玩法主导的纯规则游戏,所以角色交互的实现情况对游戏的综合体验具有重要影响。本研究不仅较为完整地体现了角色交互与游戏设计中动力、机制、组件三要素的融合方式,还归纳了角色与界面、知识融合的原则。该结论能够对学术界现存的研究进行补充。

第三,基于角色交互的学龄前儿童教育游戏设计模型。

根据儿童认知图式形成过程中同化、顺应、平衡循环往复的规律,结合教育游戏渐进中相关性、嵌入性、迁移性和适应性、沉浸感、自然化等过程特征,梳理凝练了角色交互的四个关键节点,并根据"期待—体验--认同—内化"的角色交互轨迹,建构了儿童教育游戏设计模型。一方面,此模型以实现玩家积极的自我建构为目标,着重凸显虚拟角色的教育功能。在模型里角色交互轨迹中四个阶段清晰地对应着游戏角色教育功能属性的四个阶段:"搭建支架—进入情境—协作学习—效果评价",即虚拟角色通过搭建支架激活玩家认知图式、创设情境优化知识体验、"我与你"融合促进学习合作、积极反馈以达成教育目标。同时,需要根据玩家第一自我创设化身、角色体验激发自我动机、情感贯穿达成化身认同、内化角色功能趋近理想自我。其目的是通过虚拟角色行为上的教育支架功能和情感上的共鸣,让儿童自发地寻找学习经验的升华路径,获得更加积极的自我认知。另一方面,将"动机激发—简单关卡—复杂关卡—游戏反馈"的界面游戏机制四个阶段对应"产生愿望—拥有能力—实现目标—获得奖励"的知识故事化传播四个阶段,实现教育游戏中角色交互情境的设置目的。

与此同时,耦合了角色交互框架中各个元素的纵向内在联系,完整体现了玩家、角色、界面和知识在不同阶段的相互联系。在第一阶段,教育游戏根据玩家第一自我的特点,引起儿童的审美期待,搭建支架激活儿童的认知图谱,激发游戏动机;在第二阶段,通过角色导入背景知识,激发玩家产生探索意愿,通过化身设计强化玩家内在动机,开始简单的游戏挑战和知识学习;在第三阶段,根据最近发展区理论,知识的难度逐渐增加,对应着更为复杂的关卡,突出角色的游戏故事也达到高潮,游戏角色和玩家一起攻克关卡;在第四阶段,对学习内容进行积极的总结反馈。其间,儿童取得的成就将成为儿童自我认知图式的一部分,从而建构更积极的身份。

研究者通过教育游戏《二十四节气》的创作实践,对65款高下载量的教育游戏的分析,以及基于3组6款典型案例的对比实验和跟踪实验,验证了设计模型的可操作性、实效性、时效性和可推广性。

目前,学术界研究多将教育游戏中角色作为一个"固定值",形象固定、身份固定、功能固定等。本研究将角色与游戏机制、教育进程相关联,根据为儿童建构最近发展区原则,分析了角色设计的脉络结构,并以此为起点建立设计模型,关联了角色设计、游戏设计和教育内容设计的横纵联系。此成果能够对学术界已有的研究进行补充。

第四,学龄前儿童教育游戏的设计启示。

研究者根据现状审视、理论建构、创作实践、对比实验和跟踪实验的研究结果,归纳了设计启示。一是洞见内核,"真、实、美、善"是设计学龄前儿童教育游戏核心价值的四个关键字。即定义角色符号回归育人本真、设计角色互动观照生活之实、创设角色游戏凸显童趣之美、突出角色成长达致人性之善的价值归根。二是基于设计的核心价值概括出研究启示。具体包括：尊重规律,用现代教育理论指导游戏设计;巧设角色,达到"我与你"平等的心灵交互;重视实践,不断调研测试儿童教育游戏的适用性;游戏为法,解决儿童生活中的实际困难;回归现实,线上成果不断向实际生活迁移;寓教于乐,促进儿童认知发展;化情为趣,塑造儿童审美人格;人文为体,设计围绕塑造儿童的积极身份;技术为用,赋能儿童全面发展;不断创新,为民族复兴而创作。

第二节　研究创新性

本研究的创新性主要体现在以下三个方面:

第一,提出以角色交互作为优化设计策略的切入点。现有的儿童教育游戏设计思路有两种:一种是运用成人游戏的设计逻辑,将成人游戏的玩法机制直接嫁接儿童学习内容。这样不符合儿童认知发展的特点,儿童会感到晦涩、枯燥、乏味,从而放弃游戏、中断学习。另一种是机械地把线下的儿童游戏或儿童课程转移到线上。这样缺乏数字技术的支撑,不能满足易用性。其实,对于作为"数字移民"的成年人来说,做好"数字原住民"的教育是有难度的。本研究以"角色交互"为切入,将形成双向互通的视角。一是从教育理论出发,抓住前运算阶段儿童游戏的高峰为角色游戏,儿童对虚拟角色有特殊的依恋;二是从设计理论出发,角色的交互设计是艺术设计领域中的"牛鼻子"。交互设计如同创造虚拟世界,角色不仅是游戏中的重要审美意象,还是串联游戏动力、机制、组件的"红线"。研究中确立玩家为主体、角色为主导的设计方向,细致考量并梳理了角色期待、角色期待、角色认同、角色内化等与自我身份形成的关系,提出了通过角色交互整合教育内容和界面信息的路径。这样的研究视角不仅能打破学科之间的壁垒,而且在实际操作中会避免很多的困难,同时是具有理论根基的。

第二,研究中将数字化思维与传统儿童游戏的自发机制相融合。本研究的小角度切入,力求深探教育游戏中玩家、角色、界面与知识等诸多元素的内在关系。研究中以角色交互作为关键变量,从传统游戏出发,论述了传统游戏中玩家与角色的关系、角色交互的符号表征、虚拟强化等教育功能和游戏机制。又从数字游戏中动力系统、机制、组件与角色规范、角色思维、角色行为的三组关系出发，以突出虚拟角色的具象形象、人格涵养和技术逻辑为儿童构建"人我互动"场域；以隐匿边界突出化身，为儿童建构"我我互动"的场域；角色思维与知识的融合，为儿童构建"物我互动"的场域。研究中力求将教育游戏的活动主体之间的边界弱化，以虚拟世界、虚拟身份、虚拟角色等作为统一的抽象特征，尝试构筑一个有利于玩家同化的虚拟世界，形成以游戏角色为中心，整合玩家、角色、界面和知识的层创共生的空间结构。

第三，设计模型搭建和实效性验证。基于角色交互的教育游戏设计策略研究，不只是要搭建设计框架，在研究中，验证角色交互的策略编码方式被研发，从而验证角色交互的有效性和可操作性。本研究秉承着"从实践中来，到实践中去"的原则，综合运用文献分析法、案例分析法、调研、观察、访谈、实验法等研究方法，辩证考量现实世界与虚拟世界、传统游戏与数字游戏、玩家化身与虚拟角色、儿童认知与人格发展等问题。基于此，探究出角色交互的设计框架及其四个设计原则、教育游戏设计模型、角色交互与教育游戏系统融合的路径。最后，开发了适用于角色交互策略的编码与验证方案，通过创作实践、对比实验和跟踪实验完成了对设计框架等研究成果的验证。从而使得理论框架、设计策略和验证编码方案成为一个有机的整体。

第三节 研究展望

儿童教育游戏研究是一个持续更新、不断创新的过程。在本次研究过程中也挖掘出了其他有价值并可深入的议题。第一，本研究秉承着学术研究由易到难的原则，仅对3—6岁学龄前儿童进行研究，并且提出"角色交互"是其认知发展的关键点。但是不同年龄段的儿童认知特点具有较大差异，在之后的研究中，还可以针对其他年龄段的儿童进行教育游戏理论框架和设计策略的探究。第二，本研究中讨论的教育游戏更多的是基于家庭使用场景，而将来数字化教育将会适用于更多的使用场景。因此，以后还将对课堂这一使用场景进行细化讨论。课堂环境中会有更多的交互模式，如不同玩家之间的实体交互等。第三，本研究中跟踪实验的干预时间为8周，在以后的研究中会进一步扩大样本数量和加长研究周期，尽可能地减小误差，继续针对基于角色交互的学龄前儿童教育游戏的教育效果，做持续性的跟踪调研。第四，本次研究中收集了《二十四节气》的优化意见，未来将进一步完善作品。另外，此次创作实践成果是触屏电脑端的人工制品，在之后还可将角色交互框架运用到虚拟现实、增强现实、混合现实的场域中，继续探讨如何持续调动学习者动机，达成教育目标。

研究者要有与时俱进的精神、吐故纳新的情怀和不断创新的眼光，挖掘一切可行的研究点。本研究是教育游戏设计策略研究的初步探索，未来还有很长的路要走。

参考文献

中文文献

[1] 亚里士多德. 诗学[M]. 陈中梅译. 北京：商务印书馆,1999.

[2] 亚里士多德,贺拉斯,罗念生. 诗学,诗艺：诗艺[M]. 北京：人民文学出版社,1962.

[3] 斯坦尼斯拉夫斯基. 斯坦尼拉夫斯基全集第二卷演员的自我修养[M]. 林陵,史敏徒译. 北京：中国电影出版社,1985.

[4] 约翰·杜威. 学校与社会[M]. 赵祥麟,任钟印,吴志宏译. 北京：人民教育出版社,2005.

[5] 约翰·杜威. 民主主义与教育[M]. 王承绪译. 北京：人民教育出版社,1990.

[6] 皮亚杰. 皮亚杰教育论著选[M]. 卢濬译. 北京：人民教育出版社,1990.

[7] 瓦兹沃思. 皮亚杰的认知和情感发展理论[M]. 徐梦秋,沈明明译. 厦门：厦门大学出版社,1989.

[8] 玛利亚·蒙台梭利. 童年的秘密[M]. 单中惠译. 北京：中国长安出版社,2010.

[9] 陈鹤琴. 陈鹤琴教育思想读本·活教育[M]. 南京：南京师范大学出版社,2012.

[10] 伊曼努尔·康德. 判断力批判第2版[M]. 邓晓芒译. 北京：人民出版社,2002.

[11] 乔治·赫伯特·米德. 心灵、自我与社会[M]. 赵月瑟译. 上海：上海译文出版社,1992.

[12] 欧文·戈夫曼. 日常生活中的自我呈现[M]. 冯钢译. 北京：北京大学出版社，2016.

[13] 叶朗. 中国美学史大纲[M]. 上海：上海人民出版社，1985.

[14] 彭吉象. 艺术学概论[M]. 北京：北京大学出版社，2006.

[15] 张生泉. 角色文化[M]. 上海：上海远东出版社，2013.

[16] 刘绪源. 美与幼童——从婴幼儿看审美发生[M]. 南京：江苏少年儿童出版社，2014.

[17] 黄秀兰. 维果茨基心理学思想精要[M]. 广州：广东教育出版社，2014.

[18] 瑞内·范德维尔. 利维·维果斯基[M]. 郭冰译. 哈尔滨：黑龙江教育出版社，2017.

[19] 斯科特·麦克劳德. 世界动漫经典教程，理解漫画. 第3版[M]. 万旻译. 北京：人民邮电出版社，2015.

[20] 杨丽珠，刘凌，徐敏. 早期儿童自我认知发生发展研究[M]. 北京：北京师范大学出版社，2014.

[21] 孟伟. 身体、情境与认知：涉身认知及其哲学探索[M]. 北京：中国社会科学出版社，2015.

[22] 乔纳森·布朗. 自我[M]. 陈浩莺译. 北京：人民邮电出版社，2004.

[23] 卡尔·R·罗杰斯. 个人形成论：我的心理治疗观[M]. 杨广学，尤娜，潘福勤译. 北京：中国人民大学出版社，2004.

[24] 尼尔·波兹曼. 童年的消逝[M]. 吴燕莛译. 桂林：广西师范大学出版社，2004.

[25] 王萍. 学前儿童保育学[M]. 北京：清华大学出版社，2015.

[26] 孙瑞雪. 捕捉儿童敏感期[M]. 天津：新蕾出版社，2004.

[27] 陈帼眉，冯晓霞，庞丽娟. 学前儿童发展心理学[M]. 北京：北京师范大学出版社，2001.

[28] 尚俊杰. 未来教育重塑研究[M]. 上海：华东师范大学出版社，2019.

[29] 胡伊青加. 人：游戏者：对文化中游戏因素的研究[M]. 成穷译. 贵阳：贵州人民出版社，1998.

[30] 理查德·E. 迈耶. 走出教育游戏的迷思[M]. 裴蕾丝译. 北京：教育科学出版社，2019.

[31] 罗杰斯. 通关！游戏设计之道[M]. 高济润，孙懿译. 北京：人民邮电出

版社,2013.

[32] 欧内斯特·亚当斯. 游戏设计基础[M]. 江涛译. 北京：机械工业出版社,2017.

[33] 弗里曼. 游戏情感设计[M]. 邱仲潘译. 北京：北京希望电子出版社,2005.

[34] 罗杰斯. 触摸屏游戏设计[M]. 颜彦,黄静译. 北京：人民邮电出版社,2014.

[35] 王佳. 信息场的开拓[M]. 北京：清华大学出版社,2011.

[36] 唐纳德·诺曼. 情感化设计[M]. 付秋芳,程进三译. 北京：电子工业出版社,2006.

[37] 凯瑟琳·伊斯比斯特. 游戏情感设计[M]. 金潮译. 北京：电子工业出版社,2017.

[38] 陈京炜. 游戏心理学[M]. 北京：中国传媒大学出版社,2015.

[39] 赵江洪. 设计心理学[M]. 北京：北京理工大学出版社,2004.

[40] 姚晓光,田少煦,梁冰,陈泽伟,尹宁. 游戏设计概论[M]. 北京：清华大学出版社,2018.

[41] 简·麦戈尼格尔. 游戏改变世界：游戏化如何让现实变得更美好[M]. 闾佳,译. 杭州：浙江人民出版社,2012.

[42] 凯文·韦巴赫,丹·亨特. 游戏化思维[M]. 周逵,王晓丹译. 杭州：浙江人民出版社,2014.

[43] 郭庆光. 传播学教程[M]. 北京：中国人民大学出版社,1999.

[44] 柳冠中. 事理学论纲[M]. 长沙：中南大学出版社,2006.

[45] 詹姆斯·保罗·吉. 游戏改变学习：游戏素养、批判性思维与未来教育[M]. 孙静,译. 上海：华东师范大学出版社,2019.

[46] 宗争. 游戏学：符号叙述学研究[M]. 成都：四川大学出版社,2014.

[47] 迈克尔·萨蒙德. 国际游戏设计全教程[M]. 张然,赵嫣译. 北京：中国青年出版社,2017.

[48] 左志宏. 大众传媒与幼儿认知发展[M]. 北京：北京师范大学出版社,2012.

[49] 布兰达·劳雷尔. 人机交互与戏剧表演[M]. 赵利通译. 北京：机械工业出版社,2014.

［50］杰西·谢尔. 游戏设计艺术［M］. 刘嘉俊等译. 北京：电子工业出版社,2016.

［51］陈汉才. 中国古代幼儿教育史［M］. 广州：广东高等教育出版社,1996.

［52］蔡丰明. 游戏史［M］. 上海：上海文艺出版社,2007.

［53］邱学青. 学前儿童游戏［M］. 南京：江苏教育出版社,2008.

［54］朱家雄. 建构主义视野下的学前教育［M］. 上海：华东师范大学出版社,2009：12.

［55］叶壮. 边游戏边成长：科学管理,让电子游戏为孩子助力［M］. 北京：机械工程出版社,2020.

［56］Stella Louis,Clare Beswick,Sally Featherstone. 认识婴幼儿的游戏图式——图式背后的秘密［M］. 张晖,范忆,时萍译. 北京：中国轻工业出版社,2019.12.

［57］漆涛. 学生角色研究［D］. 华东师范大学,2017.

［58］关萍萍. 互动媒介论——电子游戏多重互动与叙事模式［D］. 浙江大学,2010.

［59］刘燕. 基于儿童心理学的动画角色设计研究［D］. 东南大学,2017.

［60］李屏. 教育视野中的传统游戏研究［D］. 华东师范大学,2005.

［61］叶绿. 虚拟教育环境中虚拟人（角色）技术的研究与应用［D］. 浙江大学,2005.

［62］李小花. 游戏中的幼儿世界［D］. 湖南师范大学,2020.

［63］姚浩然. 人格化家具形态设计研究［D］. 南京林业大学,2012.

［64］韩若冰. 日本动漫角色与角色消费研究［D］. 山东大学,2015.

［65］朱建珍. SOR 理论视角下用户社交媒体倦怠成因及消极使用行为研究［D］. 深圳大学,2019.

［66］滕春燕. 有意义游戏的幼儿教育构想［D］. 南京师范大学,2021.

［67］杨玲玲. 基于 RETAIN 模型的教育游戏设计与开发［D］. 天津师范大学,2012.

［68］徐瑾. 现代远程教学交互的调查研究［D］. 西北师范大学,2007.

［69］刘韬. 数字交互体验新论——以智慧学习元认知体验的交互边界研究为例［D］. 中国传媒大学,2019.

［70］赵芝眉. 虚拟角色在智慧学习中的交互设计研究［D］. 中国传媒大学,2019.

[71] 孙静. 走向"胜利"的途中[D]. 南开大学,2016.

[72] 吴航. 游戏与教育——兼论教育的游戏性[D]. 华中师范大学,2001.

[73] 尹国强. 儿童数字化阅读研究[D]. 西南大学,2017.

[74] 张玉敏. 幼儿游戏机制研究[D]. 南京师范大学,2014.

[75] 方明星. 对话与融合——动画艺术成人思维与儿童思维的对接研究[D]. 浙江大学,2012.

[76] 毛曙阳. 儿童游戏与儿童文化[D]. 南京师范大学,2008.

[77] 尤佳. 新媒体视域下中国当代育儿焦虑研究[D]. 河北大学,2019.

[78] 翟雪松,楚肖燕,王敏娟,等. 教育元宇宙:新一代互联网教育形态的创新与挑战[J]. 开放教育研究,2022,28(1).

[79] 易欢欢,黄心渊. 虚拟与现实之间——对话元宇宙[J]. 当代电影,2021(12).

[80] 刘箴,潘志庚. 虚拟人情绪行为动画模型[J]. 中国图象图形学报,2003(7).

[81] 刘箴. 虚拟人的行为规划模型研究[J]. 系统仿真学报,2004(10).

[82] 周曦,黄心渊. 学龄前儿童教育游戏角色的交互设计[J]. 包装工程,2022,43(6).

[83] 黄心渊,陈柏君. 基于沉浸式传播的虚拟现实艺术设计策略[J]. 现代传播(中国传媒大学学报),2017,39(1).

[84] 郑则凌. 我国网络角色扮演类游戏的现状及发展研究[J]. 美术教育研究,2022(9).

[85] 关萍萍. 试论网络游戏玩家的"游戏内传播":格雷马斯方阵视角下的游戏价值论[J]. 湖南大众传媒职业技术学院学报,2009,9(2).

[86] 邵照坡. 动画片角色设计的视觉幽默表现——以《猫和老鼠》为例[J]. 装饰,2016(4).

[87] 刘秀梅. 虚拟角色表演的审美特质[J]. 当代电影,2010(7).

[88] 宋岩峰. 基于儿童心理特征的动画创作[J]. 装饰,2017(3).

[89] 何建平,王雪. 同伴地位对儿童卡通角色认同的影响研究[J]. 当代电影,2016(8).

[90] 孙珊珊. 面向儿童受众的影视动画角色设计研究[J]. 文艺争鸣,2014(12).

［91］陈月华,刘懿莹. 严肃游戏为载体的社会主义核心价值观传播路径探析
　　　［J］. 现代传播(中国传媒大学学报),2019,41(4).

［92］周曦. 简析日美动画电影对中国古代女性的建构［J］. 大众文艺,2020
　　　(1).

［93］周曦. 互联网时代女性题材动漫作品的流行刍议［J］. 艺术科技,2019,
　　　32(16).

［94］赵春. 中英学龄前儿童动画比较研究［J］. 当代电影,2019(12).

［95］黄贵. 陈鹤琴的幼儿游戏观［J］. 体育学刊,2008(1).

［96］刘焱. 研究玩具关注幼儿在游戏中与幼儿共同成长［J］. 学前教育:幼教
　　　版,2017(1).

［97］赵永乐,何莹,蒋宇,等. 家长对教育电子游戏的接受倾向和使用偏好
　　　［J］. 开放教育研究,2019,25(3).

［98］赵永乐,蒋宇,何莹. 我国教师对教育游戏的接受与使用状况调查［J］.
　　　开放教育研究,2022,28(1).

［99］马颖峰,胡若楠. 不同类型电子游戏沉浸体验研究及对教育游戏设计的
　　　启示［J］. 电化教育研究,2016,37(3).

［100］柯艺,徐媛. 5G 时代 AR 童书的出版路径与策略——基于技术接受模
　　　　型的研究［J］. 编辑学刊,2021(2).

［101］杨媛媛,季铁,张朵朵. 传统文化在儿童教育游戏中的设计与应用——
　　　　以《逻辑花瑶》设计实践为例［J］. 装饰,2018(12).

［102］蒋希娜,黄心渊,蒋莹莹. 指向图形表征能力培养的儿童绘画游戏设计
　　　　研究［J］. 电化教育研究,2017,38(8).

［103］罗凡冰,徐丽芳. Animal Jam Classic:儿童严肃游戏的典范［J］. 出版
　　　　参考,2021(6).

［104］陈忞. 具身认知视角下 A-STEM 学习空间设计［J］. 全球教育展望,
　　　　2020,49(4).

［105］李寻,张丙辰,杨俞玲,等. 基于熵权法的学龄前儿童教育 App 角色绘
　　　　图方式评价研究［J/OL］. 包装工程,2021.

［106］郭春宁. 景观的双重建构:电影与游戏的批判与合作［J］. 当代电影,
　　　　2020(10).

［107］叶长青,周朝阳. 从游戏角色建模层次看教育游戏的发展水平［J］. 现

代教育技术,2017,27(6).

[108] 徐莺云. 电子游戏审美表现对玩家体验的影响——以互动偏向与角色扮演为例[J]. 东南传播,2020(8).

[109] 汪博. 电子游戏中玩家的角色体验研究[J]. 装饰,2017(8).

[110] 马颖峰,孙彦青,马霞歌. 探究式教育游戏角色设计的机制研究[J]. 现代教育技术,2009,19(1).

[111] 喻国明,耿晓梦. 从游戏玩家的类型研究到未来线上用户的特质模型——兼论游戏范式对于未来传播研究的价值[J]. 当代传播,2019(3).

[112] 周文娟,张胜男,崔小洛. 教育游戏中智能角色的模型设计[J]. 中国教育技术装备,2014(18).

[113] 徐茵,宋小波. "角色认知"交互体验在儿童主题乐园视觉形象设计中的应用[J]. 装饰,2021(7).

[114] 李世国,华梅立,贾锐. 产品设计的新模式——交互设计[J]. 包装工程,2007(4).

[115] 吴建华,王静宇. 故事驱动的信息素质教育游戏研究[J]. 图书馆论坛,2017,37(1).

[116] 鲁艺,汤宏伟. 学龄前儿童益智游戏中的情感体验研究[J]. 包装工程,2018,39(10).

[117] 马梅,丁纪. 作为文化传播和消费的剧本杀游戏：基于玩家的考察[J]. 现代出版,2022(2).

[118] 黄英杰. 杜威的"做中学"新释[J]. 课程·教材·教法,2015,35(6).

[119] 高一平. 设计的本质是存在与演化——关于设计本质的探讨[J]. 自然辩证法研究,1997(7).

[120] 辛向阳,曹建中. 定位服务设计[J]. 包装工程,2018,39(18).

[121] 张梦雨,黄心渊. 用户视角下的交互电影创作研究[J]. 北京电影学院学报,2019(11).

[122] 刘宇. 浅议艺术设计中的人格化设计[J]. 艺术教育,2011(5).

[123] 张大伟,王梓. 用户生成内容的"阴暗面"：短视频平台用户消极使用行为意向研究[J]. 现代传播(中国传媒大学学报),2021,43(8).

[124] 黄仕靖,许缦. 基于 SOR 理论的移动电商网络直播对用户在线购买意

愿的影响机制研究[J]. 统计与管理,2021,36(7).

[125] 张红兵,张乐. 学术虚拟社区知识贡献意愿影响因素的实证研究——KCM 和 TAM 视角[J]. 软科学,2017,31(8).

[126] 刘喆. 基于 TPB 和 TAM 模型的教师信息化教学行为[J]. 现代教育技术,2017,027(3).

[127] 曹梅,宋昀桦. 在线作业的用户体验及其影响因素研究——兼论对在线作业推广应用的反思[J]. 现代教育技术,2020,30(2).

[128] 魏婷,李艺. 教育游戏参与者行为意向影响因素的实证研究[J]. 电化教育研究,2011(4).

[129] 徐文瀚. DMC 模型视角下网络公益游戏的游戏化元素探究——以《灯山行动》为例[J]. 新媒体研究,2022,8(9).

[130] 胡飞,杜辰腾. 用户观察框架比较研究[J]. 南京艺术学院学报(美术与设计版),2012(2).

[131] 梁士金. 社交媒体视角的用户持续碎片化阅读意愿:基于 ECM-ISC 和主观规范的实证[J]. 图书馆学研究,2020(9).

[132] 薛云建,董雨,浦徐进. 知识付费 App 用户持续使用意愿的模型构建及实证研究[J]. 经济与管理,2021,35(4).

[133] 刘丹,胡卫星,李玉斌,等. 移动教育 App 的研发现状与应用问题分析[J]. 电化教育研究,2016,37(8).

[134] 王茜. 社交化、认同与在场感:运动健身类 App 用户的使用动机与行为研究[J]. 现代传播(中国传媒大学学报),2018,40(12).

[135] 蒋莹莹,陈世红. 儿童观众动画观看动机研究[J]. 现代传播(中国传媒大学学报),2020,42(4).

[136] 彭希羡,冯祝斌,孙霄凌,等. 微博用户持续使用意向的理论模型及实证研究[J]. 现代图书情报技术,2012(11).

[137] 殷国鹏,杨波. SNS用户持续行为的理论模型及实证研究[J]. 信息系统学报,2010,4(1).

[138] 王振宇. 游戏的界限[J]. 幼儿教育:教育科学,2017(7).

[139] 张金梅. 生长戏剧:学前儿童戏剧经验的有机建构[J]. 学前教育研究,2019(10).

[140] 裴蕾丝,尚俊杰. 回归教育本质:教育游戏思想的萌芽与发展脉络[J].

全球教育展望,2019,48(8).

[141] 胡俊. 认知、共情和审美意象——论镜像神经元对审美意象生成的作用[J]. 上海大学学报(社会科学版),2021,38(5).

[142] 高毓婉,杨丽珠,孙岩. 我国3—6岁幼儿人格发展现状及教育建议[J]. 学前教育研究,2019(12).

[143] 邱关军. 模仿心理机制研究的历史、现状与展望[J]. 心理学探新,2014,34(6).

[144] 汪存友,程彤. 增强现实教育应用产品研究概述[J]. 现代教育技术,2016,26(5).

[145] 刘革平,高楠,胡翰林,秦渝超. 教育元宇宙:特征、机理及应用场景[J]. 开放教育研究,2022,28(1).

[146] 王治国,周红春,刘情情,贾艳滨,钟辉. 基于DMC金字塔结构的在线课程游戏化设计与应用——以"人格与精神障碍"在线课程为例[J]. 广东开放大学学报,2021,30(6).

[147] 张金梅. 我国学前儿童戏剧教育的范式分析[J]. 西北师大学报(社会科学版),2017,54(2).

[148] 周倩. 具身认知观在儿童英语教学中的应用[J]. 现代教育科学,2012(4).

[149] 陈乐乐. 具身教育课程的内涵,理论基础和实践路向[J]. 课程·教材·教法,2016(10).

[150] 何思倩,覃京燕. 从VR/AR到元宇宙:面向α世代的沉浸式儿童绘本交互设计研究[J/OL]. 图书馆建设:1-14[2022-02-20]. http://kns. cnki. net/kcms/detail/23. 1331. G2. 20220215. 1946. 002. html.

[151] 王辞晓. 具身设计:在感知运动循环动态平衡中发展思维——访美国具身认知领域著名专家多尔·亚伯拉罕森教授[J]. 现代远程教育研究,2019(2).

[152] 鄢超云,魏婷.《3—6岁儿童学习与发展指南》中的学习品质解读[J]. 幼儿教育,2013(18).

[153] 衡书鹏,赵换方,范翠英,等. 视频游戏虚拟化身对自我概念的影响[J]. 心理科学进展,2020,28(5).

[154] 杨桃莲. 微博空间中"理想自我"的建构[J]. 新闻大学,2013(4).

[155] 赵丽. 学前儿童能阶式视觉思维培养的策略研究[J]. 上海教育科研, 2012(2).

[156] 蒋柯,李其维. 论皮亚杰的方法论及其当代意义[J]. 心理学报,2020, 52(8).

[157] 高春颖,王福兴,童钰,等. "触电"时代的儿童:触屏媒体与幼儿发展 [J]. 心理发展与教育,2020,36(4).

[158] 方浩,张言林,周婷婷,等. 学龄前儿童教育类 App 交互设计研究[J]. 包装工程,2016,37(20).

[159] 宋莉娜,方芳. 从美国获奖儿童教育 App 看其体系化评价机制——以 Common sense 评选的教育类 App 为例[J]. 陕西学前师范学院学报, 2015,31(3).

[160] 宋建明. 色彩心理的学理、设计职业与实验[J]. 装饰,2020(4).

[161] 惠莹. 试论康德、皮亚杰和现代认知心理学的图式观[J]. 社会心理科 学,2010(9).

[162] 赵呈领,万力勇. Web2.0 环境下的在线学习活动设计——活动理论与 支架理论整合的视角[J]. 现代远距离教育,2013(6).

[163] 陈丽. 远程学习的教学交互模型和教学交互层次塔[J]. 中国远程教 育,2004(5).

[164] 潘美蓉,张劲松. 学龄前儿童电子产品的使用[J]. 教育生物学杂志, 2014,2(4).

[165] 王建磊,孙宜君. 融媒背景下传统媒体 App 的价值转移研究[J]. 现代 传播(中国传媒大学学报),2016,38(11).

[166] Marc Prensky,胡智标,王凯. 数字土著 数字移民[J]. 远程教育杂志, 2009,17(2).

[167] 陈京炜. AR 童书的游戏化设计[J]. 现代出版,2019(6).

[168] 曾嘉灵,尚俊杰. 2013 年至 2017 年国际教育游戏实证研究综述:基于 WOS 数据库文献[J]. 中国远程教育,2019(5).

[169] 张玲慧,李怀龙. 国内外教育游戏研究热点比较可视化分析——以 2004—2019 年 CNKI 和 WOS 数据为例[J]. 中国教育信息化,2020 (8).

[170] 麻彦坤. 奥尔波特人格理论述评[J]. 心理学探新,1989(3).

[171] 赵希岗. 现代图形设计与传统图案[J]. 装饰,2003(4).

[172] 中华人民共和国教育部. 教育部关于印发《教育信息化2.0行动计划》的通知[EB/OL]. (2022-01-02)[2018-04-18]. http://www. moe. gov. cn/srcsite/A16/s3342/201804/t20180425_334188. html.

[173] 新华社. 中共中央国务院关于学前教育深化改革规范发展的若干意见[J]. 基础教育参考,2019(1).

[174] 中华人民共和国国务院. 国务院关于印发中国妇女发展纲要和中国儿童发展纲要的通知[EB/OL]. (2021-9-27)[2022-4-21]. http://www. gov. cn/zhengce/content/2021-09/27/content_5639412. htm.

[175] 中华人民共和国国民经济和社会发展第十四个五年规划和2035年远景目标纲要[N]. 人民日报,2021-03-13(1).

[176] 中华人民共和国教育部. 教育部关于印发《3—6岁儿童学习与发展指南》的通知[EB/OL]. (2012-10-15)[2021-3-1]. http://www. moe. gov. cn/srcsite/A06/s3327/201210/t20121009_143254. html.

[177] 中华人民共和国教育部. 幼儿园工作规范[EB/OL]. (2021-3-1)[2018-4-14]. http://www. moe. gov. cn/srcsite/A02/s5911/moe_621/199603/t19960309_81893. html.

[178] 中华人民共和国教育部. 以教育数字化战略引领未来——教育部举行国家智慧教育平台启动仪式[EB/OL]. (2022-3-28)[2022-04-23]. http://www. moe. gov. cn/jyb_zzjg/huodong/202203/t20220328_611461. html.

[179] 中华人民共和国教育部. 教育部办公厅关于印发《2022年全国综合防控儿童青少年近视重点工作计划》的通知[EB/OL]. (2022-3-31)[2022-4-23]. http://www. moe. gov. cn/srcsite/A17/moe_943/s3285/202204/t20220418_619060. html.

[180] 中华人民共和国教育部. 教育部关于印发义务教育课程方案和课程标准(2022年版)的通知[EB/OL]. (2022-4-21)[2022-5-23]. http://www. moe. gov. cn/srcsite/A17/moe_943/s3285/202204/t20220418_619060. html.

外文文献

［1］Admiraal W，Huizenga J，Akkerman S，et al. The concept of flow in collaborative game-based learning［J］. Computers in Human Behavior, 2011，27(3).

［2］Alade F，Lauricella A R，Beaudoin-Ryan L，et al. Measuring with Murray：Touchscreen technology and preschoolers' STEM learning［J］. Computers in Human Behavior, 2016，62(9).

［3］Aldered J. "Characters". In Wolf，M. J. ，Perron，W. Routledge Companion to Video Games. ［M］. New York and London：Routledge, 2014.

［4］Bacigalupa C. The Use of Video Games by Kindergartners in a Family Child Care Setting［J］. Early Childhood Education Journal, 2005, 33(1).

［5］Beaudouin-Lafon M. Instrumental Interaction：An Interaction Model for Designing Post-WIMP User Interfaces［C］//Proceedings of the SIGCHI Conference on Human Factors in Computing Systems，April 1 - 6，2000，The Hague，The Netherlands. New York：Association for Computing Machinery, 2000.

［6］Bem D J. Self-perception theory. In L. Berkowitz（Ed.）［J］. Advances in Experimental Social Psychology, 1972，6.

［7］Bhattacherjee A. Understanding Information Systems Continuance：An Expectation - Confirmation Model［J］. MIS Quarterly, 2001, 25(3).

［8］Boellstorff，T. Coming of Age In Second Life：An Anthropologist Explores The Virtually Human. ［M］. Princeton，NJ and Oxford：Princeton University Press, 2008.

［9］Bowman R F. A "Pac-Man" theory of motivation：Tactical implications for classroom instruction［J］. Educational technology, 1982，22(9).

［10］Caplan A，D Katz. About face［J］. Hastings Center Report, 2003, 33(1).

［11］Carlo H. Godoy Jr. . A Review of Augmented Reality Apps for an AR-

Based STEM Education Framework[J]. 2022.

[12] Chen H P, Lien C J, Annetta L, et al. The Influence of an Educational Computer Game on Children's Cultural Identities [J]. Educational Technology & Society, 2010(13).

[13] Christoph K, Hefner Dorothée, Peter V. The Video Game Experience as "True" Identification: A Theory of Enjoyable Alterations of Players' Self-Perception[J]. Communication Theory, 2009(4).

[14] Cornejo R, F Martínez, Lvarez V C, et al. Serious games for basic learning mechanisms: reinforcing Mexican children's gross motor skills and attention[J]. Personal and Ubiquitous Computing, 2021, 25(2).

[15] Cox D F. Risk taking and information handling in consumer behavior [J]. Journal of Marketing Research, 1969, 6(1).

[16] Crescenzi-Lanna L. Emotions, private speech, involvement and other aspects of young children's interactions with educational apps [J]. Computers in Human Behavior, 2020, 111.

[17] Csikszentmihalyi M. Beyond Boredom and Anxiety [M]. San Francisco, CA: Jossey-Bass Publishers, 2000.

[18] Davies V F, Mafra R, Beltran A, et al. Children's Cognitive and Affective Responses About a Narrative Versus a Non-Narrative Cartoon Designed for an Active Videogame[J]. Games Health J, 2016, 5(2).

[19] Davis F D. Perceived usefulness, perceived ease of use, and user acceptance of information technology [J]. MIS Quarterly, 1989, 13(3).

[20] Euchner J and Henderson A. The Practice of Innovation: Innovations as the Management of Constraints[J]. Research-Technology Management, 2011(3-4).

[21] Fernandez Vara, Clara. The tribulations of adventure games: Integrating story into simulation through performance[D]. georgia institute of technology, 2009.

[22] Fishbein M, Ajzen I. Belief, Attitude, Intention and Behaviour: An Introduction to Theory and Research. Addison-Wesley, Reading MA

［J］. Philosophy & Rhetoric，1977，41(4).

［23］ Frasca G. Ludology Meets Narratology：Similitude and differences between (video) games and Narrative. 1999.

［24］ Gonzalez-Franco M，Steed A，Hoogendyk S，et al. Using Facial Animation to Increase the Enfacement Illusion and Avatar Self-Identification［J］. IEEE Transactions on Visualization and Computer Graphics，2020.

［25］ Greenhalgh S P . Influences of Game Design and Context on Learners' Trying on Moral Identities［J］. The Journal of Experimental Education，2020(3).

［26］ Guillot L E . Children's fiction preferences：Exploring early biases for character identity，story structure，and distressing narratives［J］. Dissertations & Theses Gradworks，2014.

［27］ Higgins E T. Self-discrepancy：a theory relating self and affect［J］. Psychological Review，1987，94(3).

［28］ Hull J G，Slone L B，Meteyer K B，et al. The nonconsciousness of self-consciousness［J］. Journal of Personality & Social Psychology，2002，83(2).

［29］ Igor，Dolgov，William，et al. Effects of cooperative gaming and avatar customization on subsequent spontaneous helping behavior［J］. Computers in Human Behavior，2014，33(1).

［30］ Jin S，Park N. Parasocial Interaction with My Avatar：Effects of Interdependent Self-Construal and the Mediating Role of Self-Presence in an Avatar-Based Console Game，Wii［J］. Cyberpsychology Behavior & Social Networking，2009，12(6).

［31］ Jesper Juul. Half-real：Video Games between Real Rules and Fictional Worlds［M］. Cambridge，Mass：MIT Press，2005.

［32］ Keller J. Development and Use of The ARCS Model of Instructional Design［J］. Journal of Instructional Development，1987，10(3).

［33］ Lemenager T，Neissner M，Sabo T，et al. "Who Am I" and "How Should I Be"：a Systematic Review on Self-Concept and Avatar

Identification in Gaming Disorder[J]. Current Addiction Reports, 2020, 7(2).

[34] Looy J V, Cédric Courtois, Vocht M D, et al. Player Identification in Online Games: Validation of a Scale for Measuring Identification in MMOGs[J]. Media Psychology, 2010, 15(2).

[35] Luke C. Jackson, Joanne O'Mara, Julianne Moss, Alun C. Jackson. Analysing digital educational games with the Games as Action, Games as Text framework[J]. Computers & Education, 2022, Vol. 183.

[36] Mark. J. P Wolf. Abstraction in the Video Game[A]. Video game Theory Reader[C] . 2003.

[37] Meyer M. , Zosh J. M. , Mclaren C. , et al. How educational are "educational" apps for young children? App store content analysis using the Four Pillars of Learning framework[J]. Journal of Children and Media, 2021(2).

[38] Michelle M. Neumann, David L. Neumann. The Use of Touch-Screen Tablets at Home and Pre-School to Foster Emergent Literacy[J]. Journal of Early Childhood Literacy, 2017, Vol. 17(2).

[39] Mohd Nizam Dinna Nina, Law Effie Lai-Chong. Derivation of young children's interaction strategies with digital educational games from gaze sequences analysis[J]. International Journal of Human-Computer Studies, 2021.

[40] Montazami, Armaghan, Pearson, et al. Why this app? How parents choose good educational apps from app stores. [J]. British Journal of Educational Technology, 2022.

[41] Nikolayev Mariya, Reich Stephanie M. , Muskat Tallin, Tadjbakhsh Nazanin, Callaghan Melissa N. Review of feedback in edutainment games for preschoolers in the USA[J]. Journal of Children and Media, 2021, 15(3).

[42] Paul Legris, John Ingham, Pierre Collerette. Why do people use information technology? [J]. Information & Management Volume 40, 2003(3).

[43] Piziak V. Developing Educational Games for Preschool Children to Improve Dietary Choices and Exercise Capacity[J]. Sustainability, 2021 (13).

[44] Radesky J S, Schumacher J, Zuckerman B. Mobile and Interactive Media Use by Young Children: The Good, the Bad, and the Unknown [J]. Pediatrics, 2015, 135(1).

[45] Robert F. Kenny, Glenda A. Gunter. Endogenous Fantasy-Based Serious Games: Intrinsic Motivation and Learning [J]. International Journal of Social Sciences, 2007, 2(1).

[46] Roungas B. A Model-Driven Framework for Educational Game Design [C] // Revised Selected Papers of the International Conference on Games & Learning Alliance. Springer-Verlag New York, Inc. 2016(3).

[47] Roxana M, Richard M. Role of Guidance, Reflection, and Interactivity in An Agent-based Multimedia Game [J]. Journal of Educational Psychology, 2005, 97(1).

[48] Salen K, Zimmerman E. Rules of play: Game Design Fundamental [M]. Cambridge, Massachusetts: The MIT Press, 2003.

[49] Sánchez-Mena, Antonio, Martí-Parreo, José, Aldás-Manzano, Joaquín. Teachers' intention to use educational video games: The moderating role of gender and age[J]. Innovations in Education and Teaching International, 2019, Vol. 56(3).

[50] Schiau S, Plitea I, Gusita A, et al. How Do Cartoons Teach Children? A Comparative Analysis on Preschoolers and Schoolchildren [J]. Journal of Media Research, 2013, 6(3).

[51] Shedroff, N. , Information Interaction Design: A Unified Field Theory of Design, in Information Design, R. Jacobsen, ed. 1999, Massachusetts: The MIT Press.

[52] Stamatios Papadakis. Tools for evaluating educational apps for young children: a systematic review of the literature [J]. Interactive Technology and Smart Education, 2020.

[53] Suits B, Hurka T. The Grasshopper: Games, Life and Utopia[J].

University of Toronto Press. 1978.

[54] T Mancini, Imperato C, Sibilla F. Does avatar's character and emotional bond expose to gaming addiction? Two studies on virtual self-discrepancy, avatar identification and gaming addiction in massively multiplayer online role-playing game players[J]. Computers in Human Behavior, 2019, 92(MAR.).

[55] Varela F J, Thompson E, Rosch E. The Embodied Mind: Cognitive Science and Human Experience[M]. Cambridge, MA: The MIT Press, 1991.

[56] Vijay Kumar, Patrick Whitney. Faster Cheaper Deeper User Research [J]. Design Management Journal, 2003(Spring).

[57] Walczak S, Taylor N G. Geography learning in primary school: Comparing face-to-face versus tablet-based instruction methods[J]. Computers & education, 2018, 117(2).

[58] Wasson Christina. Ethnography in the Field of Design[J]. Human Organization, 2000(4) 8.

[59] Wegner D M, Bargh J A. Control and automaticity in social life[J]. Handbook of social psychology, 1998.

[60] Wolfendale J. My avatar, myself: Virtual harm and attachment[J]. Ethics & Information Technology, 2007, 9(2).

附　录

附录 1：学龄前儿童家庭的教育游戏
使用行为意愿调研

各位家长好：

　　日前，市场上出现了《宝宝巴士》《喜马拉雅儿童》《咔哒故事》《伴鱼绘本》《小鳄鱼喝水》《音乐壳》等大量儿童教育游戏。本研究旨在对 3—6 岁学龄前儿童家庭对儿童教育游戏的使用意愿做调研，研究者将从运用教育学、心理学、传播学知识加以分析，致力于为新时代的家庭教育提供科学依据，助力孩子健康成长！请认真填写此问卷以保数据的真实性。

　　特别声明：请放心填写此问卷，问卷为匿名调查，相关问卷数据只用于科学研究。祝您生活愉快，谢谢！

2021 年 10 月 19 日

　　1. 您的性别[**单选题**]_____

　　A. 男　　　　　B. 女

　　2. 您的年龄[**单选题**]_____

　　A. 20—30 岁　　B. 31—35 岁　　C. 36—40 岁　　D. 41—50 岁

　　E. 50 岁以上

　　3. 您的家庭结构[**单选题**]_____

　　A. 独生子女家庭（您有一个孩子）

　　B. 非独生子女家庭（您有多个孩子）

　　4. 您的家庭所在地[**单选题**]_____

A. 一线城市(北上广深)

B. 新一线城市(成都、杭州、重庆、西安、苏州、武汉、南京、天津、郑州、长沙、东莞、佛山、宁波、青岛和沈阳)

C. 除以上之外的其他城市

D. 县城　　　　　E. 乡村

5. 您的学历[**单选题**]＿＿＿＿

A. 中学及以下　　B. 大学　　　　C. 硕士及以上

6. 您使用手机的频率[**单选题**]＿＿＿＿

A. 从不使用　　B. 偶尔使用　　C. 一般　　　　D. 时常使用

E. 经常使用

7. 您的月收入大致为[**单选题**]＿＿＿＿

A. 3 000 元以下　　　　　　　B. 3 001—5 000 元

C. 5 001—8 000 元　　　　　　D. 8 000—15 000 元

E. 15 000 元以上

8. 您的孩子使用儿童教育游戏的频率[**单选题**]＿＿＿＿

A. 从不　　　　B. 一周一次　　C. 一周多次　　D. 一天一次

E. 一天多次

9. 孩子使用儿童类教育游戏的时间为[**单选题**]＿＿＿＿

A. 每次少于 10 分钟　　　　　B. 10—30 分钟/次

C. 31—60 分钟/次　　　　　　D. 1 小时以上

10. 您的移动设备上装有多少个儿童类教育游戏?[**单选题**]＿＿＿＿

A. 0 个　　　　B. 1—5 个　　C. 6—10 个　　D. 11—15 个

E. 16—20 个　　F. 20 个以上

11. 孩子尝试过的儿童教育游戏的类型,并对使用频率进行描述,在适合的选项上<u>打钩</u>!(其中 1 表示从不使用,2 表示偶尔使用,3 表示一般,4 表示时常使用,5 表示总是使用)

● 认知百科类(如形状、颜色、图形认知训练等)	1	2	3	4	5
● 美术类(涂鸦、填色、折纸等)如美术宝	1	2	3	4	5
● 益智游戏(记忆、观察、注意力训练类游戏等)	1	2	3	4	5
● 儿童读物类(故事、童话、唐诗等)如凯叔讲故事	1	2	3	4	5

续　表

● 音乐类(童谣、儿歌、乐器、钢琴)如宝宝巴士	1	2	3	4	5
● 语言学习(中文、英语等)如洪恩识字、斑马英语	1	2	3	4	5
● 逻辑学习(如数学、计算等)如悟空数学、编程猫	1	2	3	4	5

12. 家长教育游戏角色形象衍生品数量(包括公仔、挂件、有动画形象的其他产品)。

A. 无　　　　　　B. 1—2 件　　　C. 3—4 件　　　　D. 5 件及以上

13. 您一年愿意在儿童线上教育 App 中的花费是多少?

A. 2 000 元以上　　　　　　　B. 1 000—2 000 元

C. 500—1 000 元　　　　　　 D. 100—500 元

E. 100 元以下　　　　　　　　F. 不愿意花钱

14. 您让孩子使用儿童教育游戏的原因是什么? 在适合的选项上打钩!(其中,1 表示很不赞同,2 表示不太赞同,3 表示一般,4 表示比较赞同,5 表示比较赞同)

● 儿童教育游戏中丰富内容,此相对完整的知识体系	1	2	3	4	5
● 孩子能通过教育游戏学到很多的本领和生活常识	1	2	3	4	5
● 孩子能通过教育游戏提升学习兴趣	1	2	3	4	5
● 教育游戏能帮助孩子开发智力	1	2	3	4	5
● 可以和教育游戏中虚拟角色一起互动	1	2	3	4	5
● 教育游戏使用过程中可以加强亲子互动	1	2	3	4	5
● 教育游戏使用中能和其他小朋友一起线上学习互动	1	2	3	4	5
● 孩子使用教育游戏的过程很快乐	1	2	3	4	5
● 孩子使用教育游戏的过程很放松	1	2	3	4	5
● 使用教育游戏可以减少孩子的孤独感、打发时间	1	2	3	4	5
● 教育游戏中的角色形象吸引孩子	1	2	3	4	5
● 教育游戏中的故事情节吸引孩子	1	2	3	4	5
● 教育游戏中画面和场景吸引孩子	1	2	3	4	5
● 对您重要的人希望孩子使用它(如老师、教育专家)	1	2	3	4	5
● 对您有影响的人希望孩子使用它(如熟人、朋友推荐)	1	2	3	4	5

续　表

● 大众媒介信息让您愿意用(微信公众号、明星网红)	1	2	3	4	5
● 您的生活见闻促使您用它(灯箱广告、别人在用)	1	2	3	4	5

15. 下面的描述符合您的实际情况的是,在适合的选项上<u>打钩</u>!(其中,1表示很不赞同,2表示不太赞同,3表示一般,4表示比较赞同,5表示比较赞同)

● 使用教育游戏可以使孩子有效地获取知识	1	2	3	4	5
● 使用教育游戏可以使孩子有快乐的体验	1	2	3	4	5
● 使用教育游戏提升了孩子在生活中的表现	1	2	3	4	5
● 使用教育游戏对孩子有帮助	1	2	3	4	5
● 使用教育游戏界面操作容易	1	2	3	4	5
● 使用教育游戏操作过程非常容易	1	2	3	4	5
● 教育游戏可以反复使用,减少纸质教材	1	2	3	4	5
● 担心孩子近距离观看屏幕导致视力有所下降	1	2	3	4	5
● 担心孩子会因为使用儿童教育游戏沉迷于电子产品	1	2	3	4	5
● 担心儿童教育游戏中有不适合孩子接触的内容	1	2	3	4	5
● 担心孩子使用教育游戏后户外活动时间减少	1	2	3	4	5
● 愿意让孩子使用专属儿童的教育游戏	1	2	3	4	5
● 有意愿继续让孩子使用儿童教育游戏	1	2	3	4	5
● 愿意向其他家长推荐好的儿童教育游戏	1	2	3	4	5

16. 您对儿童教育游戏有什么更好的建议:

原始分析报告

1. 信度分析

对量表类测量工具进行内部一致性信度分析,采用 Cronbach Alpha(α)作为信度指标,如果测量维度的 α 高于 0.7(Bland & Altman,1997),即可认为该测量维度内部一致性较好。结果显示,所有维度的 α 系数均大于 0.7,具有良好的信度,见表附 1.1。

表附 1.1 信度量表

Variable	N of Items	Cronbach's Alpha
教育成长动机	4	0.865
社交情感动机	3	0.823
娱乐动机	3	0.779
审美动机	3	0.830
主观规范	4	0.936
感知有用性	4	0.863
感知易用性	3	0.947
感知风险性	4	0.934
使用意愿	3	0.797

表附 1.2 KMO 和巴特利特检验

KMO 取样适切性量数		.883
巴特利特球形度检验	近似卡方	20 079.612
	自由度	465
	显著性	.000

2. 效度分析

为检验问卷中的题项质量,需要对维度题项进行探索性因子分析(Exploratory Factor Analysis,EFA)。探索性因子分析要求数据 KMO 大于0.6,巴特利特球形检验显著(见表附 1.2),因子分析后因子载荷应当尽量大于0.5 且不存在较大的交叉载荷,累计方差解释率应大于 40%(Howard,2016)。结果显示,量表题项的 KMO 值为 0.883 且 Bartlett 球形检验显著(P<0.001),数据适合进行探索性因子分析。特征值分析显示,特征值大于 1 的成分共 9 个,累积解释 77.729% 的方差,见表附 1.3。

表附 1.3　总方差解释

成分	初始特征值			平方荷载的提取和			平方荷载的旋转和		
	总和	方差百分比	累计百分比	总和	方差百分比	累计百分比	总和	方差百分比	累计百分比
1	9.329	30.095	30.095	9.329	30.095	30.095	3.466	11.180	11.180
2	3.605	11.630	41.724	3.605	11.630	41.724	3.330	10.742	21.922
3	2.407	7.765	49.489	2.407	7.765	49.489	2.975	9.597	31.519
4	1.933	6.234	55.723	1.933	6.234	55.723	2.711	8.746	40.265
5	1.901	6.133	61.856	1.901	6.133	61.856	2.650	8.550	48.815
6	1.434	4.626	66.482	1.434	4.626	66.482	2.310	7.453	56.267
7	1.306	4.212	70.694	1.306	4.212	70.694	2.274	7.335	63.603
8	1.147	3.700	74.394	1.147	3.700	74.394	2.227	7.184	70.786
9	1.034	3.334	77.729	1.034	3.334	77.729	2.152	6.942	77.729

注：提取方法为主成分分析。
仅显示特征值大于 1 的组件。

进行 9 个成分的提取,并采用最大方差法进行旋转。结果显示,因子载荷
(Factor loading)均大于 0.5 且不存在较大的交叉载荷(Cross loading),因子
之间结构清晰,与预期一致,具有良好的结构效度。

表附 1.4　旋转后的成分矩阵

	成　分								
	1	2	3	4	5	6	7	8	9
A1			0.761						
A2			0.781						
A3			0.802						
A4			0.802						
B1							0.837		
B2							0.845		
B3							0.828		
C1									0.727
C2									0.776
C3									0.776
D1						0.810			
D2						0.775			
D3						0.786			
SN1		0.841							
SN2		0.856							
SN3		0.862							
SN4		0.833							
PU1				0.754					
PU2				0.741					
PU3				0.718					
PU4				0.724					
PEOU1					0.908				
PEOU2					0.862				

续　表

	成　分								
	1	2	3	4	5	6	7	8	9
PEOU3					0.874				
PR1	0.864								
PR2	0.878								
PR3	0.869								
PR4	0.925								
BITU1								0.774	
BITU2								0.798	
BITU3								0.807	

注：提取方法：主成分分析法。
　　旋转方法：凯撒正态化最大方差法。
　　a. 旋转在 7 次迭代后已收敛。

3. 差异检验

为检验人口学变量的影响，进行独立样本 t 检验与方差分析。结果显示，各变量在人口学变量上的差异不显著。

表附1.5　差　异　检　验

变　量	因变量	项　目	平均值	标准差	t/F	Sig
性别	使用意愿	男	3.42	1.09	−1.01	0.31
		女	3.50	1.00		
年龄	使用意愿	20—30 岁	3.38	0.98	1.85	0.12
		31—35 岁	3.52	1.05		
		36—40 岁	3.55	0.99		
		41—50 岁	3.25	1.12		
		50 岁以上	3.29	0.91		
家庭结构	使用意愿	独生子女家庭	3.42	1.05	−1.66	0.10
		非独生子女家庭	3.54	1.00		

					续 表

变 量	因变量	项 目	平均值	标准差	t/F	Sig
家庭所在地	使用意愿	一线城市	3.45	1.07		
		新一线城市	3.52	0.99	0.46	0.71
		除以上的其他城市	3.39	1.08		
		县城	3.46	1.03		
学历	使用意愿	中学及以下	3.49	1.01		
		大学	3.50	1.03	0.82	0.44
		硕士及以上	3.39	1.04		
月收入	使用意愿	3 000 元以下	3.48	1.07		
		3 001—5 000 元	3.43	1.04		
		5 001—8 000 元	3.48	0.97	0.52	0.72
		8 000—15 000 元	3.54	1.01		
		15 000 元以上	3.41	1.07		

4. 路径分析

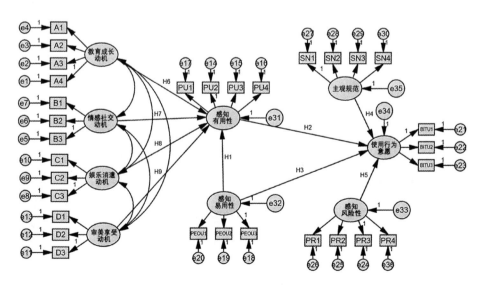

图附 1.1 模型分析图

模型拟合度指标及评价标准如下表,各项拟合度指标均达到可接受状态。

表附 1.6　问卷拟合度分析

指　　标	评 价 标 准	数　值
GFI	>0.8	0.849
RMSEA	<0.08	0.074
CFI	>0.8	0.893
IFI	>0.8	0.893
TLI	>0.8	0.881
PGFI	>0.5	0.717
PNFI	>0.5	0.788

路径系数如下：

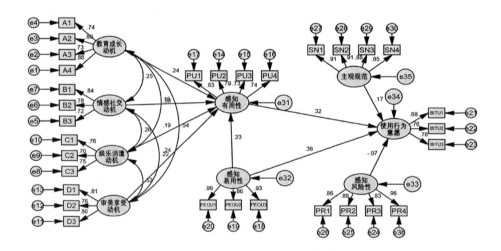

表附 1.7　路径分析

路　　径	标准化路径	非标准化路径	S. E.	C. R.	P	假设
感知有用性 ← 教育成长动机	0.244	0.192	0.035	5.551	***	H6
感知有用性 ← 情感社交动机	0.191	0.205	0.036	5.697	***	H7
感知有用性 ← 娱乐消遣动机	0.193	0.190	0.046	4.167	***	H8
感知有用性 ← 审美享受动机	0.238	0.206	0.036	5.66	***	H9

路　　径		标准化 路径	非标准 化路径	S. E.	C. R.	P	假设
感知有用性	← 感知易用性	0.235	0.168	0.021	8.074	***	H1
使用意愿	← 感知有用性	0.320	0.283	0.034	8.331	***	H2
使用意愿	← 感知易用性	0.378	0.240	0.023	10.306	***	H3
使用意愿	← 感知风险性	−0.073	−0.055	0.025	−2.201	0.028	H5
使用意愿	← 主观规范	0.172	0.121	0.024	5.093	***	H4

注：P 值为＊＊＊表示影响显著。

由路径分析可知，H1—H9 都成立。

附录2：深度访谈提纲

附录2-1 教育工作者的采访提纲

1. 请介绍下您现在的工作岗位、从业年限等信息。

2. 您怎样看待儿童游戏？怎样让儿童在游戏中进行个性化和社会化的发展？

3. 随着技术的发展、媒介的变迁，儿童"触电"的时间越来越早。您是如何看待这个现象的？有什么好的对策？

4. 您认为传统儿童游戏中的哪些优势如何延伸到数字游戏中？

5. 据您的观察，现在有没有对儿童成长有帮助的数字游戏案例？如有，请对其中成功角色（IP）、情节的设计案例进行分析。

6. 您认为在游戏研发的过程中怎样"不过度开发孩子的天性"又能受欢迎？

7. 您认为儿童游戏设计中应该怎样体现美育教育？

8. 您认为儿童游戏设计中应该如何融入"道德"教育的元素？怎样在游戏中对孩子进行"知、情、意"的教育？

9. 您认为未来游戏设计的发展方向是什么？您会把这种数字游戏用到教学中吗？

表附2.1 教育工作者情况（教龄按采访日期计算）

序号	教 龄	地 区	学历	工作单位及岗位类型
T1	6年半	安徽合肥	本科	大专学校幼教专业教师
T2	11年	江苏南京	本科	南京市21世纪花园幼儿园园长
T3	14年	江苏南京	本科	南京市金小丫幼儿园园长
T4	15年	江苏南京	硕士	南外方山幼儿园园长
T5	8年	安徽阜阳	本科	中专学校幼教专业教师
T6	7年	安徽阜阳	本科	安徽阜阳私立幼儿园园长

续 表

序 号	教 龄	地 区	学 历	工作单位及岗位类型
T7	3 年	北京	博士	北京师范大学科研人员
T8	3 年	江苏南京	本科	南外方山小学部英语老师
T9	18 年	江苏南京	本科	南外方山校长、小学部语文老师
T10	15 年	江苏南京	本科	南京芯未来早教机构创始人
T11	20 年	北京	本科	北京市小学数学教育带头人
T12	3 年	北京	本科	北京福禄贝尔一线教师
T13	40 年	江苏南京	硕士	江苏南京数学特级教师(已退休)
T14	15 年	江苏南京	本科	南京江宁区兴宁幼儿园园长
T15	38 年	江苏南京	硕士	教授级教师、专家

附录 2-2　学龄前儿童家长的采访提纲

1. 基本信息询问。

① 请介绍您的基本信息(工作情况、教育背景、大概收入情况、家庭环境);

② 孩子信息(年龄、性别、入学情况、性格爱好、生活习惯等);

③ 家庭中数字媒体的拥有量、教育游戏使用情况。

2. 随着技术的发展、媒介的变迁,儿童"触电"的时间越来越早,您是如何看待这个问题? 您的孩子喜欢玩数字产品吗? 为防止孩子沉迷,您有什么好的对策?

3. 您有没有印象深刻的教育游戏案例以及生动的游戏角色? 对儿童成长有怎样的帮助?

4. 就目前的教育游戏来说,您在使用前遇见过什么问题? (提示:价格、体验感、游戏化程度、教育游戏的价值观导向、操作复杂程度等)是什么原因让您决定使用和持续使用教育游戏?

5. 对教育游戏的功能期望是什么? (提高学习兴趣、学习新知识、德智体美劳)

表附 2.2　被访家长情况(家长职业、儿童信息按访谈日期计算)

编 号	地 区	学 历	职 业	儿 童 信 息
P1	北京	专科	无业	大女儿 69 个月,小女儿 8 个月
P2	北京	硕士	教师	大女儿 55 个月,小女儿 19 个月
P3	北京	硕士	自由职业	大女儿 55 个月,小女儿 12 个月
P4	安徽阜阳	本科	教师	儿子 50 个月
P5	北京	硕士	记者	女儿 60 个月
P6	江苏南京	本科	事业单位	大儿子 108 个月,小儿子 71 个月
P7	江苏南京	专科	行政工作	儿子 58 个月
P8	北京	本科	微商	女儿 55 个月
P9	海口	专科	全职妈妈	儿子 55 个月
P10	浙江杭州	硕士	广告经理	大儿子 66 个月,小女儿 31 个月
P11	江苏南京	本科	保险经理	女儿 61 个月

附录 2-3　媒介从业者的采访提纲

1. 请介绍下您现在的工作和职位。
2. 你觉得教育游戏中角色是重要的吗? 为什么?
3. 在游戏研发的过程中怎样"不过度开发儿童的天性"又能受欢迎?
4. 未来教育游戏设计的发展方向是什么?
5. 怎样在游戏中对儿童进行"知、情、意"的教育? 怎样在游戏中促进孩子的个性化发展和社会化的发展。

表附 2.3　媒介从业人员信息(职务、工龄按采访日期计算)

编 号	工 龄	工作地点	学 历	职 务
M1	11 年	北京	硕士	腾讯视频部门高管
M2	9 年	浙江杭州	硕士	年糕妈妈广告部执行总监
M3	11 年	北京	硕士	作业帮执行总裁助理、新媒体负责人
M4	3 年	广东深圳	硕士	中幼国际教育科技公司总裁助理

编号	工　龄	工作地点	学历	职　务
M5	1 年	北京	硕士	完美洪恩分镜师（负责原画）
M6	1 年	北京	硕士	高途集团毛豆国学启蒙创始人
M7	半年	北京	本科	腾讯学龄前产品游戏化团队策划
M8	1 年	北京	硕士	凯叔讲故事文学编剧
M9	2 年	北京	硕士	斑马英语在线服务人员
M10	3 年	北京	硕士	猿编程在线教育开发人员
M11	1 年	北京	硕士	小猴启蒙实习编导
M12	20 年	北京	硕士	独立制作人、迪士尼电视监制及顾问
M13	28 年	英国	硕士	英国魔光制片公司联合创始人及监制

附录 3：学龄前儿童的引谈提纲

1. 询问儿童年龄（　　　　）

A. 3—4 岁（包括 4 周岁）　　　　B. 4—5 岁（包括 5 周岁）

C. 5—6 岁（包括 6 周岁）　　　　D. 6—7 岁（包括 7 周岁）

E. 其他

2. 询问儿童性别（　　　　）

A. 男　　　　　　B. 女

3. 询问儿童最喜欢哪个卡通角色及原因（　　　　　）

4. 询问儿童最喜欢以下哪个风格的画面及原因（　　　　）

A. 电脑二维　　　B. 电脑三维　　　C. 抽象风格　　　D. 手绘风格

E. 黏土定格　　　F. 实拍定格　　　G. 水墨动画　　　H. 油画风格

I. 剪纸动画　　　J. 木偶动画　　　K. 综合风格　　　L. 沙画风格
　　　　　　　　　　　　　　　　　（实景＋动画）

5. 询问儿童最喜欢哪种形象及原因（　　　　　）

A　　　　　　　　B　　　　　　　　C　　　　　　　　D

6. 询问儿童是不是熊二在看放大镜（　　　　　）

A. 是

B. 不是

看下面的图片并回答 7、8 两题

 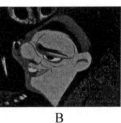 

A　　　　　　　　　　B　　　　　　　　　　C

7. 询问儿童,觉得上面哪些角色可爱善良及原因（　　　　　）

8. 询问儿童,觉得上面哪些角色是坏坏的及原因（　　　　　）

9. 询问儿童,最想和下面哪个角色一起学习及原因（　　　　　）

A　　　　　　B　　　　　　C　　　　　　D　　　　　　E　　　　　　F

10. 询问儿童,你最想通过什么方式学习本领及原因(   )

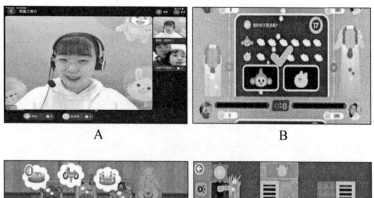

A   B

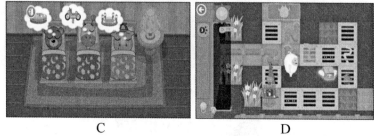

C   D

附录 4：经典学龄前儿童教育中游戏角色交互分析

表附 4.1

序号	平台名称	界面设计	教育目标	交互设计	教学设计	虚拟角色
1	洪恩识字（中国）		● 汉字认知	● 语音 ● 视频 ● 触屏	● 玩游戏学习汉字，通过游戏加深对汉字的理解 ● 统计数据，给儿童反馈学习成果	● 使用公司旗下《宇宙护卫队》中的闪电猴风暴等角色作为 IP 进行学习引导
2	斑马 App 少儿数字内容（中国）		● 2—8 岁英语启蒙	● 影像 ● 语音 ● 视频 ● 直播 ● 图像数据	● 动画故事建立学习情境 ● 游戏中学习联系 ● 视频与老师互动 ● 每周一次 10—15 分钟	● 三种虚拟角色，中教老师、外教老师和儿童的玩伴斑马

续　表

序号	平台名称	界面设计	教育目标	交互设计	教学设计	虚拟角色
3	宝宝巴士之宝宝爱吃饭（中国）	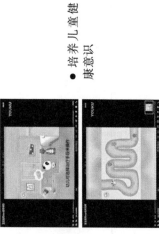	●培养儿童良好的生活习惯	●影像 ●语音 ●视频 ●直播	●儿童照顾虚拟角色 ●在情节点中插入动画，介绍合理膳食搭配和营养成分	●养成类游戏，儿童扮演照料者，照料游戏中的小小熊猫
4	宝宝巴士之宝宝看医生（中国）		●培养儿童健康意识	●影像 ●语音 ●图像数据	●通过角色扮演的形式，儿童化身为小医生，为小动物看病，克服对医院的恐惧	●儿童化身为"奇奇"医生为小动物看病

续　表

序号	平台名称	界面设计	教育目标	交互设计	教学设计	虚拟角色
5	火花编程（中国）		●编程知识启蒙	●影像 ●语音 ●视频 ●直播 ●图像数据	●动画故事建立学习情境 ●老师讲解编程知识 ●探险游戏形式进行学习应用 ●反馈学习进度数据	●方块猴是主要角色，故事的线索人物 ●次要角色三角兔和圆圆鼠
6	阿U学科学（中国）		●科学知识启蒙	●影像 ●文字分享 ●文字信息 ●社交网络 ●图像数据 ●PPT与视频实时交互	●动画故事建立学习情境 ●进入主题学习 ●游戏化形式练习知识 ●课程测试数据	●阿U是小老师，线索人物，带儿童进入游戏场景 ●当儿童有困难时点击阿U头像，他就答疑

续 表

序号	平台名称	界面设计	教育目标	交互设计	教学设计	虚拟角色
7	色彩神奇点（中国）		●色彩启蒙教育	●影像 ●文字分享 ●文字信息	●动画故事建立学习情境 ●关键情节点进行交互游戏 ●学习进度数据	●故事围绕红、黄、蓝三原色开始 ●拟人化的手段表现，角色的身体用儿童指纹画的形式
8	Animal Jam（美国）		●基础认知学习（图像、颜色）	●影像 ●文字分享 ●文字信息	●动画故事建立学习情境 ●进入主题学习 ●游戏化形式练习知识 ●课程测试数据	●玩家可以选择喜欢的虚拟化身 ●每个虚拟化身都有自己的故事体系

续　表

序号	平台名称	界面设计	教育目标	交互设计	教学设计	虚拟角色
9	Duck Duck Moose（英国）		●基础认知学习（图像、颜色）	●影像 ●文字分享 ●文字信息 ●直播	●动画故事建立学习情境 ●关键情节点进行交互游戏 ●学习进度数据	●有虚拟角色 ●玩家可以代入游戏中搭建自己的城市
10	Monkey Preschool Lunch Box（美国）		●基础认知学习（图像、颜色）	●影像 ●文字分享 ●文字信息	●玩游戏学习认知 ●游戏化练习中加深理解 ●统计数据，给儿童反馈学习成果	●虚拟角色小猴子为线索人物 ●极富表演力

续 表

序号	平台名称	界面设计	教育目标	交互设计	教学设计	虚拟角色
11	Make me Smile（美国）		●情绪管理	●影像 ●视频 ●声音	●介绍伤心的小动物及其原因 ●让儿童童大笑,感染小孩 ●游戏化练习中培养乐观精神	●玩家角色发出笑声,让虚拟角色振作
12	Toca Boca（美国）		●音乐启蒙	●影像 ●文字分享 ●文字信息	●玩家与不同虚拟角色互动,展现不同的声音 ●根据指令完成任务,加深对音乐的了解 ●课程数据反馈	●16个角色。每个角色代表一种乐器,有独特的声音和节奏

续　表

序号	平台名称	界面设计	教育目标	交互设计	教学设计	虚拟角色
13	Toca Hair Room（美国）		● 装扮游戏	● 影像 ● 视频 ● 声音	● 每个虚拟角色发出要求 ● 玩家尽量满足虚拟角色需要，达到快乐体验	● 玩家角色扮演理发师，虚拟角色是客户，虚拟角色对发型作出反馈
14	Teach Your Monster To Read（美国）		● 儿童绘本阅读启蒙	● 影像 ● 视频 ● 声音	● 动画故事建立学习情境（探险故事） ● 根据任务完成阅读 ● 课程数据反馈	● 由主要虚拟角色（外星人）、反面角色（吃书怪物）、叙述者角色组成

续　表

序号	平台名称	界面设计	教育目标	交互设计	教学设计	虚拟角色
15	Khan Academy Kids(美国)		● 英语、认知启蒙	● 影像 ● 视频 ● 声音	● 玩游戏学习认知 ● 游戏化练习中加深理解 ● 有可下载的内容，将学习延展到线下	● 有虚拟角色和玩家化身 ● 虚拟角色是知识的讲述者
16	神奇的身体(中国)		● 健康启蒙	● 影像 ● 视频 ● 声音	● 动画故事建立学习情境 ● 进行游戏完成学习 ● 课程数据反馈	● 主要虚拟角色由小狐狸、儿童组成。小狐狸是主要的线索人物，儿童是示范人物

附录 5：教育游戏《二十四节气》实验方案概述

一、实验目的

验证基于角色交互策略创作的学龄前儿童教育游戏是否受到玩家欢迎。

二、实验内容

根据前期的市场调研，学龄前儿童教育游戏的使用是家长和儿童共同决定的，家长的决定受到外界主观规范作用的影响，即教师的意见对家长的影响也很大。所以本次实验同时对儿童、家长、教师开展调研。

三、实验步骤

1. 研究者走进幼儿园指导儿童进行教育游戏体验，观察并记录儿童体验时的配合程度、情绪状态、专注度等信息；

2. 在体验结束之后对儿童是否喜欢界面风格和故事、喜欢哪个角色、喜欢哪个环节等进行引谈；

3. 在儿童进行体验时邀请幼儿教师进行旁观，并且填写问卷；

4. 用视频记录儿童测评时的全过程，并将教育游戏小样和儿童操作视频发给对应家长，请家长填写问卷，并有针对性地进行深度访谈。

四、实验时长

预计每人 15—20 分钟。

五、实施环节

（一）进入幼儿园进行测试步骤和提问方式

● 简要说明：保证实验数据的准确，便于绘制儿童的情绪曲线，将儿童的使用状态发给家长研判儿童的使用整体情况，在儿童实验的过程中全程录像。采用如下录制机位。为保护儿童的隐私，被录制的视频只限于本研究使用。

● 实验过程

1. **预热环节**：引导儿童就座，询问基本信息，与儿童建立情感链接。

（1）儿童的昵称。

（2）儿童的年龄。

（3）儿童的性别。

（4）儿童的所在班级（托班、小班、中班、大班）。

（5）介绍游戏规则。

2. **游戏环节**：儿童选取自由选择想体验的关卡，观察儿童使用状态，做简要记录。

（6）儿童使用的情绪状态（高兴、不高兴）。

（7）儿童使用的专注度（专注、不专注）。

（8）儿童使用中是否有操作困难。

3. **询问环节**

（9）是否喜欢游戏中的角色？最喜欢哪个角色？为什么？

（10）是否愿意在游戏中帮助小动物们完成任务？

（11）游戏界面是否美观？是否喜欢？

（12）游戏中的小故事是否有意思？

（13）游戏获得星星、成长升级是否开心？

（14）儿童最喜欢的环节是哪种？（知识大冒险、眼力大考验、汉字真好玩、韵律操等）

（15）能在游戏中可以学到本领吗？学到了什么本领？

（16）询问儿童还有什么想跟研究者分享的。

（二）老师家长访谈提纲（见表附 5.1）

表附 5.1　《二十四节气》的老师家长访谈提纲

访 谈 内 容	访 谈 问 题
基本信息	1. 家长的年龄、性别和职业。 2. 儿童的年龄、性别。
儿童中心	1. 游戏整体是否以儿童为中心、符合儿童的认知发展特点？ 2. 游戏是否和儿童生活之间有高质量联系？ 3. 您认为儿童的体验过程是否专注？
角色交互	1. 虚拟动物角色设计是否美观？ 2. 虚拟动物角色性格是否亲近小朋友？ 3. 虚拟角色等是否能够给儿童起到榜样作用？
玩家-角色-界面交互	1. 界面审美风格是否符合儿童认知特点？ 2. 虚拟角色和界面是否能对儿童的行为进行即时反馈？ 3. 儿童能否根据界面的反馈引导顺利完成操作？
角色-界面-知识交互	1. 角色故事是否与知识点衔接紧密、融合度高？ 2. 故事讲述是否从儿童视角出发、符合儿童的教育需求？
其他	1. 是否愿意让儿童持续使用这款教育游戏？ 2. 还有什么对《二十四节气》意见的补充？

附录6：教育游戏跟踪干预实验工具和量表

一、实验目的

验证使用契合"角色交互"框架的学龄前儿童教育游戏，是否能取得更好的教学效果。

二、实验工具

实验组儿童使用《洪恩思维》（较为契合研究者提出的角色交互框架），对照组儿童使用《都都数学》（不契合研究者提出的角色交互框架），两款教育游戏基于角色交互框架的编码情况，见下表。

表附6.1　实验工具比较

对　照　组				实　验　组			
都都数学（6分）				洪恩思维（11分）			
原则一	原则二	原则三	原则四	原则一	原则二	原则三	原则四
2	1	1	1	2	3	3	3

三、实验量表

《数感测查工具》（Jordan，Glutting，et al.，2008）量表共33题，分为7个子量表，分别是数数（3题）、数的比较（4题）、简单运算（9题）、数概念（4题）、数字读写（4题）、数字运算（6题）和数字事实（3题）。

表附6.2　量表题项分析

类　　型	题　项　序　号
数数	1、2、3
数的比较	14、15、16、17

续　表

类　　型	题　项　序　号
简单运算	19、20、21、22 、23、24、25、26、27
数概念	4、5、6、7
数字读写	8、9、10、11
数字运算	28、29、30、31、32、33
数字事实	12、13、18

《数感测查工具》

1. 这里有多少个星星?

2. 数到 20。
3. 数到 10。

数数原则(要求儿童判断这样数数是否正确)。

4. 从左到右数。
5. 从右到左数。
6. 数白色再数黑色的圆点。
7. 数第一个黑色两次。

8—11. 认读数字卡片　　13　　37　　82　　124
12. 7 后面是几?
13. 7 后面那个数的后面那个数是多少?
14. 5 大还是 4 大?
15. 7 大还是 9 大?
16. 8 大还是 6 大?

17. 5 小还是 7 小?

18. 哪个数字更加接近 5,是 6 还是 2?

19. 玩一个数学游戏。我拿 2 块积木放在这里,再拿来 1 块积木,现在这里有多少块积木?

20. 我们来玩一个游戏,我拿了 4 块积木放在这里,又拿来 3 块积木,现在一共有几块积木?

21. 拿来 3 块积木,现在又拿来 2 块积木,现在一共有几块积木?

22. 这里有 3 块积木,拿走了 1 块积木,还剩下几块积木?

23. 小明有 2 支铅笔,拿了 1 支铅笔给小红,现在小明还剩下几支铅笔?

24. 小明有 4 颗糖果,妈妈给了他 3 颗,现在他一共有几颗糖果?

25. 小明有 3 块饼干,小红给了他 2 块饼干,现在他有几块饼干?

26. 小明有 6 支铅笔,小红拿走了 4 支铅笔,现在小明还有几支铅笔?

27. 5 只橘子,拿走了 2 只橘子,还剩下几只橘子?

28. 2 加 1 是多少?

29. 3 加 2 是多少?

30. 4 加 3 是多少?

31. 2 加 4 是多少?

32. 7 减 3 是多少?

33. 6 减 4 是多少?

致　谢

　　在博士学习研究接近尾声时,我首先要向我的导师黄心渊教授致以最诚挚的感谢! 黄老师不仅是学术界的领军人物,治学严谨,对专业有着独到的见解和洞察力,也是一个和蔼可亲、宽以待人、非常温暖的人。非常有幸能拜在黄老师门下,黄老师给我的指导不仅有学术上、事业上的,还有做人和做事上的一些细节。黄老师非常勤勉敬业,就连假期也几乎天天来学院办公、治学。他经常是早上第一个到学院,晚上最后一个离开的。即便黄老师再忙,每周仍然会带着师门小伙伴进行学术讨论,疫情期间也从未间断。黄老师德艺双馨,让我佩服无比。他的言传身教,也将让我终身受教。

　　我要向博士研究过程中给予我帮助的老师们致以谢意。非常感谢高薇华教授和艾辛教授,两位女教授不仅学识渊博,而且创作的艺术作品也赫赫有名,她们每次的指导都为我点亮了前进路上的明灯。还有要感谢幽默的徐辉教授、思维活跃的吕欣教授、认真严谨的淮永建教授。感谢在我博士学习重要环节中给我指导的老师们,他们是金德龙教授、王冀中教授、王可越教授、刘书亮教授。感谢游戏系主任张兆弓老师、动画系系主任艾胜英老师给予我宝贵的建议。感谢教秘张洋老师、张智慧老师、英子老师耐心为我解答问题。

　　接着,我要感谢我的家人。我出生在一个温馨的家庭中,我的父母也是勤勤恳恳的一线教育工作者。在这样的家庭,我从小耳濡目染,明白了做人的道理,对学习、工作有着满腔热忱。在论文写作时,爸妈帮我承担起了几乎所有的育儿重任。我的爸爸还是我的忠实读者,帮我提建议、校对文字。我的妈妈是英语专业教授,会非常专业地与我探讨各种教育家的理念,对很多问题都有独到的见解。当然,也感谢我的先生周坤先生,在我写论文期间,他不仅积极承担家里的家务,还凭借着好人缘,帮我发调查问卷、找实验对象等。感谢我两个可爱的女儿周瑞桐（闪电）、周瑞心（Nice）。尤其是闪电，自从 6 年前闪电出生，我就对儿童认知发展领域的知识颇感兴趣，假期时常常会去幼儿园、早教中心实践与观察，初步了解儿童发展规律。2020 年初因疫情被困在家中时，我每天跟着老师布置的作业（游戏）教闪电，也是那时候，我进一步地意识到游戏对学龄前儿童的教育意义。在做博士论文期间，闪电也被我拉着做各种实验。Nice 虽然性格跟姐姐不一样，却也跟姐姐小时候一样，瞪着圆圆的眼睛，不断观察与模仿，探索自己的空间。正因为观察我的两个小女儿，才让我决定研究此选题。

在做论文的过程中有太多的人帮助过我，我的论文需要做访谈、发问卷、做实验，少不了麻烦身边的朋友。我几乎跟身边每一个有孩子的好朋友聊过我的研究。因为做论文，常常好久都顾不上跟闺蜜们联系，一联系却又是为征询大家对我研究的看法，感谢好友们的理解与包容。还要感谢几个基层单位的支持和帮助：江苏省南京外国语方山幼儿园及小学部、南京市江宁区兴宁幼儿园、南京市金小丫幼儿园、花园幼儿园、严师高徒教育中心、北京福禄贝尔幼儿园、山东省德州市龙门小学附设园、安徽省阜阳市颍川金宝贝幼儿园等。感谢各位校长、园长帮我发放问卷，允许我进入幼儿园进行实验。在实验的过程中，各位老师们不仅帮我组织儿童参与实验，而且还主动与我分享一线教育经验，他们是 COCO 老师、夏园长、范老师、李老师、钱老师等。

我还要感谢师门的小伙伴们，感谢他们给我好的建议，尤其感谢我的好战友陈柏君博士、李菲博士、李娇娇老师。曾记否，读博一时每天欢天喜地的与李娇娇老师、李菲博士一起上课。奋战博士论文时，很开心能与陈柏君博士结伴而行。感谢冯雪宁老师、周舟老师、刘大可博士、周新宇师弟等同门为我出谋划策，感谢经常一起谈论学术的王功利师弟，在我网络不好的时候帮我下载论文。特别感谢李子夷师妹在制作《二十四节气》的过程中给予我技术支持。

掐指一算，今年是我在北京的第 16 年，也是我工作的第 10 年。感谢中国传媒大学的领导和老师对我的照顾，不是老师们的教育、领导的支持、同事的帮助，我也无法完成学业。感谢叶菁老师、郭婧娜老师、曹坤老师、郑丹琪老师、刘灵老师、蓝旭老师、彭文祥老师、陈京炜老师、张歌东老师、谭笑老师、郑维林老师，感谢领导们对我的关照，感谢办公室刘幼春老师、张波老师、吴亚楠老师对我的支持。

今天是母亲节，一个让人学会感恩的日子，我也要感谢自己的坚持。我常把论文比作是我家的"三胎",这个"三胎"却比两个姐姐在母体内待的时间还要长。做研究有时是艰难的,但是的确快乐比痛苦多,治学的路上我也收获了许多美丽的风景。我也愿自己能将这份热情延续下去,归来仍是少年!

2022 年 5 月 8 日